税制革命

改訂版

法政大学大学院教授

菊谷正人

税務経理協会

改訂に際して

平成20年に初版を上梓して，早くも10年が過ぎた。その間に税制改正が重ねられたために，条文規定・統計資料等に関する最少限度の加減・修正が必要となった。さらに，今回の増補改訂に際しては，「収得税・消費税減税と財産税増税」という筆者の主張を補強するために，章を追加している。

すなわち，「第3章　中小規模事業者課税の再構築—中小規模事業者課税の日英比較—」，「第6章　『富裕税法』再導入論—極端な経済格差の解消・是正—」，「第7章　『資産再評価法』再導入論—資産再評価による時価減価償却の実現—」「第8章　国際課税の再構築—国際二重非課税の対抗策—」が加筆され，章によって補足説明が必要である場合には補論または補章が付け加えられた。たとえば，「第1章補章　少額投資非課税制度（NISA）の展開—英国の『個人貯蓄口座』（ISA）との比較分析—」，「第4章補章　簡易課税制度における事業区分の課題—歯科技工業に関する判決を素材として—」，「結章補章　『番号法』創設に伴う税務処理」が本章と有機関連的に論じられ，「第2章　法人税法の再構築—益金課税論とキャピタル・アローワンス導入論—」の補論として「補論1　特別償却の現状と課題」と「補論2　税額控除の現状と課題」，第8章の補論として「補論　国外財産調査制度の強化」が追加・解説されている。

今回の改訂作業に当たっても，再度，税務経理協会の鈴木利美氏のご厚意とご尽力を賜った。ここに記して深甚なる謝意を表したい。

平成30年5月5日

鎌倉梶原山・寓居書斎にて

菊　谷　正　人

は　し　が　き

　本書では，税源をどの時点に求めるかによって，収得税，消費税および財産税に三分類し，収得税と消費税は収入・支出に担税力を求めるキャッシュ・フロー課税であるのに対し，財産税は資産の保有に基づくストック課税であると定義した。

　理念的に，課税構成比の適正化の観点から「収得税・消費税減税と財産税増税」を基調としながら，わが国で社会問題化している経済的格差（富・所得の格差），少子化，地球環境破壊等を解決する方策のための税制改革案が提言されている。

　その場合，現行税制の考え方・手続きに基づく既成概念・手法から切り離し，現行租税法の不備・問題点の是正と徴税システムの再構築および新規税目の導入と税額計算方法の抜本的修正を内容とする革命的改善案が披瀝された。

　たとえば，少子化対策のための所得税減税として，「家族単位合算不均等分割課税」（Ｎ分Ｎ乗方式）または扶養控除の税額控除化，超過累進税率の引下げ等が提案されている。

　法人税の課税公平を図るために，有形固定資産の時価減価償却導入論またはキャピタル・アローワンス導入論，法人税の益金課税論（外形標準課税による売上収入税の新設・追加課税），業種別複数税率導入論が考案・提唱されている。

　さらに，消費税の益税解消策と逆進性緩和策として，事業者免税点制度・簡易課税制度の廃止，インボイス方式の導入，複数税率化とスリースター貼付制度の導入，消費税還付制度の創設等が開陳された。

　また，資産再分配機能の役割を全面的・有効的に果たすためには，現在，資産保有の課税対象となっていない金融資産に課税するか，富裕税を再導入するべきであり，金融資産税加税論または富裕税再導入論が強力に主張された。

　環境保護税制の構築のためには，環境保全活動には租税優遇措置（たとえば，

はしがき

環境配慮型資産・企業に対する投資税額控除，優遇税率の適用，非課税・免税措置），環境汚染活動には租税制裁措置（たとえば，損金不算入，割増税率の設定）を適用する「差別的課税」（グッズ減税とバッズ増税の併用）が採択される必要がある。

このような税務措置（たとえば，消費税のインボイス方式導入，金融資産税加税）を円滑に遂行するためには，租税捕捉・徴税システムの信用を保証するとともに，納税者の権利を守る「納税者権」の確立も促進できる「納税者番号制度」が創設されなければならないであろう。それと同時に，納税者権の行使のためには「納税者オンブスマン制度」の設置も必要である。

また，課税の水平的公平に抵触する「租税捕捉率の業種間格差」（トーゴーサンピン）が長年問題化しているが，低い租税捕捉率は隠れた脱税の容認に等しい。法制度は最終的には公権力の制裁により担保されるのであるから，重大な租税犯罪（たとえば，悪質な脱税行為，政治家の汚職，官公庁の公金腐敗）を摘発する「租税警察」の創立が望まれる。

税理士業務の遂行には公益性が強いことから「税理士業務の無償独占制度」が設けられているが，税務専門家としての税理士の専門的知識・技能・資質を維持・向上させる制度として，「継続的専門研修」（CPE）が法定義務化されるべきである。

最後に，正しい納税義務・権利意識を涵養するために，義務教育期間中の「租税教育」の実施を提案した。

このような制度改変は正に「革命的」であるかもしれないが，将来の税制グランドデザインとして実現されるべきである。

本書の上梓に当たっては，出版を快諾された税務経理協会社長大坪嘉春氏の御厚意，企画から校正まで何かと面倒をおかけした『税経通信』編集長の鈴木利美氏および編集部の吉冨智子氏ならびに編集・校正作業に携われた書籍製作部の日野西資延氏の御厚情に対して謝意を表したい。

また，資料収集・校正等には文京学院大学大学院教授の依田俊伸先生，原稿打ち・校正等には福島大学准教授の吉田智也先生の手を煩わせた。両氏の御厚情と御尽力にも深謝申し上げる次第である。

なお，本書表紙の題字は，鎌倉・室町時代の禅僧・夢窓国師（1275〜1351年）が1327年８月に鎌倉二階堂に開創した瑞泉寺の現住職・大下一真和尚に揮毫して頂いた。私事ながら，一真和尚とは，お互い若き日に円覚寺僧堂・居士林で縁を得て，以後，公私にわたりお世話になっている。ここに，日頃の御芳情に対し深甚なる謝意を表したい。

　さらに，仏縁により円覚寺派管長・足立慈雲老師（裁松軒老大師）猊下の戒師の下で結ばれた妻・みとよには，これまで著書・論文の執筆に際して原稿打ち等の支援を受けてきた。「自分の身長に達するまで専門書を出したい」という筆者の悲願を成就するために，多大なる助力を得ている。献身的な内助に対し，本書を妻・みとよに捧げたい。

　平成20年３月13日

　　　　　　　　　　　　　　　　　　　鎌倉梶原山・寓居書斎にて

　　　　　　　　　　　　　　　　　　　　菊　谷　正　人

目　　次

改訂に際して

は じ め に

序章　課税適正化論
― 税収構成比と現行税目再分類 ―

Ⅰ　税源の概念・分類の問題点 ……………………………………………1

Ⅱ　相続税と所得税 …………………………………………………………6

Ⅲ　課税時点（税収時点）と税収構成比 ……………………………… 10

Ⅳ　収得税・消費税減税と財産税増税 ………………………………… 14

第１章　所得税法の再構築
― 少子化と所得税減税 ―

Ⅰ　所得税法の概要 ……………………………………………………… 17

　1　所得課税の沿革 …………………………………………………… 17

　2　現行所得税法の概要と問題点 ………………………………… 25

Ⅱ　課税単位の問題 ……………………………………………………… 33

　1　少子化と所得税 …………………………………………………… 33

　2　課税単位と課税方式 …………………………………………… 34

　3　各国の課税方式 …………………………………………………… 36

　　⑴　日本の課税方式 ……………………………………………… 36

　　⑵　英国の課税方式 ……………………………………………… 36

1

（3）　米国の課税方式 ……………………………………………… 37

　　（4）　フランスの課税方式 ………………………………………… 37

　4　提　　案 …………………………………………………………… 38

Ⅲ　扶養控除の問題 ……………………………………………………… 39

　1　所得控除と扶養控除 ……………………………………………… 39

　2　扶養控除の税額控除化 …………………………………………… 39

Ⅳ　税率構造の問題 ……………………………………………………… 41

第1章補章　少額投資非課税制度（NISA）の展開
― 英国の「個人貯蓄口座」（ISA）との比較分析 ―

Ⅰ　はじめに ……………………………………………………………… 47

Ⅱ　英国の「個人貯蓄口座」（ISA）に対する非課税制度 ……………… 48

　1　沿　　革 …………………………………………………………… 48

　2　現行のISAの特徴 ………………………………………………… 50

　　（1）　ISA開設可能者 ……………………………………………… 50

　　（2）　ISAの種類 …………………………………………………… 51

　　（3）　非課税投資額 ………………………………………………… 52

　　（4）　ISAの移管 …………………………………………………… 54

Ⅲ　日本版ISA（NISA）における少額投資非課税制度 ……………… 54

　1　沿　　革 …………………………………………………………… 54

　2　NISAの特徴 ……………………………………………………… 55

　　（1）　NISA開設可能者 …………………………………………… 55

　　（2）　NISAの種類 ………………………………………………… 56

　　（3）　非課税投資額 ………………………………………………… 56

　　（4）　投資可能期間と非課税期間 ………………………………… 56

Ⅳ　比較分析および提言的結論－むすびに代えて－ …………………… 57

　1　比　較　分　析 …………………………………………………… 57

目　　次.

2　提言的結論 ……………………………………………………… 58

第2章　法人税法の再構築
— 益金課税論とキャピタル・アローワンス導入論 —

Ⅰ　法人税法の概要 ……………………………………………………… 63

1　法人課税の沿革 ……………………………………………………… 63

2　現行法人税法における法人の問題点 ……………………………… 68

(1)　公益法人等の問題点 ……………………………………………… 68

(2)　中小法人の問題点 ………………………………………………… 69

(3)　法人の本質の問題点 ……………………………………………… 72

Ⅱ　現行法人税法における所得計算の問題点 ………………………… 72

Ⅲ　法人税の益金課税論—法人税の外形標準課税— ………………… 76

Ⅳ　実質的・経済的所得の計算—損金算入額（とりわけ減価償却費）
　の適正化— …………………………………………………………… 79

1　理論的な実質的・経済的所得計算論 ……………………………… 79

2　キャピタル・アローワンス導入論 ………………………………… 83

補論1　特別償却の現状と課題

1　はじめに — 減価償却の意義・目的・効果 ……………………… 93

2　現行の特別償却制度の特徴 ………………………………………… 94

(1)　特別償却の種類 …………………………………………………… 94

(2)　現行制度の特徴分析 ……………………………………………… 97

3　現行制度における課題—むすびに代えて ………………………… 98

3

補論2　税額控除の現状と課題

1　現行の税額控除制度の特徴 ………………………………… 100

(1)　税額控除の種類 ……………………………………………… 100

(2)　現行制度の特徴分析 ………………………………………… 103

2　現行制度における課題—むすびに代えて ………………… 104

第3章　中小事業者課税の再構築
— 中小事業者課税の日英比較 —

Ⅰ　は じ め に ………………………………………………………… 107

Ⅱ　英国における中小規模事業者課税 …………………………… 108

1　中小規模事業者の範囲 ……………………………………… 108

2　中小規模事業者に対する租税優遇措置 ………………… 110

(1)　キャピタル・アローワンス（減価償却） …………… 110

(2)　研究開発費の税額控除 …………………………………… 113

(3)　軽減税率の適用 …………………………………………… 113

(4)　法人税の四半期分割前納の免除 ……………………… 116

3　特　　徴 ……………………………………………………… 116

Ⅲ　わが国における中小企業者課税 …………………………… 117

1　中小企業者の範囲 …………………………………………… 117

2　中小企業者に対する租税優遇措置 ……………………… 118

(1)　交際費等の損金算入 ……………………………………… 118

(2)　貸倒引当金の設定 ………………………………………… 118

(3)　欠損金の繰越控除と繰戻し還付 ……………………… 119

(4)　軽減税率の適用 …………………………………………… 119

目　次.

　　(5)　特別償却と税額控除の選択適用 ……………………………… 120

　　(6)　税額控除の拡大化 …………………………………………… 121

　3　特　　　徴 ……………………………………………………… 121

Ⅳ　比較分析および提言的結論—むすびに代えて— ……………… 122

第4章　消費税法の再構築
— 消費税の益税解消策および逆進性緩和策 —

Ⅰ　広義における消費税の類型 …………………………………… 129

Ⅱ　消費税法の制定・改正経緯 …………………………………… 134

　1　消費税法制定までの歴史的経緯 …………………………… 134

　　(1)　昭和11年の広田内閣による馬場税制改革案（取引税）の廃案 … 134

　　(2)　昭和23年の芦田内閣による「取引高税法」の制定・施行 ……… 136

　　(3)　昭和25年の『シャウプ勧告』による付加価値税導入案の廃棄 … 137

　　(4)　昭和54年の大平内閣による「一般消費税（仮称）」の法案化

　　　　失敗 …………………………………………………………… 137

　　(5)　昭和62年の中曽根内閣による「売上税法案」の廃案 ………… 138

　　(6)　昭和63年の竹下内閣による「消費税法」の制定・施行 ……… 139

　2　消費税法の改正経緯 ………………………………………… 143

　　(1)　平成３年の海部内閣による「消費税法の一部を改正する法律」

　　　　の制定・施行 ………………………………………………… 143

　　(2)　平成６年（村山内閣）の消費税法改正 ……………………… 145

　　(3)　平成８年（橋本内閣）の消費税法改正 ……………………… 147

　　(4)　平成15年（小泉内閣）の消費税法改正 ……………………… 147

　　(5)　平成25年〜28年（安倍内閣）の消費税法改正 …………… 148

Ⅲ　現行消費税法における現状と課題 …………………………… 150

　1　事業者免税点制度の現状と課題 …………………………… 150

5

2　簡易課税制度の現状と課題 ……………………………………… 153

3　帳簿方式の現状と課題 …………………………………………… 155

4　単一税率の現状と課題 …………………………………………… 158

5　納税回数（運用益・未納）の現状と課題 …………………… 162

6　地方消費税の現状と課題 ………………………………………… 163

補論　英国におけるインボイス方式の特徴

1　複数税率制度の導入 ……………………………………………… 167

2　インボイス方式の具体的内容 ………………………………… 168

3　中古品に対する粗利課税法 ……………………………………… 170

第4章補章　簡易課税制度における事業区分の課題
— 歯科技工業に関する判決を素材として—

Ⅰ　は じ め に ………………………………………………………… 172

Ⅱ　事件の内容 ………………………………………………………… 173

1　事実の概要 ………………………………………………………… 173

2　争　　　点 ………………………………………………………… 174

(1)　税法における用語の解釈のあり方 ………………………… 174

(2)　事業区分の判定に関する通達の合理性 …………………… 175

(3)　歯科技工業の業種区分の判定 ……………………………… 175

3　裁判所の判断 ……………………………………………………… 176

(1)　第一審判決の要点 …………………………………………… 176

(2)　控訴審判決の要点 …………………………………………… 177

Ⅲ　歯科技工業に関する判決の検討 ……………………………… 178

1　事業区分判定の検討 …………………………………………… 178

2　歯科技工業の実態と付随サービス性の検討 ……………… 179

Ⅳ　簡易課税制度の撤廃—むすびに代えて— ……………………………… 182

第5章　財産保有課税の新展開
— 金融資産税加税論と富裕税再導入論 —

Ⅰ　資産課税の概念・分類の問題点 ………………………………………… 185

Ⅱ　資産課税の現状と問題点 ………………………………………………… 187

Ⅲ　金融資産税の課税要件 …………………………………………………… 190

　　1　金融資産税の納税義務者 …………………………………………… 190

　　2　金融資産税の対象資産（課税物件）と捕捉システム ………… 191

　　3　金融資産税の課税標準 ……………………………………………… 194

　　4　金融資産税の税率 …………………………………………………… 195

Ⅳ　富裕税の再導入 …………………………………………………………… 196

第6章　「富裕税法」再導入論
— 極端な経済格差の解消・是正 —

Ⅰ　開　　題 …………………………………………………………………… 201

Ⅱ　「財産税法」の特徴 ……………………………………………………… 202

　　1　沿　　革 ……………………………………………………………… 202

　　2　財産税の課税要件 …………………………………………………… 204

　　　(1)　財産税の課税対象者（納税義務者） ……………………… 204

　　　(2)　財産税の対象資産（課税物件） …………………………… 204

　　　(3)　財産税の課税価格（課税標準） …………………………… 206

　　　(4)　財産税の免税点および税率 ………………………………… 208

　　3　財産の評価 …………………………………………………………… 209

4　申告および納付 ·· 211

　　　⑴　財産税の申告 ·· 211

　　　⑵　財産税の納付 ·· 212

　Ⅲ　「富裕税法」の特徴 ··· 214

　　1　沿　　革 ·· 214

　　2　富裕税の課税要件 ·· 215

　　　⑴　富裕税の課税対象者（納税義務者）··················· 215

　　　⑵　富裕税の対象資産（課税物件）·························· 216

　　　⑶　富裕税の課税価格（課税標準）·························· 218

　　　⑷　富裕税の免税点および税率 ···························· 220

　　3　財産の評価 ··· 220

　　4　申告および納付 ·· 223

　　　⑴　富裕税の申告 ·· 223

　　　⑵　富裕税の納付 ·· 224

　Ⅳ　「富裕税法」再導入に対する提言的結論—むすびに代えて— ········· 226

　　1　富裕税の税率案 ·· 226

　　2　財産の再評価案 ·· 228

　　3　富裕税の免税点案 ·· 228

　　4　富裕税の徴収システムの構築 ································· 229

第7章　「資産再評価法」再導入論
― 資産再評価による時価減価償却の実現 ―

　はじめに ··· 233

　Ⅰ　「資産再評価法」の特徴 ··· 233

　　1　沿　　革 ·· 233

　　2　資産再評価の条件 ·· 236

8

(1) 資産再評価の対象資産 ……………………………… 236

(2) 再評価の対象者 ……………………………………… 237

(3) 資産再評価の時期 …………………………………… 238

3 資産再評価の意義および再評価差額の税務処理 ……… 238

(1) 再評価の意義と算定方法 …………………………… 238

(2) 再評価差額の税務処理 ……………………………… 240

Ⅱ 「土地再評価法」の特徴 ……………………………………… 241

1 沿　　革 ………………………………………………… 241

2 再評価の条件 …………………………………………… 243

(1) 再評価の対象資産 …………………………………… 243

(2) 再評価の対象法人 …………………………………… 244

(3) 再評価の時期 ………………………………………… 244

3 再評価の意義および再評価差額の税務処理 ………… 245

(1) 再評価の意義と算定方法 …………………………… 245

(2) 再評価差額の税務処理 ……………………………… 246

Ⅲ 資産再評価に対する提言的結論―むすびに代えて― ……… 247

1 再評価の対象と時期 …………………………………… 247

2 再評価の算定方法 ……………………………………… 248

3 再評価差額の税務処理 ………………………………… 249

第8章　環境保護税制の構築
― 税制のグリーン化 ―

Ⅰ 環境破壊とその対応策 ………………………………………… 253

Ⅱ 環境保護税制の意義と手法 …………………………………… 256

Ⅲ 環境保護税制の類型 …………………………………………… 259

1 環境租税優遇制度 ……………………………………… 259

9

(1) 非課税措置 ……………………………………………… 259

(2) 免 税 措 置 ……………………………………………… 260

(3) 損金算入措置または課税繰延措置 ………………………… 261

(4) 優遇税率の設定 ………………………………………… 264

(5) 還 付 措 置 ……………………………………………… 266

2 環境租税制裁措置 …………………………………………… 266

(1) 損金不算入措置 ………………………………………… 266

(2) 追加課税措置 …………………………………………… 267

(3) 新規の環境税の導入 …………………………………… 268

Ⅳ 環境保護税制の課題 ………………………………………… 272

1 環境保護税制のための環境教育 ………………………… 272

2 環境保護国際機構の創設 ………………………………… 273

第9章　国際課税の再構築
― 国際二重非課税の対抗策 ―

Ⅰ 開　　　題 …………………………………………………… 277

Ⅱ 国際的租税回避の利用形態と対抗措置 …………………… 279

1 移転価格設定および過小資本化または過大利子化 ……… 279

2 タックス・ヘイブンの利用形態と対抗措置 ……………… 282

3 タックス・ヘイブンの利用形態 ………………………… 283

(1) 多国籍企業による利用形態 …………………………… 283

(2) 個人富裕層による利用形態 …………………………… 286

Ⅲ OECDによる対抗措置：「BEPS行動計画」 ……………… 288

1 「BEPS行動計画」の公表経緯とテーマ（内容） ………… 288

2 わが国における「BEPS行動計画」の影響 ……………… 291

(1) 法制化済みの「BEPS行動計画」 ……………………… 291

目　次.

(2)　法制化予定の「BEPS行動計画」……………………………… 293

Ⅳ　む　す　び ………………………………………………………… 295

補論　国外財産調書制度の強化

1　国外財産調書制度の導入経緯 ………………………………… 298

2　国外財産調書制度の対象と報告義務者 ……………………… 298

3　国外財産調書制度における罰則規定 ………………………… 300

結章　将来の税制グランド・デザイン

Ⅰ　総括的提言―卑見の要約― …………………………………… 303

(1)　所得税の革命的改善案 ……………………………………… 304

(2)　法人税の改革的改善案 ……………………………………… 305

(3)　消費税の革命的改善案 ……………………………………… 306

(4)　財産保有税の革命的改善案 ………………………………… 308

(5)　環境保護税制の確立 ………………………………………… 309

(6)　国際課税の強化 ……………………………………………… 309

Ⅱ　制度上の整備・再構築 ………………………………………… 310

1　租税手続上の制度改変 ………………………………………… 310

2　租税捕捉率の業種間格差と租税警察の設置 ………………… 312

3　税理士業務の無償独占と継続的専門研修制度の導入 ……… 315

(1)　税理士の使命 ………………………………………………… 315

(2)　税理士の税務代理 …………………………………………… 316

(3)　税理士の税務相談 …………………………………………… 317

(4)　税理士の継続的専門研修制度の導入 ……………………… 317

11

4　租税教育の実施と条文平明化 ･･････････････････････････････ 319

　　⑴　租税教育の義務教育化 ･･････････････････････････････････ 319

　　⑵　租税法の条文平明化 ･････････････････････････････････････ 320

　Ⅲ　結　　　語 ･･･ 322

結章補章　「番号法」創設に伴う税務処理の課題

　Ⅰ　はじめに―「番号法」の公布経緯― ･･････････････････････････ 324

　Ⅱ　「番号法」の目的と適用範囲 ･･･････････････････････････････ 326

　　1　「番号法」の目的 ･･･ 326

　　2　「番号法」の適用範囲 ･････････････････････････････････････ 328

　Ⅲ　番号の種類と付番 ･･･ 329

　　1　個　人　番　号 ･･･ 329

　　2　法　人　番　号 ･･･ 331

　Ⅳ　個人番号の利用 ･･･ 334

　　1　個人番号利用事務実施者による利用 ･････････････････････ 334

　　2　個人番号関係事務実施者による利用 ･････････････････････ 335

　Ⅴ　個人番号の保護（安全管理措置） ･････････････････････････ 337

　Ⅵ　罰則の具体的内容 ･･･ 338

　Ⅶ　む　す　び ･･･ 341

　《主要参考文献》 ･･ 345

　索　　　引 ･･･ 361

目　次.

〔凡　例〕

本書における引用条文は，下記の略語を用いている。ただし，その他の法令には正式名称が使用されている。

通法………国税通則法

所法………所得税法

法法………法人税法

法基通……法人税基本通達

消法………消費税法

消令………消費税法施行令

相法………相続税法

相基通……相続税法基本通達

評基通……財産評価基本通達

措法………租税特別措置法

措通………租税特別措置法関係通達

地法………地方税法

土地再評価法……土地の再評価に関する法律

改正土地再評価法……土地の再評価に関する法律の一部を改正する法律

番号法……行政手続における特定の個人を識別するための番号の利用等に
　　　　　関する法律

ガイドライン……特定個人情報の適正な取扱いに関するガイドライン（事
　　　　　業者編）

財法………財産税法

富法………富裕税法

再評価法……資産再評価法

《引　用　例》

所法28③三……所得税法第28条第3項第3号

措法33の4③二……租税特別措置法第33条の4第3項第2号

消令57①……消費税法施行令第57条第1項

法基通2－1－12……法人税基本通達2－1－12

序　章

課税適正化論

— 税収構成比と現行税目再分類 —

I　税源の概念・分類の問題点

　原則的には，自然人あるいは法人・組織体がその一生または全生存期間を通して稼得した収入（Einnahme）は，種々の目的のために支出（Ausgabe）に充当され，一部は残される。

　全生存期間における全体収入（キャッシュ・インフロー）から全体支出（キャッシュ・アウトフロー）を差し引けば，その差額（Saldo）が現金在高（Kassebestand）である「残金」として留保される。この全体計算（Totalrechnung）は，次のような算式(1)によって表現される。

　　全体収入 − 全体支出 ＝ 残金……(1)

　ただし，「残金」は手許に残すこともできるが，一般的には金融機関等に預・貯金しておくであろう。さらに，余裕・必要があれば，土地・建物等の有形固定資産，株式・公社債等の有価証券に余資を活用する。

　「残金」は「財産」（Vermögen）に転化すると想定すれば，(1)式の収支計算（Einnahmen-und Ausgabenrechnung）は下記算式(2)に書き改めることができる。

　　全体収入 − 全体支出 ＝ 財産……(2)

この(2)式は，基本的に，キャッシュ・フローである収入・支出の差額がストックとしての財産（現金も含む）に変容することを示している。左辺のキャッシュ・フローの差異は，右辺のストックと一致する。なお，上記(2)式を展開すれば，算式(3)が成り立つ。

全体収入＝全体支出＋財産……(3)

この(3)式は，全体収入が消費のために外部に支出されるか，支出されずに財産として内部に蓄積されるかのいずれかになることを示している。

周知の如く，租税（tax）は，担税力の標識（indication of tax bearing capacity）をどの時点の「税源」（租税が支払われる源泉，すなわち税収を得ることができる状態・源泉）に求めるかによって，「収得税」，「消費税」，「財産税」および「流通税」に分類されている。

「収得税」（earning tax）は，収入を得ているという事実・状態に税源（source of tax）を求めて課される租税であり，これには収益税と所得税（または利益税）がある。

「収益税」（profit tax）は，所得を生む収益そのものに課される租税であり，「所得税」（income tax）は，収益から原価・費用・損失を控除した所得を総合的担税力の標識とみなして課される租税である。収益税には事業税・鉱産税があり，所得税（利益税）には法人（所得）税，（個人）所得税，住民税等がある。

「消費税」（consumption tax）は，物品・サービス（goods and services）を購入・消費するという事実・状態に対して課される租税であり，これには直接消費税と間接消費税がある。

「直接消費税」（direct consumption tax）は，入湯税・ゴルフ場利用税等のように消費行為そのものを直接課税対象とするのに対し，「間接消費税」（indirect consumption tax）は，事業者によって納付された租税が物品・サービスの価格に含められて最終消費者に転嫁される。

間接消費税には，課税対象とされる物品・サービスの範囲の相違により，特定の物品・サービスのみを対象とする「個別消費税」（たとえば，酒税，揮発油税），すべての物品・サービスを対象とする「一般消費税」に分けられる。

序章　課税適正化論

「財産税」（property tax）は，財産を所有しているという事実・状態に課される租税であり，一般財産税と個別財産税に分けることができる。

「一般財産税」（general property tax）は，所有財産の全部または純財産に課税されるのに対し，「個別財産税」（specific property tax）は，特定種類の財産のみを課税対象とする。

一般財産税には，昭和21年（1946年）に臨時的に課された財産税，昭和25年（1950年）に採用された富裕税（昭和28年に廃止されている）等があり，個別財産税には，代表的なものとして固定資産税・自動車税等がある。

なお，相続税（inheritance tax）および贈与税（gift tax）は相続等によって取得した財産に課税する「遺産税」，相続等によって遺産を収得したという事実に課税する「遺産取得税」として考えられるが，前者をとる場合には財産税に属するが，後者の場合は収得税（所得税）の補完税としての役割を果たすことになる。

「流通税」（transfer tax）は，一定の財産権の取得・移転という事実・状態に課される租税である。これには，不動産取得税・登録免許税・とん税等がある。

国税庁の統計数値によれば，図0－1で示されているように，わが国の平成29年（2017年）度（国税には当初予算額，地方税には見込額）における所得課税（個人所得課税と法人所得課税の合計）・消費課税・資産課税等の税収構成比は52.9％・30.0％・14.1％であり，平成2年度から29年度では，国税・地方税合計における所得課税・消費税・資産課税等の税収構成比は，おおよそ58％・26％・16％強である（所得課税には資産性所得に対する課税（利子・配当および土地・有価証券譲渡に係る所得税・住民税額）を含む）[1]。

つまり，わが国における所得課税・消費課税・資産課税等の税収構成比はおおよそ4対2対1の割合となっており，平成年間においては消費課税が急増し，資産課税等が逓減している。なお，OECD歳入統計の区分基準により資産課税等の税目として「相続税」が列挙されている[2]。

本書では，前記の算式(3)に照らして，「財産税」を財産の「保有」に対して課税される租税に限定する。

3

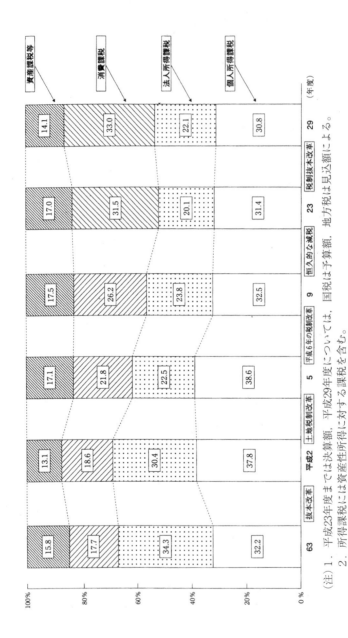

図0－1　所得・消費・資産等の税収構成比の推移（国税・地方税）

（注）1．平成23年度までは決算額、平成29年度については、国税は予算額、地方税は見込額による。
　　　2．所得課税には資産性所得に対する課税を含む。

出所：吉野維一郎編著『図説　日本の税制（平成29年度版）』財経詳報社、平成29年、19頁。

序章　課税適正化論

　一般に，財産の取得・保有・譲渡に係る課税は「資産課税」と総称されているが，財産の取得または譲渡には支出または収入が伴うので，財産の取得・移転に対する「流通税」はキャッシュ・フロー課税に属すると言わなければならない。
　収入・支出・財産保有の税源から租税を類型化すれば，図０－２が示すとおりである。

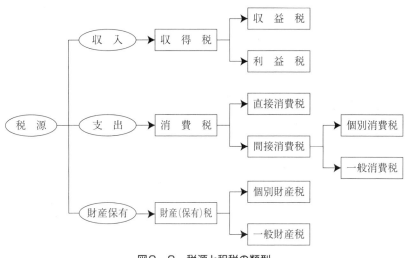

図０－２　税源と租税の類型

　たとえば，「不動産取得税」は，土地・建物等の不動産の取得に対して課される流通税であるが，その納税義務者は不動産の取得者であり，取得者にとっては支出が随伴している。つまり，不動産取得税は，本書では「消費税」に該当する。
　あるいはまた，居住用財産を売却譲渡した場合，「譲渡所得」として「所得税」が課されるのであるから，財産譲渡税は「収得税」に該当する。
　算式(3)（全体収入＝全体支出＋財産）の右辺における「財産」の譲渡による収入は，左辺における「全体収入」に変換したことになり，「第一次課税」（後述される）の対象となる。

すなわち，流通税は，最終的には収得税または消費税のカテゴリーに入る。したがって，「財産（保有）税」と財産全般に課される「資産課税」とは峻別される。

さらに，相続税は財産（みなし収入）を収得したという事実に課税される「収得税」に属するとみなす。

表０－１は，わが国における所得課税・消費課税・資産課税等の税目を本書でいう「収得税」，「消費税」および「財産税」の税目に再分類したものである。

表０－１　科目の再分類

税　　源	税　　　　　　　　　　目
収　得　税 （収　　　入）	所得税，法人税，相続税，印紙税，道府県民税，事業税，市町村民税，鉱産税
消　費　税 （消費・支出）	消費税，酒税，たばこ税，揮発油税，地方道路税，石油ガス税，航空機燃料税，石油税，電源開発促進税，登録免許税，とん税，特別とん税，特別とん譲与税，地方消費税，不動産取得税，道府県たばこ税，ゴルフ場利用税，狩猟者登録税，自動車取得税，軽油引取税，入猟税，市町村たばこ税，入湯税，共同施設税，国民健康保険税
財　産　税 （財産保有）	（地価税），自動車重量税，自動車税，鉱区税，固定資産税，軽自動車税，特別土地保有税，事業所税，都市計画税，水利地益税，宅地開発税

本序章では，相続税に関して概念的検討を行うとともに，上記算式を参照しながら，収得税・消費税・財産税の税収構成比（すなわち課税構成比）の適正化について探究する。

Ⅱ　相続税と所得税

現行の「相続税法」（昭和25年法律第73号）では，「相続税」は，相続人が相続，遺贈または死因贈与により取得した財産に対して課される（相法11）。

その財産には，有形・無形を問わず，金銭に見積りが可能である経済価値の

あるすべてのものが含まれる（相基通11の2-1）。相続税の課税財産は，「本来の財産」と「みなし財産」に区分されている。

「本来の財産」としては，土地，借地権，事業用財産，農業用財産，家庭用財産，有価証券，現金・預貯金，特許権，実用新案権，著作権などがある。「みなし財産」には，退職手当金等，生命保険等，生命保険契約に関する権利，定期金に関する権利，特別縁故者への分与財産などが該当する（相法3①，4，7，8，9）。

これらの財産は，被相続人（死亡者あるいは財産移転者）が生前に残した遺産（bequest）である。古くは紀元前2世紀のエジプトにおいて，戦費調達のために賦課税として臨時的に相続税が課されていた[3]。

英国では，植民地化・属領化推進の海軍費を賄うために，1694年に「遺言検認税」（probate duty）が導入され，現代的な相続税として1894年に「遺産税」（estate duty）が採択された[4]。これは，死亡者（被相続人）が残した財産の全額に課税する「遺産税」（donor based inheritance tax）である。1975年3月27日から，生前贈与にも課税し，生涯移転の累積額を課税対象とする「資本移転税」（capital transfer tax）に移行した。なお，1986年3月18日からは資本移転税に代えて「相続税」が導入されている[5]。

わが国では，明治31年（1898年）に施行された旧民法に基づく「家長制度」の下で，日露戦争の戦費調達の一環として「相続税法」（明治38年法律第10号）が明治38年（1905年）に制定された。

家の首長である戸主が祖先祭祀，家族の婚姻・縁組，分家・就職の決定，財産管理などを行い，家経営を主宰する家長制度下における相続制度は，財産の承継が家族扶養を伴う「家督相続」と財産の移転・承継だけに止まる「遺産相続」に区分されていた。そのため相続税では，被相続人の遺産総額を課税標準とする「家督相続」と「遺産相続」によって，税率や課税最低限などが異なっていた[6]。

創設時の推定では，約4万人の納税者のうち家督相続者は3.7万人であり，税収額は約430万円（戦時増税による増収額の約3％）であった[7]。これらは，死

亡者（あるいは財産移転者）の財産に課税する「遺産税」（すなわち財産税）である。

前記(2)式における右辺の財産に関して，死亡者（あるいは財産移転者）の一生を通じて租税負担を清算するために，生前における収得税または消費税の不足を補うという目的で財産税を課すのであれば，財産の保有・移転者に課税する「遺産税方式」には妥当性が高い。

ただし，生前に財産税が課されていたのであれば，財産に対する「二重課税」（double taxation）が行われたことになる。

わが国の現行法では，「相続税」は新たに財産を取得した遺産取得者（相続人）に課税される。死亡者（被相続人）ではなく，財産を取得・承継した者（相続人）が，相続等によって遺産を収得したという事実・状態に課税する「遺産取得税」（donee based inheritance tax）として捉えられている。

このような考えを支持する「所得税補完説」によれば，死亡者が生前に稼得した所得の蓄積（＝全体収入－全体支出）である財産に対して，相続という時点で相続税が課税されることにより，所得税の補完税としての役割を果たす。

しかしながら，ここで注意を要することは，死亡者（被相続人）の所得の蓄積（遺産）と遺産取得者（相続人）の所得の蓄積が納税義務者として異なるということである。前記(2)式が示すように，財産（＝全体収入－全体支出）はそれぞれの自然人の一生にわたる課税物件（object of taxation）または税源であり，死亡者と遺産取得者ではそれぞれ相違する。死亡者の全体収支は，異なる納税義務者の異なる税源・課税対象である。

したがって，死亡者が残した遺産に対して遺産取得者に課される相続税は，遺産取得者に対する所得税の代替税であると考えなければならない。遺産取得者にとって，その相続財産は相続時点における「収入」の一形態である。相続した土地・建物，有価証券，預貯金，特許権，著作権，退職手当金等は，その遺産取得者にとっては「所得税法」（昭和40年法律第33号）第36条でいう「金銭以外の物又は権利その他経済的な利益」に該当する。

所得税法第36条は，その第1項において，「その年分の各種所得の金額の計算上収入金額とすべき金額又は総収入金額に算入すべき金額は，別段の定めが

あるものを除き，その年において収入すべき金額（金銭以外の物又は権利その他経済的な利益をもって収入する場合には，その金銭以外の物又は権利その他経済的な利益の価額）とする」と規定したうえで，その第2項で「前項の金銭以外の物又は権利その他経済的な利益の価額は，当該物若しくは権利を取得し，又は当該利益を享受する時における価額とする」と定めている。

担税力の尺度（Maßtab für Steuerkraft）である所得（Einkommen）の概念として，規則的・反復的収入のみを所得とする「所得源泉説」（Quellentheorie）あるいは「所得周期説」（Perodizitätstheorie）および臨時的・非反復的な収入も所得に含める「純財産増加説」（Reinvermögenszugangstheorie）が対立しているが，わが国の所得税法では基本的に「純財産増加説」が採用されている。

「純財産増加説」はドイツのシャンツ（Georg Schanz, "Der Einkommenbegriff und die Einkommensteuergesetze", *Finanzarchive*, 13. Jahrg., 1896, SS. 1〜87）が1896年に提唱した学説であり，各国の税法に影響を与えた。ドイツでは，第一次世界大戦後の財政需要に応じるために，1920年のライヒ所得税法に採用されている[8]。

「純財産増加説」あるいは「包括的所得概念」（comprehensive income concept）によれば，規則的・反復的収入ばかりではなく，無償による財産の譲受け等の臨時的・非反復的収入も所得を構成する税源として，課税対象となる。自由に処分できる純財産の増加分（包括的所得）には，規則的・臨時的であるか，反復的・非反復的であるかを問わず，独立した納税義務者にとって「担税力」があるものとして取り扱われる[9]。

つまり，相続等を介して臨時的に収得・享受した相続財産の価額は，所得税法第36条が規定している「収入すべき金額」とみなすべきである。

相続税の課税財産（本来の財産とみなし財産）は，遺産取得者にとっては「みなし収入」であり，所得税法上，「金銭以外の物又は権利その他経済的な利益」のカテゴリーに入れることができる。

遺産取得者にとっては，相続財産は全体収支計算上の「収入」とみなされ，収得税の対象であると言わざるを得ない。つまり，相続財産の受取りは所得の

一部と考えて，他の所得と併せて課税対象にすべきである。

　現行の「所得税法」（第23条〜第35条）では，各種所得は利子所得，配当所得，不動産所得，事業所得，給与所得，退職所得，山林所得，譲渡所得，一時所得および雑所得の10種類に分類されているが，「相続所得」も各種所得を構成するものとして追加されてもよいのではなかろうか。

　遺産取得者の相続財産は，「みなし収入」の概念として容認されるべきであり，他の所得と同様に取り扱われるべきである。

　現在，相続所得は，「所得税法」とは分離した「相続税法」の中で別途課税されている。昭和33年（1958年）の改正により，遺産取得税方式を原則としながらも，遺産税方式を取り込んだ「法定相続分課税方式」が採用されている。

　取得財産の価額から非課税財産の価額と債務・葬式費用を控除した「課税価格」から「遺産に係る基礎控除額」を差し引いた「課税遺産額」により計算した「相続税の総額」に基づいて，「各相続人等の相続税額」が算定される。

　「相続税法」を直ちに廃棄することはできないかもしれないが，相続税（および贈与税）は概念的に「収得税」として捉えるべきである。

Ⅲ　課税時点（税収時点）と税収構成比

　前述したように，どの時点の税源に課税するかによって，租税（Steuer）は収得税，消費税，財産税に大別される。

　担税力の指標（Indikator für Steuerkraft）となる課税標準（Steuerbemessungsgrundlage）として，収入・支出のキャッシュ・フローあるいは財産のストック（または移転）に課税時点を求めている。

　納税義務者（Steuerzahler）の租税負担の不公平感・重税感を避けるためには，収得税・消費税・財産税による税収構成比は，理念的には「課税の公平」（水平的公平と垂直的公平）の観点から考察されるべきであろう。担税力（Steuerkraft）に応じてバランスの取れた「タックス・ミックス」の実現により，課税の水平

序章　課税適正化論

的公平と垂直的公平は確保されるはずである。

　ちなみに「水平的公平」（horizontale Gerechtigkeit）とは，同一の経済状態に
ある納税義務者に対しては租税負担を均等に配分することである。すなわち，
等しい租税給付能力（gleiche steuerliche Leistungsfähigkeit）は差別なしに課税さ
れなければならないとする課税公平性（Gleichmäßhigkeit der Besteuerung）であ
る10)。

　「垂直的公平」（vertikale Gerechtigkeit）とは，異なる経済状態にある納税義務
者に対しては異なる租税負担を配分することである。すなわち，より高い租税
給付能力（höhere steuerliche Leistungsfähigkeit）はより低い租税給付能力（nied-
rigere steuerliche Leistungsfähigkeit）より強く課税されなければならないとする
課税公平性である11)。

　一般的な見解では，納税者の担税力に応じて納税義務（tax liability）を負う
べきであるとする「租税応能説」（応能負担の原則）に立てば，所得額（収入）
の大きさに応じて累進的に租税負担（tax burden）を求めることができる「収
得税」は，「垂直的公平」に貢献できる。

　受ける利益に応じて課税されるべきであるとする「租税応益説」（応益負担の
原則）の観点からは，利益の代償としての消費額（支出）の大きさに応じて比
例的に租税負担を求めることができる「消費税」は，「水平的公平」の確保に
役立つ。

　ただし，消費税は「逆進性」という本源的欠陥を内包しているため，「垂直
的公平」を妨げる。

　「財産税」は，収得税・消費税の補完として「水平的公平」と「垂直的公
平」に寄与できる可能性を具有している。

　収得税，消費税および財産（保有）税による税収構成比として，どのような
割合の組み合わせが「課税の公平」にとって理想的であろうか。理念的に考え
られるケースを大雑把に示せば，表０−２のとおりである。

11

表０－２　収得税・消費税・財産（保有）税による税収構成比の可能性ケース

可能性ケース　＼　税収	収得税 (収　入)	消費税 (消費・支出)	財産税 (財産保有)
A （収得税のみ）	100%	0 %	0 %
B （消費税のみ）	0 %	100%	0 %
C （財産税のみ）	0 %	0 %	100%
D （キャッシュ・フロー税のみ）	50%	50%	0 %
E （消費税・財産税均等課税）	0 %	50%	50%
F （収得税・消費税・財産税均等課税）	33.3%	33.3%	33.3%
G （収得税と消費税・財産税均等課税）	25%	25%	25%

　ケースA（収得税のみ）では，すべての税収が収得税に偏重している。このような場合，「垂直的公平」は担保されるが，「水平的公平」を犠牲にすると同時に，財産税がないため富の再分配効果（redistribution effect of wealth）が喪失したり，勤労意欲阻害効果が増幅したりする。

　ケースB（消費税のみ）のように，税収を消費税だけで賄うと「水平的公平」は確保されるが，逆進的租税負担（regressive tax burden）が強いられたり，収得税がないため所得の再分配効果（redistribution effect of income）が失われる。

　ケースC（財産税のみ）は，上記(2)式における左辺（キャッシュ・フロー）には一切課税せず，キャッシュ・フローの残高である右辺（財産）のみに課税するケースである。19世紀末の米国において，土地開発による利益は社会に還元されるのではなく，地価を高めて少数の土地所有者に帰属してしまうという現実に着目し，土地単一税（single tax on land）として「固定資産税だけで国家税制を賄うべし」と提唱する主張がかつて存在していた[12]。

　ケースD（キャッシュ・フロー課税のみ）では，ケースCとは逆に，財産税の徴収を一切行わず，キャッシュ・インフロー（収入）とキャッシュ・アウトフロー（支出）にそれぞれ50％の割合で課税する。「垂直的公平」と「水平的公平」が均衡しているように思われるが，(3)式の右辺（支出・財産）内部間では租税負担バランスは取れていない。

序章　課税適正化論

　ケースE（消費税・財産税均等課税）では，(4)式における左辺（収入）には一切課税せず，右辺の支出・財産にそれぞれ50％の割合で課税を行う。消費税と財産税の間では税収構成比は折半できたが，収得税に基づく「垂直的公平」を犠牲にしている。

　全体収入・全体支出および財産に対して平均的に課税すると想定すれば，収得税・消費税・財産税の税収構成比は，1対1対1（33％・33％・33％）にしなければならない。ケースF（収得・消費・財産保有均等課税）は，これに相当するであろう。

　しかし，自然人，法人・組織体の全生存期間における全体収入と全体支出（残額としての財産を含む）には1回ずつ均等に課税すべきであると観念した場合には，(3)式における左辺と右辺に1対1の割合で課す税収構成比が要求される。

　すなわち，図0－3に示すとおり，全生存期間において収入に対して「第一次課税」，支出と財産に対して「第二次課税」が行われ，第一次・第二次課税を均等に行使できるような租税制度が理想的であると思量した場合，収得税に50％，消費税と財産税を併せて50％の税収を賄う必要がある。

　たとえば，ケースG（収得と消費・財産保有の均等課税）のように，収得税に

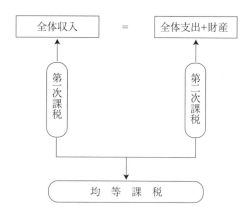

図0－3　全体収支計算を前提とした課税時点

50％，消費税と財産税にそれぞれ25％（合計で50％であれば，内部調整してもよい）による税収構成比が全体収支計算を前提とした課税時点（税収時点）にとって適切であると思われる。

　武田昌輔名誉教授も開陳されているように，租税は，基本的には，得た収入から納付するのであり，消費税であっても財産税であってもすべて所得（収入）に対する租税である。消費税は，消費に潜む所得から出すことになり，財産税は，財産によって測定された所得税である[13]。

　収入に対して「第一次課税」，支出・財産に「第二次課税」が均等に行われるような税制が，「水平的公平」および「垂直的公平」を担保できる租税制度ではなかろうか。すなわち，本書ではケースＧを前提にして論を進める。

Ⅳ　収得税・消費税減税と財産税増税

　前述したように，平成29年（2017年）度における国税・地方税合計による所得課税・消費課税・資産課税等の税収構成比は52.9％，30.0％，14.1％であった。

　ただし，その比率はOECD歳入統計の区分基準により，「相続税」を資産課税等の税目に含めて算定されている。卑見によれば，相続財産は「みなし収入」であり，相続税は収得税の一つを構成する。しかも，資産課税等に属する「財産税」は財産の保有に対して課税された租税に限定される。

　議論を単純化するために，相続税だけを所得課税の一部であると想定した場合，平成29年（2017年）度における相続税（当初予算額）は２兆1,150億円であるので，この金額を所得課税に算入して再計算すれば，税収構成比は，59.8％，27.8％，12.4％と訂正される。

　国税・地方税合計の税収構成比としてケースＧが適切であると仮定した場合，単純に，所得課税は9.8％，消費課税は2.8％引き下げて，それぞれ50％と25％とする反面，資産課税等は12.6％切り上げて25％とする必要がある。

序章　課税適正化論

　つまり，所得課税（収得税）には大幅減税，消費課税（消費税）には小幅減税，資産課税等（財産税）には大幅増税が要請される。わが国における税制改革のグランド・デザインは，「収得税・消費税減税と財産税増税」を基調・中核としなければならない。

　減税のテクニックには，課税ベースの縮少化，所得控除・税額控除等の控除額の拡大化，税率の引下げなどがある。増税のテクニックとしては，税率の引上げ，課税ベースの拡大化等が考えられる。

　とりわけ，わが国の資産課税では，課税ベースとして課税対象資産が限定的であるので，再検討の余地が残っている。同じ資産であっても，土地・建物等の有形固定資産の収得・消費・保有に対する課税が圧倒的に多く，現・預金，有価証券等の金融資産や書画・骨董・宝石などの「保有」には課税が行われていない。

　「金融資産税」の追加課税（「金融資産税加税論」と呼ぶ）も，自然人，法人・組織体の全生存期間における「課税の公平」の観点から将来の税制では必要となってくるであろう。

　本書では，ある税目の減税のために他の税目を増税し，全体の税収を変えない「歳入中立性の原則」（principle of revenue-neutrality）に従った「収得税・消費税減税と財産税増税」という基本的立場から，各税目の課税ベース・計算構造に関する改善策を提案する。

【注】

1)　吉野維一郎編著『図説　日本の税制（平成29年度版）』財務詳報社，平成29年，19頁。
2)　星野次彦編著『図説　日本の税制（平成19年度版）』財経詳報社，平成19年，13頁。
3)　菊地裕子＝小野塚久枝『租税論』税務経理協会，平成12年，163頁。
4)　J. A. Kay and M. A. King, *The British Tax System Fourth Edition*, Oxford University Press, 1986, p. 66.
　　岩崎政明「相続税を巡る諸問題」水野正一編著『資産課税の理論と課題』税務経理協会，平成7年，162-164頁。
5)　Bill Pritchard, *Taxation Eighth Edition*, Pitman Publishing, 1987, p. 194.
　　Alan Melville, *Taxation Finance Act 2002 Eighth edition*, Prentice Hall, 2003,

p.513.

　　橋本恭之「イギリスの税制の現状について」『租税研究』第618号，2001年，11～13頁。

　　「1984年資本移転税法」（Capital Transfer Tax Act 1984）を母法とする「1984年相続税法」（Inheritance Tax Act 1984）によって，「相続税」が「資本移転税」に代わって1986年3月18日から導入された。この相続税は遺産取得税であり，30％から60％の4段階の累進税率で課税されていたが，1988年以降の税率は40％に一元化された。

6)　前川邦生＝菊谷正人編著『租税法全説』同文舘，平成13年，136頁。

7)　櫻井四郎『相続税法の解説』中央経済社，昭和28年，8頁。

　　なお，相続税の前身的租税として，明治27年の日清戦争後における財政需要の逼迫のために導入された「登録税」がある。この登録税は，相続・贈与による地所・建物・船舶の所有権取得の登記に係る手数料（税）であった（小野塚久枝「相続税の役割と相続に対する人々の考え方－大日本帝国憲法下において」『飯山論叢』第11巻第2号，1994年，17頁）。

8)　武田隆二『所得会計の理論』同文舘，昭和45年，3～56頁。

9)　武田隆二『法人税法精説』森山書店，1982年，49～50頁。

　　バウクナー（Bauckner, *Der privatwirtschafliche Einkommensbegriff*, Mühldorf, 1921）によれば，所得の概念として「所得源泉説」と「純財産増加説」のほかに，シュモラー（Schmoller）の「消費基金説」（Konsumtionsfondstheorie），ヴァグナー（Wagner）の「所得周期説」（Periodizitätstheorie）およびロッシャー（Roscher）の「収益範疇説」（Ertragskategorietheorie）が展開されていた。「消費基金説」では，所得は消費するものであり，所得概念を消費となる所得の目的に関係させる。「所得周期説」によれば，収入の規則的回帰の特徴を所得の特徴とする。「収益範疇説」は，所得の根源を収益に求め，収益と所得を全く同一の大きさとみなす（E.Schmalenbach, *Grundlagen dynamischer Bilanzlehre Dritte Auflage*, G.A.Gloeckner, Verlagsbuchhandlung in Leipzig, 1925, SS. 61～62.）。

10)　Dieter Schneider, *Stereurbilanzen : Rechnungslegung als Messung steuerlicher Leistungsfähighkeit*, Betriebswirtschaftlicher Verlag Dr. Th. Gabler, 1978, S. 13.

11)　*Ebenda*, SS. 13～14.

12)　野口悠紀雄『「超」税金学』新潮社，2003年，108－111頁。

　　1879年に米国のヘンリー・ジョージが上梓した『進歩と貧困』において，経済活動に抑制的な影響を与える労働・資本に対する税を軽減し，土地に対する税だけで国家財政を賄うべしと主張されていた。これは「土地単一税主義」として知られている。なお，野口悠紀雄教授の提唱によれば，ITの進展によるグローバルな電子商取引・電子マネー等が一般化すると，所得課税・消費課税は困難となるか，その捕捉率も低くなる危険性が高いので，そのような弱点のない財産税が将来における基幹税として期待される（同上書，111～113頁および177～188頁）。

13)　武田昌輔『東西税金ばなし　続　税金千一夜物語』清文社，平成9年，129頁。

第1章

所得税法の再構築

― 少子化と所得税減税 ―

I 所得税法の概要

1 所得課税の沿革

近代的所得税の母国と言われる英国では，ナポレオン戦争の戦費調達のために ピット内閣により所得税制（system of income taxation）が1799年1月に初めて新設・施行された[1]。そこでは，規則的・反復的収入のみを所得（制限的所得）として課税する「所得源泉説」が採られている。

ピット（W. Pitt）の後任のアディントン（H.Addington）により戦争の停戦時の1802年に所得課税は廃止されたが，戦争再開の1803年に再導入された。その際，明確な形で5種の所得を発生源泉の違いにより分類する「分類所得税制」（schedular system）および源泉徴収（withholding of tax）も採用されている。所得の発生源泉の相違により，下記のように別表（schedule）AからEに区分され，それぞれの計算ルールに従って「所得税」（income tax）として5％（1806年には10％に引上げ）で課税された[2]。

別表A：不動産所得（income from land and buildings）

17

別表B：農業所得（farming profit）

別表C：公債利子所得（public annuities）

別表D：自営業所得および他の別表に網羅されない所得（self-employment and other items not covered by the other Schedules）

別表E：給与・年金所得（salaries,annuities and pensions）

　ナポレオン戦争後の1816年に所得税は廃止されたが，1842年にピール内閣により「ピール経済改革」（Peel's economic reforms）の一環として再び導入された[3]。

　ただし，所得税の母国である英国は，長い間，「所得源泉説」を適用し，不規則的・偶発的な収入も含めた所得（包括的所得）には1960年初頭までは課税していなかった[4]。

　わが国では，明治20年（1887年）３月に，軍備（特に砲台の建設）を整えるために「所得税法」（明治20年勅令第５号）が創設されたが，会社の数も少なかったことから，法人に対する課税は行われなかった[5]。

　所得税の税率には５段階の単純累進税率が採用されたが，表１－１が示すように，最高税率は３％に過ぎない[6]。

表１－１　所得税導入時における単純累進税率

等　　　級	課税所得金額	単純累進税率
第　1　等	所得金額　30,000円以上	3％
第　2　等	所得金額　20,000円以上	2.5％
第　3　等	所得金額　10,000円以上	2％
第　4　等	所得金額　1,000円以上	1.5％
第　5　等	所得金額　300円以上	1％

出所：上林敬次郎『所得税法講義』松江税務調査會，明治34年，15頁。

　地租と酒税の納税者に租税負担が偏っていた当時における業種間の不公平を是正するために，所得税が新規に導入されたが，所得税の納税者として年間300円以上の高額所得者（約12万人）に限定され，所得税創設時の税収は527,724円（税収総額66,255,345円の0.8％）に過ぎなかった[7]。

第1章　所得税法の再構築

　明治27年（1894年）から28年にかけて2,500万円の戦費を要した日清戦争，その後における財政需要の逼迫・軍備の増設（特に軍艦の取得）に対処するために「所得税法」が見直され，明治32年（1899年）に法人課税が新規に追加された。

　全面的に改正された「所得税法」（明治32年法律第17号）は，所得税を第一種・第二種・第三種に三分類し，第一種所得には会社の所得，第二種所得に公債・社債の利子，第三種所得に従来の個人所得に対する課税を内容とした改正が行われている8）。

　第一種の税率は2.5％，第二種には2％の単一税率とするが，第三種の個人所得には，300円以上の所得に1％，10万円以上の所得に5.5％までの12段階の単純累進税率が採用されている9）。

　明治37年（1904年）の日露戦争に伴い，19億8,500万円の戦費を調達する目的のために大幅な増税が行われた。

　大正2年（1913年）の「所得税法」改正時には，個人に係る第三種所得に超過累進税率（2.5％〜22％）が採択され，「給与所得」の前身となる「勤労所得」については一定の控除（当初，収入金額の10％）が認められた。「勤労所得」は他の所得より担税力が低いために，所得税制度に初めて社会政策的配慮が施されている10)。

　1914年に第一次世界大戦が勃発したが，大正7年（1918年）に所得税と酒税が増税され，さらに20％の税率による「戦時利得税」が新設されている11)。この戦時利得税は大正9年（1920年）に廃止されたが，これに伴い所得税の抜本的改正（第2章で後述される）が行われた。

　昭和12年（1937年）に「臨時租税増徴法」が公布され，各税目にわたり増税が行われるとともに，新税として法人資本税，有価証券移転税，揮発油税等が創設された。昭和12年7月の日中戦争（日華事変）の勃発に際して「北支那事件特別税法」が発布され，所得特別税・臨時利得特別税・利益配当特別税・公債及び社債利子特別税・物品特別税が軍事費に充てられている12)。

　日中戦争の長期化による戦費調達のために，昭和15年（1940年）に国税・地方税の全般にわたって改正が行われた。所得税については，分類所得税制と総

19

合所得税制の二本建てとし，法人に対しては，従来の第一種所得税（会社の所得）と法人資本税を統合して「法人税」という税目が新設された[13]。これに伴い，「所得税法」（昭和15年法律第24号）とは独立して昭和15年に「法人税法」（昭和15年法律第25号）が新たに公布された。

　ちなみに，「分類所得税制」とは，所得の源泉・性質に応じて所得をいくつかの種類に分類し，各種類の所得ごとに個別の計算方法で課税する方式であり，これに対して，「総合所得税制」（global system）とは，課税対象となる所得をすべて合算したうえで，それに累進税率を適用する方式である。

　昭和15年の改正時には，分類所得税と総合所得税を併用する制度が採用されているが，所得は「不動産所得」，「配当利子所得」，「事業所得」，「勤労所得」，「山林所得」および「退職所得」の6種類に分類され，それぞれに異なる基礎控除または免税点を設け，異なる比例税率（山林所得と退職所得には累進税率）で課税されるとともに，さらに，合計所得額が5,000万円を超える部分については，10％から65％の超過累進税率を適用する総合所得税が課されていた。この改正は，日中戦争による軍事費の激増に対処するための増税措置であったが，(1)扶養控除の金額を増額し，かつ，扶養家族の範囲を拡大したこと，(2)不動産所得と配当利子所得の税率（10％）よりも事業所得の税率（8.5％または7.5％）を低くするとともに，事業所得の税率よりも勤労所得の税率（6％）を低くしていること，(3)利子所得に超過累進税率の総合所得税制を適用したことなどにより，所得税の近代化・公平化を図るものであった[14]。

　昭和20年（1945年）8月15日（国際法上は9月2日）の敗戦により，物価は同年末までの4ヵ月間に約2倍になり，翌21年（1946年）2月には約3倍になるという激しさであった[15]。

　昭和21年に入ってもインフレは進行したため，2月に実施された金融緊急措置では，金融機関の預金封鎖とともに，旧円が新円に切り替えられた[16]。3月には「租税緊急措置令」が発遣され，所得税等に対して応急的な減税が施されている。ただし，8月にはインフレ防止の目的で直接税・間接税の増税が行われた。

20

なお，昭和13年（1938年）に鉱産税の免除等のために公布されていた「臨時租税措置法」は廃止され，これに代わって「租税特別措置法」（昭和21年法律第15号）が制定された[17]。

昭和22年（1947年）4月には税制の民主化・簡素化を図るため，所得税および法人税に対して「申告納税制度」（self-assessment system）が採用されることとなった。「賦課課税制度」（official assessment system）から「申告納税制度」に変更となった経緯は必ずしも明らかではないが，昭和22年の2・1ストに触発されたためであると言われている。

連合国軍最高司令官総司令部（General Headquarters Supreme Commander for the Allied Powers；以下，GHQと略す）の租税担当官・バロンからは「民主化」のために「申告納税制度」への切替えを示唆されていたが，技術的に難しい点があったので断念している間に2・1ストに直面し，官公庁の職員（税務職員を含む）のサボタージュにより徴税機構も，（マッカーサーGHQ最高司令長官の命令でゼネストは中止されたにもかかわらず）マヒ寸前状態に陥った[18]。

課税の決定が遅れると，当時の破局的インフレ下では，納税するときには3分の1程度の価値となっているという状態であったことから，大蔵省幹部は申告納税制度に踏み切ったというのが実情のようである。「民主的」というよりは，むしろこのままでは税収が国庫に入ってこないことによる「徴税技術」であったと言える[19]。

「賦課課税制度」とは，納付税額がもっぱら税務署長または税関長の処分により確定する方式であり，「申告納税制度」は，納税者自らが税額を算出し，申告・納付する方式である。

賦課課税制度の下では，税務官署が所得を査定し税額を決定・告知するのであるから，本来的には脱税（tax evasion）はないが，申告納税制度の下では，納税者が自主的に自らの税金を決めることができるので，意識的に脱税を行うことができる。脱税すると，5年以下の懲役もしくは500万円以下の罰金に処され，または併科される。見方を変えると，「申告納税制度」となったために本格的脱税が生じたのである[20]。

21

さらに，昭和22年の改正では，分類所得税と総合所得税の二本建制から総合課税一本建てとし，12段階の超過累進税率が導入された[21]。同年11月には，再度，増税が行われ，所得税の最高税率は85％（適用所得100万円超）となっている[22]。

　昭和24年（1949年）5月10日には，米国・コロンビア大学教授のカール・シャウプ（Karl Shoup）博士を団長とするシャウプ使節団（イリノイ大学教授のD．H．B．ボーウェン，ミューヨーク市立大学教授のJ．B．コーヘン，ミネソタ州税務局税制調査部長R．F．ハットフィールド，カリフォルニア大学教授のS．S．サリー，コロンビア大学教授のW．C．ヴィッカリー，コロンビア大学教授のW．C．ウォレンの7名の租税専門家から構成されている）が，GHQの要請により来日し，8月27日までの3ヵ月にわたり日本税制を調査・検討した後，9月15日に『シャウプ使節団日本税制報告書』（*Report on Japanese Taxation by the Shoup Mission, Vol.I～IV*）を発表した。

　シャウプ使節団は，翌25年（1950年）7月に4人構成（シャウプ，ウォーレン，ヴィッカリー，サリー）で再来日し，9月21日に『第二次シャウプ使節団日本税制報告書』（*Second Report on Japanese Taxation by the Shoup Mission*）を発表したが，これは「昭和24年報告書」の実施状況視察と補足的・事後調整的な勧告の性質のものであった。これを含めて『シャウプ勧告』（Shoup Recommendations）と総称されている[23]。

　なお，税収の確保と徴税の合理化を図るために，主税局から分離・独立した「国税庁」が大蔵省の外局として昭和24年6月1日に設置され，専ら税務執行に関する行政が任されることになった[24]。

　昭和25年には，前年の『シャウプ勧告』に基づいて，画期的な税制改革が行われている。『シャウプ勧告』は，担税力に即した課税を行うという観点から直接税を税制の中心に置き，租税行政の改善，罰則の強化，青色申告制度（blue return system）の創設，租税特別措置の大幅削減，所得税の補完税としての富裕税（net worth tax）の導入，法人擬制説（fictional theory of corporation）の復活，事業用固定資産の再評価（revaluation）等といった画期的な内容を提案していた。

22

第1章 所得税法の再構築

　富裕税の導入に伴い，所得税の税率が14段階から8段階に簡素化されるとともに，最高税率も85％から55％（適用所得50万円超）に引き下げられた。

　所得税・法人税の大改革に伴い，国税庁は昭和25年9月25日に「所得税基本通達」・「法人税基本通達」を発遣している[25]。

　昭和28年（1953年）の税制改正では，富裕税が廃止されたために，税率区分は11段階，最高税率は65％に引き上げられた。その後，昭和44年（1969年）には最高税率は75％まで徐々に引き上げられるとともに，税率区分も16段階に増えていった。

　なお，昭和40年（1965年）には，租税法律主義（principle of no taxation without law）と租税法（tax law）の簡素平明（表現の平明化）のために，「法人税法」（昭和40年法律第34号）とともに「所得税法」（昭和40年法律第33号）の全文改正が行われた。納税義務者に理解しやすい法令体系を整備するために，所得税に関する重要事項は所得税法において規定するとともに，課税所得の計算に関する専門的・手続的事項は政令・省令に委任する形で規定されている。また，所得税法の条文の組立て・表現方法についても平明化が図られた。

　昭和40年の所得税法・法人税法の全面改正後，昭和44年5月に「法人税基本通達」，昭和45年（1970年）7月に「所得税基本通達」が，国税庁より法令の解釈・税務行政の運用方針として，全面改正・発遣された。その後，これらの基本通達は，流動する経済社会に適合するように必要に応じて修正されている。

　昭和63年（1988年）12月に「税制改革法」（昭和63年法律第107号）とともに「消費税法」（昭和63年法律第108号）が制定され，平成元年（1989年）4月1日以降の取引について消費税が導入・施行されている。これに伴い，所得税の最高税率は50％に引き下げられた。

　平成11年（1999年）の税制改正により，税率区分は4段階，最高税率は37％に引き下げられ，かなり低く簡素になっている。平成19年（2007年）税制改正では，税率区分は6段階となり，5％の最低税率が設けられるとともに，最高税率は40％に引き上げられた。

　平成27年（2015年）税制改正では，最高税率は再度45％に引き上げられ，税

表1－2　所得税の主な税率改正の推移

改正年次	（改正内容）	刻み数	税率（％）	課税所得階級（万円）
昭和25年	（シャウプ勧告）	8	20	—
			25	5
			30	8
			35	10
			40	12
			45	15
			50	20
			55	50
昭和28年	（富裕税廃止）	11	15	2
			20	7
			25	12
			30	20
			35	30
			40	50
			45	100
			50	200
			55	300
			60	500
			65	500〜
昭和44年	（長期税制答申）	16	10	30
			14	50
			18	100
			22	150
			26	200
			30	250
			34	300
			38	400
			42	500
			46	700
			50	1,000
			55	2,000
			60	3,000
			65	4,500
			70	6,500
			75	6,500〜
昭和59年	（最高税率の引下げ）	15	10.5	50
			12	120
			14	200
			17	300
			21	400
			25	600
			30	800
			35	1,000
			40	1,200
			45	1,500
			50	2,000
			55	3,000
			60	5,000
			65	8,000
			70	8,000〜
昭和62年	（最高税率の引下げ）	12	10.5	150
			12	200
			16	300
			20	500
			25	600
			30	800
			35	1,000
			40	1,200
			45	1,500
			50	3,000
			55	5,000
			60	5,000〜
平成元年	（抜本改革）	5	10	300
			20	600
			30	1,000
			40	2,000
			50	2,000〜
平成7年	（税制改革）	5	10	330
			20	900
			30	1,800
			40	3,000
			50	3,000〜
平成11年	（最高税率引下げ）	4	10	330
			20	900
			30	1,800
			37	1,800〜
平成19年	（税源移譲後）	6	5	195
			10	330
			20	695
			23	900
			33	1,800
			40	1,800〜
平成27年	（最高税率引上げ）	7	5	195
			10	330
			20	695
			23	900
			33	1,800
			40	4,000
			45	4,000〜

出所：吉野維一郎編著『図説　日本の税制（平成29年度版）』財経詳報社、平成29年、99頁。

率区分は７段階となり，今日に至っている。その場合，最低税率（５％）が適用される納税者数は約６割を占め，８割強の納税者が適用税率10％以下である[26]。

表１−２は，『シャウプ勧告』公表後における所得税の超過累進税率の改正の推移を示したものである。

2　現行所得税法の概要と問題点

前述したように，担税力（租税の負担能力）の尺度である「所得」の概念として，「所得源泉説」と「純財産増加説」が対立していた。

所得源泉説によれば，所得発生の経常的周期性が重視され，臨時的・非反復的収入は所得を構成しない。純財産増加説によれば，臨時的・非反復的収入（経済的利益の増加）も「所得」として課税される。わが国の所得税法では，基本的には，「純財産増加説」が採用されている。すなわち，所得税は，「課税物件」（課税の対象となるもの）を経済的利益も含む「包括的所得」に求め，個人の所得を基準にして課される。

また，所得税は，「直接税」（納税義務者と租税負担者が実質的に同一である税金），かつ，「国税」（課税権の主体が国にある税金）であり，わが国の国税収入のうち，法人税とともに最も大きな割合を占めている。

その場合，所得税の課税標準（課税物件につき税額を算定するための基礎となる金額または数量）は，個人がその１月１日から12月31日までの１年間（暦年）に稼得した「所得の金額」である。暦年１年間に生じた所得に課税される「暦年課税」が採用され，所得金額は，基本的には，「収入金額」（revenue）から「必要経費」（necessary expense）を控除して算定される。

所得税法（第23条〜第35条）では，所得の源泉・性質，担税力の相違，徴税便宜等の理由により，所得は10種類に分けられ，これらの所得は「各種所得」（classified income）と呼ばれる。

各種所得を「所得形成時間」の相違により区別すれば，利子所得，配当所得，

不動産所得，事業所得および給与所得は，毎年繰り返して継続的に稼得できる「経常的所得」(ordinary income with recurrent nature) であり，一時所得は，臨時的・非反復的収入に起因する「臨時的所得」(temporary income) である。

また，退職所得，山林所得および譲渡所得は，所得形成に長期間を要する「長期性所得」(long-term income) であると言える。

「所得発生原因」の相違により区別すれば，利子所得，配当所得，不動産所得などは「資産所得」(不労所得) であるが，給与所得，退職所得は「勤労所得」に属する。

なお，事業所得と山林所得は，勤労と資産との共同によって生じる「勤労・資産結合所得」であるが，山林所得は，所得形成が長い年月を要する「長期性所得」であるために，担税力を考慮に入れて事業所得から分離されている。

序章で主張したように，相続財産は「みなし収入」の概念として「各種所得」に含められるべきである。「相続所得」(inheritance income) は，所得形成時間の側面から見れば，一時所得と同様に「臨時的所得」であり，所得発生原因の側面から見れば，利子所得・配当所得・不動産所得と同様に「不労所得」(passive income) の範疇に属する。

わが国の「所得税法」は，所得の種類に応じて所得金額の計算に差を設け，担税力の強弱を調整するとともに，特定の所得に「源泉徴収制度」を導入するなど，計算・徴税の簡易化を図っている。したがって，各種所得の所得金額と税額の計算方法・徴税方法は一定の規則に従ってそれぞれ異なる。

10種類に分類された「各種所得の金額」(amount of classified income) は，原則として，すべて合算され，その合計額に対して所得税が課される。わが国では，すべての各種所得を総合して税額計算する「総合課税」(comprehensive income taxation) が原則的課税方式として採用されている。ただし，担税力の脆弱性などの理由により，「山林所得」と「退職所得」に対しては，他の所得とは分離して課税計算する「分離課税」(separate taxation from other income) が採られている。

分離課税される山林所得の算出税額には，「5分5乗方式」が採用される。

「5分5乗方式」とは，山林所得金額の5分の1の金額について，総所得金額に対する「超過累進税率」を利用して計算した金額を5倍して，算出税額を算定する方法である。

「退職所得」については，一般的に，支払いを受けるときに源泉徴収され，納税関係は完了するので，申告する必要はない（所法121②）。退職金を受け取る際に「退職所得の受給に関する申告書」を提出している場合には，退職所得控除金額を控除した残額の2分の1に相当する金額に「超過累進税率」を適用した算出税額が計算され，源泉徴収される（所法30②，201①）。

山林所得と退職所得に対しては，軽い租税負担で済むように「5分5乗方式」または「2分の1課税」により分離課税されている。したがって，課税標準は「総所得金額」，「退職所得金額」および「山林所得金額」に大別される（所法22①）。総合課税される総所得金額（total net income）は，(イ)利子所得の金額，配当所得の金額，不動産所得の金額，事業所得の金額，給与所得の金額，短期譲渡所得の金額と雑所得の金額の合計，(ロ)長期譲渡所得の金額と一時所得の金額の合計の2分の1相当額の合計額である（所法22②）。

さらに，総合課税される譲渡所得のうち，「土地建物等の譲渡所得の金額」，「株式等に係る譲渡所得の金額」に対しても，担税力・徴収便宜等の理由によって，「分離課税」が採られている。ただし，申告・納税手続きは一般の確定申告（final return）で行う。

利子所得のうち，「国内において」支払いを受ける預貯金の利子，公社債の利子などに対しては，原則として15％（このほかに地方税5％）の「特別税率」による「源泉徴収」（withholding at source）が行われ，分離課税される（措法3）。この課税方式を「源泉分離課税」（separate withholding taxation at source）といい，これにより課税関係は完了する（すなわち，確定申告の必要はない）。

私募証券投資信託の収益の分配等の配当所得の金額にも，15％（このほかに地方税5％）の「特別税率」による「源泉分離課税」が行われる（措法8の2）。

割引債の償還差益は，「雑所得」として発行時に18％の「特別税率」で源泉徴収され，分離課税される（措法41の12）。

給与所得者の「給与所得」については，その給与の支払いのつど所得税が源泉徴収される（所法183①）。源泉徴収による納税は予定計算によるものであるから，年末に調整計算が行われる。

　この年末調整（year-end adjustment）によって，「給与所得」の納税関係は完了する（所法190）。ただし，収入金額が2,000万円を超える者等，一定の給与所得者は確定申告を行うことになっている（所法121）。

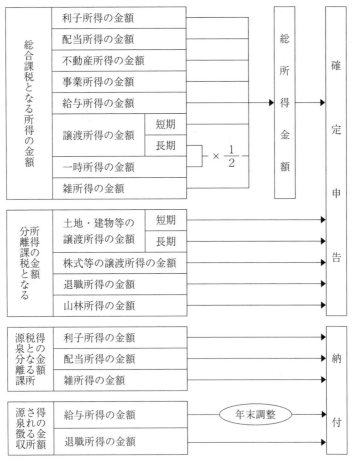

図1−1　総合課税・分離課税・源泉分離課税となる所得の金額

源泉徴収は徴税捕捉率を高めることができ，年末調整は給与所得者に納税事務手続の煩雑さを省略させることができる。

米国では，給与所得については所得税が大雑把な総括的年末査定を伴う概算的源泉徴収（approximate withholding with universal end-of-year assessment）が行われている[27]。ただし，厳密な年末調整は行われないので，給与所得者であっても税務申告を行う必要がある。

一般的に，米国人は納税者として確定申告するために納税意識が高く，結果的に政治意識（選挙意識）が高いと言われている。わが国においても，給与所得者（employment income earner）も国民の義務として所得税を確定申告して納税するようにすれば，納税意識・政治意識も高まるのではなかろうか。

前述したように，「相続所得」は，臨時的・非反復的収入に基づく「臨時的所得」であり，不動産所得，配当所得，利子所得のように「不労所得」であり，山林所得や退職所得のように，所得形成に長期間を要する「長期性所得」でもある。

このような特殊な相続所得には，所得発生原因の特殊性・所得形成時間の長期性・社会的考慮を斟酌して，他の所得とは異なった措置・課税方式を施すべきである。たとえば，「5分5乗方式」による分離課税が行われている「山林所得」の税額計算のように，「5分5乗方式」（あるいは「10分10乗方式」），「分離課税」，「特別税率の適用」等が利用されなければならないであろう。

現行の所得税法では，損益通算（aggregation of profit and loss）を行った後に課税標準としての「所得金額」に税率を乗じる前に，納税義務者の家族構成・個人的事情，社会政策等の理由により，一定の金額を「所得控除」（deduction from income）として控除することができる。

現在，雑損控除，医療費控除，社会保険料控除，小規模企業共済等掛金控除，生命保険料控除，地震保険料控除，寄付金控除，勤労学生控除，配偶者控除，扶養控除，障害者控除，寡婦・寡夫控除，基礎控除が認められている。

所得金額から所得控除を差し引いて「課税所得金額」が算定されるが，その課税所得金額に「税率」（tax rate）を乗じて算出税額が計算される。「税率」と

は、税額を算出するために課税標準（課税物件の価額または数量）に対して適用される比率である。

税率には、(a)課税標準（tax base）について単位当たり一定額を決めている「定額税率」（fixed tax rate）、(b)課税標準の大小に関係なく一定割合を用いる「比例税率」（flat tax rate）、(c)課税標準の大小に応じて累進的に定めている「累進税率」（progressive tax rate）等がある。

さらに、累進税率は、(イ)単純に所得金額に見合った税率を適用する「単純累進税率」と(ロ)課税標準を多数の段階に区分し、より高くなる段階の所得金額の超過額により高い税率を適用する「超過累進税率」（「多段階超過累進税率」ともいう）に分けられる[28]。

法人税の税率は基本的には「比例税率」であるが、所得税には、所得の増加に応じて多段階に税率を高くする超過累進税率が適用されている。

所得が多い人ほど税金を負担する能力（担税力）があり、より高い担税力はより低い担税力より強く課税されなければならないとする垂直的公平に従って、「累進税率」が採用されている。

所得税は、このような担税力を直接に表す所得に課税されるから、担税力に応じて納税義務を負うべきとする「応能負担の原則」（principle of ability to pay）に沿った税金であると言える。

表1-3　現行所得税法における超過累進税率

	課税所得金額	税率
①	195万円以下の金額	5％
②	195万円を超え、330万円以下の金額	10％
③	330万円を超え、695万円以下の金額	20％
④	695万円を超え、900万円以下の金額	23％
⑤	900万円を超え、1,800万円以下の金額	33％
⑥	1,800万円を超え、4,000万円以下の金額	40％
⑦	4,000万円を超える金額	45％

第1章　所得税法の再構築

　ただし，「超過累進税率」は，単純に所得金額に見合った税率を適用する「単純累進税率」とは異なり，より高くなる一定の所得金額の超過額により高い税率を多段階に適用するに過ぎない。

　現行の「超過累進税率」は表1－3に示されているが，「応能負担の原則」を純粋に実現しようとするならば，明治20年の所得税導入時に採用されていた「単純累進税率」（ただし，低い税率による）に復帰されるべきではなかろうか。

　なお，算出税額が直ちに納税額となるのではなく，二重課税の排除・社会経済政策等のために，算出税額から「税額控除」(tax credit) を差し引くことができる。

　税額控除として，配当控除，外国税額控除，住宅借入金等特別控除，政党等寄付金特別控除などが認められている。税額控除は，永久免税されるので，所得控除よりも減税効果が高い。

　算出税額から税額控除を差し引けば，その年の1年間の所得税額が算定される。ただし，当該所得に対して既に源泉徴収税が課されている場合には，その所得税額（源泉徴収税額）は控除される。

　源泉分離課税の利子所得・配当所得については，源泉徴収だけで所得税の課税が完了されているので，控除できない。

　図1－2では，各種所得（典型的には，事業所得，不動産所得，山林所得）における所得税を算定するための基本的計算構造が示されている。

　前述したように，本書では収得税の減税 (tax reduction) が提案されている。所得税を減税するためには，非課税所得・免税所得・必要経費の拡大化，税率の引下げ，所得控除・税額控除の控除額の拡大化等を施す必要がある。

31

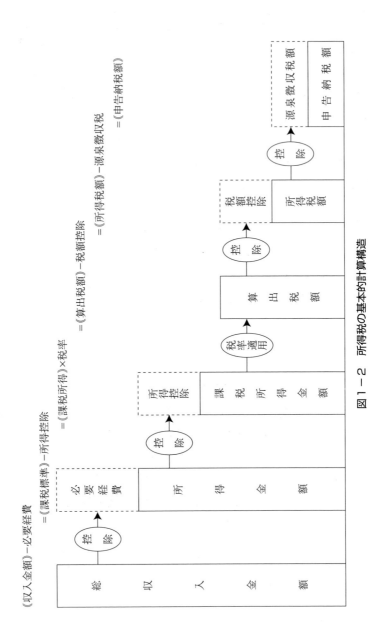

図1−2 所得税の基本的計算構造

第1章　所得税法の再構築

Ⅱ　課税単位の問題

1　少子化と所得税

　所得税は，課税物件を所得に求め，個人の所得を課税標準とする。その個人の所得税の「課税単位」(unit of taxation) を所得稼得者（個人）単位にするのか，所得稼得者と生活・消費を共にする世帯単位にするのかという「課税単位の問題」が存在する。所得税の担税力はどのような「単位」で測定されるべきであるのかという問題である。

　戦後，わが国では，核家族化を伴う小家族化が進み，近年，少子・高齢化が社会問題化している。人口を一定規模で維持するためには，女性1人が一生に産む平均子供数（出生率）は2.08を必要とすると言われている。

　昭和22年（1947年）から24年（1949年）までのベビー・ブームをピークにして，「合計特殊出生率」(15歳から49歳までの女性の年齢別出生率を合計した値) は徐々に減少し，昭和50年（1975年）には遂に「人口置換水準」の2.08を切り1.91となり，平成16年（2004年）には1.29にまで落ち込んでいる。

　出生率の低下は，「少子化」に直結するとともに，65歳以上の高齢者の比率を相対的に押し上げる。平成10年（1998年）には，高齢者が全人口に占める割合は6人に1人であったが，平成65年（2053年）には3人に1人になる見込みである。

　現在の出生率低下は，将来において若年労働者の減少と高齢者の増加を招来し，租税と社会保険料を併せた「国民負担率」を上昇させることになる。

　出生率の低下によって，国民負担率の世代間不公平が生じるばかりではなく，日本経済・社会・政治・文化を担う人的資源（人材）の減少がより深刻である。わが国が遭遇している少子・高齢化問題を解決していくためには，社会全体で「子育て支援」に対応していかなければならないであろう。

33

先進諸国では出生率が高い（1.76または1.89）とみなされるスウェーデンまたはフランスにおいては，保育サービスの充実，早い帰宅時間，同一労働同一賃金の原則といった社会的事情・制度のほかに，充実した経済的支援が施されている。

　スウェーデンでは，16歳未満の子供を持つ家庭には，第１子・第２子にそれぞれ月額950クローネ（約14,000円），第３子に1,204クローネ（約18,000円）の児童手当が所得制限なく支給されている。フランスでも，２人以上の子供がいる場合には，20歳になる直前まで第２子に月額112.59ユーロ（約15,000円），第３子に144.29ユーロ（約19,000円）の家族手当が所得制限なく支給されている。さらに，スウェーデンでは，18歳未満の子供を持つ家庭は，ミーンズテスト（資力調査）の上，住宅手当を受給し，フランスでは，６歳未満の子供の学校の新学期に支給される新学期手当などが支給されている[29]。

　このような児童手当・家族手当・住宅手当などの経済的支援は，20年間にわたる継続的な子女養育にとって精神的・経済的な安心感を与える。結果的に，社会全体が安定・穏健化していくであろう。

　わが国においても，少子化の対抗措置として児童手当・家族手当といった経済的支援が導入される時期に入ったと言えるかもしれない。

　あるいはまた，少子・高齢化社会を前提とした所得課税の構築が図られるべきである。

2　課税単位と課税方式

　課税単位は，「個人単位」と「世帯単位」（「消費単位」ともいう）に大別されるが，さらに後者は「夫婦単位」と「家族単位」に分けられる[30]。

　また，世帯単位で税額計算を行う方式には，合算した所得金額にそのまま税率表を適用する「合算非分割課税方式」，合算した所得金額を世帯員の間に分割して税率表を適用する「合算分割課税方式」がある。夫婦単位で合算分割すれば「２分２乗方式」（income-splitting method）となり，子供を含めた家族単位

第1章 所得税法の再構築

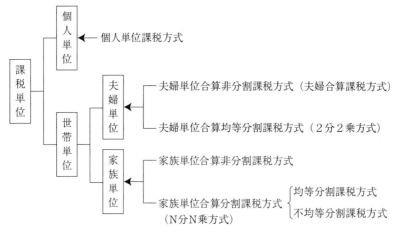

図1-3 課税単位と基本的な課税方式

で合算分割する場合には世帯員数による「N分N乗方式」となる。

なお,「2分2乗方式」とは,合計した所得金額の2分の1に相当する金額に,累進税率を乗じて算出した金額を2倍にした金額を税額とする算定方法である。「N分N乗方式」は,子供数を含めた家族除数(N)を決定し,世帯の合計所得を家族除数で除し,その除された所得に該当する累進税率を適用した金額に家族除数を乗じて世帯の税額を算出する方法である。分割する家族除数(N)を決める方法には,世帯員に均等に分割する「均等分割課税方式」,不均等に分割する(たとえば,単身者は1,夫婦は2,夫婦子1人は2.5,夫婦子2人は3の除数とする)「不均等分割課税方式」がある。

図1-3では,課税単位と基本的な課税方式が示されている。

金子宏教授も開陳されているように,世帯(夫婦・家族)は消費単位を形成し,通常,その所得をプール・シェアしあっているので,担税力の測定単位としては個人単位よりも世帯単位が適切であり,「合計所得の等しい世帯には等しい租税負担を」という意味における公平の要請に合致する[31]。

しかし,累進税率のもとの世帯単位課税方式は,合算非分割課税方式では既婚者に独身者よりも重い負担を課し,逆に,合算分割課税方式では独身者に既

35

婚者よりも重い負担を課すことになるので，税制の婚姻中立性の要請に反する。

また，「2分2乗方式」は妻の内助の功を評価することに役立つが，独身者を差別する結果になること，共稼ぎ夫婦より片稼ぎ夫婦に有利に働くこと，高額所得者により大きな利益を与えること等，公平負担の要請に反する。

他方，個人単位課税方式のもとでは，結婚・離婚，独身など個人の選択に課税が中立である。妻の所得は夫の所得の影響を課税上受けないため，専業主婦が職業に従事することを阻害しないので，就労に対する中立性も確保されることになる[32]。

3 各国の課税方式

(1) 日本の課税方式

わが国では，戦前は伝統的な家長制度を反映して「家族単位課税」が採られていたが，戦後は，『シャウプ勧告』を受けて「個人単位課税」に移行している。

ただし，個人単位課税の弊害を防止するために，所得税法第56条は，事業所得者・山林所得者・不動産所得者が「生計を一にする」（within same household）親族に支払った対価を必要経費に算入することを否認している。

現行所得税法は「個人単位課税」を大原則とするが，この第56条は，恣意的な所得の分散を防ぐために認められた例外的な規定である。

(2) 英国の課税方式

近代所得税の母国として1799年に所得税を導入した英国では，長年にわたり合算非分割方式の「夫婦合算課税」（aggregate taxation）が採用されていた。

1960年代後半から女性の社会進出が急増し，妻の所得が夫の所得を上回る夫婦も出現してきたこと等を背景に，夫婦合算課税に対する批判が高まり，1988年財政法（Finace Act 1988）によって，妻の所得を夫の所得から完全に切り放す「個人単位課税」（independent taxation）に1989／90年課税年度から移行され

た。たとえば，夫婦利用の銀行預金の受取利息のような結合所得（joint income）であっても，課税目的上，均等に分けなければならない[33]。

(3) 米国の課税方式

米国では，従来，「個人単位課税」が採用されていたが，夫婦共有財産制を採る州と夫婦別産制を採る州との間で，租税の地域的不公平が1940年代になって深刻化した。この不公平を解消するために，1948年に共同申告（joint return）が導入され，結局はすべての夫婦に「2分2乗方式」の選択が認められるようになった[34]。

しかし，2分2乗方式は独身者に不利に働くので，何度かの改正を経て，現在，4つの税率表（共同申告を選択する夫婦用，個別申告を選択する夫婦用，独身者用，独身世帯主用）が設けられている。

米国では，個人単位課税方式と夫婦単位合算均等分割課税方式の併存を容認する形で，複数税率表による所得課税が実施されている。

(4) フランスの課税方式

フランスでは，1914年7月15日法による所得税の創立以来，一般所得税（impôt général）においては「家族単位課税」が採用されている。家族が課税単位となり，扶養する子の数等に応じて一定の控除額が認められていた。第二次世界大戦後における人口政策的な配慮から，1945年12月31日法によって従来の一定の控除額に代えてN分N乗方式の「家族除数制度」（système du quotient familial）が導入されている[35]。

家族除数制度では，累進課税を前提として，家族の構成員の多い家族にはより低い税率を適用することによって租税負担が軽減・調整される。家族除数として，独身者，離婚者，寡婦または寡夫（単身者）には1，夫婦には2，扶養する第1・2子にはそれぞれ0.5，第3子以降には1が付与される[36]。

すなわち，フランスの個人所得税は，「家族単位合算不均等分割課税方式」によって課されている。しかも，家族除数制度は，第3子以降の扶養子女に家

族除数として1単位を与え，0.5単位の第1子と第2子に差をつけることによって，完全に出産奨励策であることを証明する形になっている[37]。

4 提　　案

フランスのN分N乗方式による家族単位合算不均等分割課税方式は，戦後におけるフランスの人口増加に貢献してきたと言われる。わが国でも，少子化に歯止めをかけるためには，家族除数制度のような画期的な租税政策が導入されるべきではなかろうか。

税制の婚姻中立性が犠牲にされることがあるとしても，次世代を担う人材の扶養・教育は社会全体で推進されなければならない。扶養する子女を持つ家族には，国家として租税優遇措置を講ずるべきである。

その場合，少子化対策のためには扶養子女を持つことが前提となるので，単身者または扶養子女のない夫婦には，現行の個人単位課税が採用されても差し支えない。

図1－4では，「課税単位」とそれに見合う課税方式が私見として提案されている。

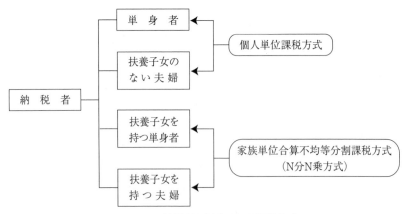

図1－4　納税者と提案される課税方式

第1章　所得税法の再構築

Ⅲ　扶養控除の問題

1　所得控除と扶養控除

　課税所得（taxable income）の金額を計算する前に，課税標準から差し引かれる「所得控除」（deduction from income）は，課税の基本理念とされている「応能負担の原則」（principle of ability to pay）に従って，納税者の個人的特殊事情に基づく担税力の差異を考慮に入れている。つまり，課税所得（最終的には税額）の計算上，納税者と扶養親族の最低生活費の保障，社会・経済政策的理由などの特殊な条件に着目して，「所得控除」は設定されている。

　累進税率のもとでは，所得控除は，納税者間の租税負担に影響を与え，「応能負担の原則」に合致する[38]。前述のように，現行の所得税法では，雑損控除，医療費控除，配偶者控除，配偶者特別控除，扶養控除，基礎控除など，14項目が認められている。

　基礎控除，配偶者控除，配偶者特別控除，扶養控除は一括して「人的控除」（personal exemption）と呼ばれるが，所得のうち納税者およびその家族の最低限度の生活を維持するのに必要な部分には担税力がない，という考え方に基づく所得控除であり，憲法第25条の「生存権の保障」の租税法における現れである[39]。

　そのうち，少子化に対応できる所得控除は，「扶養控除」（exemption for dependents）である。

2　扶養控除の税額控除化

　「扶養家族控除」は，大正9年（1920年）に創設され，昭和15年（1940年）の税制改正において税額控除方式に改められている。その後，『シャウプ勧告』

39

により制度簡素化という観点から12,000円の所得控除への切換えが勧告され，昭和25年（1950年）の税制改正で実現された[40]。

現行の所得税法（第84条第1項）によれば，扶養親族（配偶者を除く）がいる場合，扶養親族1人につき38万円（特定扶養親族には63万円，老人扶養親族には48万円）が「扶養控除」として総所得金額等から控除できる。

ここに「扶養親族」とは，その年の12月31日において納税者と生計を一にする6親等内の血族，3親等内の姻族，児童福祉法でいう里子，老人福祉法により養護を委託された老人のうち，合計所得金額が38万円以下である者（ただし，青色事業専従者，白色事業専従者を除く）である。なお，扶養親族のうち15歳未満の扶養実子・養子には「子供手当て」が給付されているので，「控除対象扶養親族」は16歳以上の者に限られる。63万円の所得控除が適用される「特定扶養親族」とは，扶養親族のうち，年齢16歳以上23歳未満の者をいう（所法2①三十四，三十四の二）。わが国では，「生計を一にする」扶養親族に対して一定額の所得控除が容認されている。

ただし，所得控除は，課税標準としての「所得金額」に税率を乗じる前に控除されるので，税額を永久免除する「税額控除」（tax credit）よりは，納税額を圧縮することはできない。また，同じ金額の所得控除であっても，累進税率の下では適用される税率により租税負担の軽減額が相違する。

これに対し，税額控除は，適用される税率の差異により免税額が異なることはない。したがって，所得控除の場合，高額所得者の方が多額の軽減額を享受できるのに対し，税額控除の場合，高額または低額の所得階層に関係なく，一律に一定の免税額を受けることができる。

つまり，低所得者層の租税負担軽減率は，税額控除を採用する場合に高くなる。このような長所を具有する税額控除が出産奨励のために利用されるならば，少子化対策として有効的な選択肢となるであろう。

英国では，1999年財政法によって，若年夫婦の婚姻控除（married couple's allowance）を含む多くの人的控除（personal allowances）が廃止されたが，2001年4月6日以降，「児童税額控除」（children's tax credit）が新設・導入された。

16歳未満の実子または生計を一にする子供を2人以上持つ納税者には，所得制限があるものの，原則として5,290ポンド（約125万円）の児童税額控除が認められている[41]。

米国でも，児童税額控除（child tax credit），養子税額控除（adoption credit），教育費税額控除（education credit），児童養育費控除（credit for child and dependent care expense）が税額控除として存在する。

前述したように，わが国では，昭和15年（1940年）から10年間，扶養控除は税額控除であった。少子・高齢化を解消する起爆剤として，「扶養税額控除」の再導入は急を要する。生計を一にする扶養実子・養子に対しては，38万円または63万円の所得控除に代えて，同額の税額控除が認められるべきである（それ以外の扶養親族には，現行の所得控除を用いる）。

このような扶養税額控除は，扶養実子・養子を持つ家族にとって大幅減税に働き，出産・子育てを支援することになる。扶養控除の税額控除化は，将来の人口増加ひいては税収増加にも繋がるはずである。

Ⅳ　税率構造の問題

わが国では，法人税の税率には基本的に比例税率が適用されているが，所得税の税率は「超過累進税率」である。高額所得者になるほど担税力は高く，より高い担税力はより低い担税力より強く課税されなければならない「垂直的公平」に従って，超過累進税率が採用されている。

金子宏教授の指摘を待つまでもなく，比例税率は所得の再分配効果を持ちえないから，富の偏在を助長する危険性がある。垂直的公平および所得の再分配を実現するためには，所得税の税率は多少なりとも累進的に設定されなければならないであろう[42]。

現在，わが国の所得税の最高税率は45％（第7段階）である。西洋の古代においては税率が10％を超えると，これを拒否する運動が起こり，近代になると，

20％を超えたところで脱税が進行し，30％を超えると国力が落ち，35％を超すと自由と安全に危機が生ずると言われている[43]。

　高い所得税率の弊害として，一般的には，(1)勤労意欲や事業意欲を阻害すること，(2)脱税や租税回避を助長すること，(3)特別措置の導入によりタックス・ベース・エロージョンの誘因となりやすいことなどが挙げられる[44]。また，高い所得税率のために，(4)優秀な人材の「頭脳流出」（brain drain）も懸念される。反対に，低い所得税率は上記の弊害を解消することができるとともに，日本をタックス・ヘイブン化することにもなる。

　同じ収得税である法人税の基本税率が23.2％（平成30年４月以降）であるとするならば，整合性を保つためにも所得税の税率も23.2％に止めるべきであろう。なお，Ｎ分Ｎ乗方式を導入すると前提した場合，Ｎ分Ｎ乗方式を適用できない単身者・夫婦との公平を期するためには，税率を適用する課税所得金額の幅は拡大・調整されなければならない。

　仮に出生率1.3の標準世帯を税額構造設定の基準と想定した場合，子供を0.5とする不均等分割課税によれば家族除数は2.65（＝２人×１＋1.3人×0.5）となるので，現行の課税所得金額を大まかに2.65倍にする必要がある。したがって，現行の税率（高税率の33％，40％と45％を除く）を前提にすれば，提案される超過累進税率は，たとえば，表１－４のとおりになる。

表１－４　提案される超過累進税率

	課　税　所　得　金　額	税　率
①	500万円以下の金額	5 ％
②	500万円を超え，1,000万円以下の金額	8 ％
③	1,000万円を超え，2,000万円以下の金額	11％
④	2,000万円を超え，2,500万円以下の金額	14％
⑤	2,000万円を超え，5,000万円以下の金額	17％
⑥	5,000万円を超え，１億円以下の金額	20％
⑦	１億万円を超える金額	23％

少子化対策のために，フランス型の家族単位合算不均等分割課税（Ｎ分Ｎ乗方式）の導入あるいは扶養控除の税額控除化（扶養税額控除）や所得税率の低減を行えば，所得税は大幅に減少する。国としては，破壊的に所得税の減収となるに違いない。

しかし，後述するように，金融資産税の追加課税（金融資産税加税）あるいは富裕税の再導入が実施されるならば，「歳入中立性の原則」（全体の税収を変えない原則）は確保できる。

収得税減税・財産税増税を基調とする「歳入中立性による租税移転」（revenue-neutral tax shifts）によって，危機的状況に瀕している少子化の防止・緩和を図ることは，数十年を見据えた抜本的改革となるであろう。

【注】

1)　Bill Pritchard, *Income Tax Includes Finance Acts 1978 16th Edition*, Longman Group UK Ltd., 1987, pp. 1〜2.

　　Stephen W. Mayson and Susan Blake, *Revenue Law-Tenth Edition*, Blackstone Press Limited, 1989, p. 40.

　　D. W. Williams, *Taxation : A Guide to Theory and Practice in the UK*, Hodder and Stoughton, 1992, p. 36.

　　David Collison and John Tiley, *Tiley & Collison UK Tax Guide 2006-07 24th edition,* Lexis Nexis Butterworths, 2006, p. 221.

　　1799年の所得税導入時には，年間60ポンドを超える所得に最高10％（200ポンド超の所得）の累進税率が課された（Simon James and Christopher Nobes, *The Economic of Taxation Principles, Policy and Practice Seventh Edition ,Updated 2006/2007,* Prentice Hall, 2006, p. 154.）。

2)　David Collison and John Tiley, op.cit., p. 221.

　　アディントンの所得税は，「不動産・職業・事業・事務所から生じる利益の負担額」（contribution of the profits arising from property, professions, trades and offices）と呼ばれていた。源泉徴収は，すでに16世紀のイングランドで創設されており，その最初の例としては，1512年に議会が国王に公布した特別補助金（the lay subsidy of 1512）に伴って実施された（Simon James and Christopher Nobes, *op.cit.,* p. 156.）。1803年に採用された「分類所得税制」は，ほとんど変更されることなく200年以上続いた（David Collison and John Tiley, *op.cit.,* p. 221.）。1965年に別表Ｆ（配当金）が追加され，1988年に別表Ｂ，1996年に別表Ｃが廃止され，現在，給与所得（employment income），年金所得（pension income），社会保障所得（social security income），事業所得（trading income），不動産所得（property income），貯

蓄所得（savings income）および雑所得（miscellaneous income）に分けられている（Alan Melville, *Taxation Finance Act 2006 Twelfth editon*, Prentice Hall, 2006, p. 16. Keith M. Gordon and Ximena Montes-Marnzano(eds.), *Tiley and Colliseson's UK Guide 2013-14 31st edition*, Tolley, 2013, p. 412.）。

3)　David Bertram and Stephen Edwards, *Comprehensive Aspects of Taxation 35th Edition Part* I, Holt, Rinehart and Winston, 1983, p. 1.
　　Bill Pritchard, *Income Tax 16th Edition*, Pitman, 1987, pp. 1〜2.
　　J. A. Kay and M. A. King, *The British Tax System Fourth Edition*, Oxford University Press, 1986, pp. 35 and 232.
　　Stephen W. Mayson and Susan Blake, *Revenue Law Tenth Edition*, Blackstone Press Limited, 1989, p. 40.

4)　J. A. Kay and M. A. King, *The British Tax System Third Edition*, Oxford University Press, 1983, pp. 19〜20.
　　菊谷正人『法人税法要説−税務計算例でわかる法人税法−』同文舘出版，平成15年，13頁。

5)　武田昌輔『立法趣旨　法人税法の解釈［五訂版］』財経詳報社，平成5年，2頁。
　　明治20年1月に伊藤博文内閣総理大臣に対して大蔵大臣の松方正義が「所得税法之義」を建議し，「爰ニ所得税法案ヲ起草シ謹テ閣議ヲ仰ク抑モ此法案ヲ起草シ來二十年度四月一日ヨリ實行ヲ企圖スル所以ノモノハ近來東洋諸國々際ニ關スル現況上海防ノ一事ハ最モ輕忽ニ付シ難ク隨テ其經費ヲ要スルノ巨多ナル……（中略）……今更ニ所得税法ヲ創定シ一ハ以テ國庫ノ歳入ヲ增シテ前記ノ經費ニ補充シ一ハ以テ税法改良ノ目的ヲ漸行セント欲スルナリ別冊説明書并ニ所得税法施行條例大蔵省令等諸草案ヲ附シ進呈ス」（藤村　通監修『松方正義関係文書　第三巻』大東文化大学東洋研究所，昭和56年，67頁）と提案した。「所得税法之義」に基づき，明治20年3月に「所得税法」が公布され，7月1日より施行されている。

6)　上林敬次郎『所得税法講義』松江税務調査會，明治34年，15頁。

7)　羽深成樹編『図説　日本の税制（平成17年度版）』財経詳報社，平成17年，38〜39頁。

8)　武田昌輔，前掲書，2頁。

9)　上林敬次郎，前掲書，41〜42頁。

10)　金子　宏『租税法〔第16版〕』弘文堂，平成23年，48頁。

11)　武田昌輔，前掲書，4頁。

12)　同上書，5頁。

13)　同上書，6頁。

14)　金子　宏『所得課税の法と政策』有斐閣，1996年，16〜19頁
　　昭和14年の所得税の納税者数は約188万人であったが，昭和15年の所得税法改正により約480万人に増加し，昭和19年には約1,243万人に達している（同上書，20頁）。

15)　大蔵省大臣官房調査課編『図説　日本の財政（昭和30年度版）』東洋経済新報社，昭和30年，292頁。

第1章　所得税法の再構築

16)　大蔵省財政金融研究所財政史室『大蔵省史－明治・大正・昭和－第３巻』大蔵財務協会，平成10年，14頁。

17)　金子　宏『租税法〔第十二版〕』弘文堂，平成19年，47頁および51頁。

18)　賀屋興宣監修・今村武雄著『昭和大蔵省外史　下巻』昭和大蔵省外史刊行会（財経詳報社内），昭和43年，226頁。

19)　武田昌輔『東西税金ばなし　続　税金千一夜物語』清文社，平成９年，24～26頁および238～240頁。

20)　同上書，240頁。
　　　戦前（厳密に言えば，昭和22年以前）の賦課課税制度においても，税額の決定の資料として申告書を期限までに提出することになっていた。詐欺行為または不正行為によって脱税を行った場合には，その税額の３倍の罰金が科されていたが，自首した場合にはその罪は問われなかった。

21)　賀屋興宣監修・今村武雄著，前掲書，225頁。
　　　佐藤　進＝宮島　洋『戦後税制史（増補版）』税務経理協会，昭和57年，５頁。

22)　金子　宏『所得課税の法と政策』有斐閣，1996年，24頁。

23)　大蔵省大臣官房調査課編，前掲書，75頁。
　　　金子　宏『租税法』弘文堂，昭和51年，59頁

24)　大蔵省大臣官房調査課編，前掲書，79頁。

25)　武田昌輔『立法趣旨　法人税法の解釈〔五訂版〕』，９頁。

26)　吉野維一郎編著『図説　日本の税制（平成29年度）』財務詳報社，平成29年，99頁。

27)　J. A. Kay and M. A. King, *The British Tax System Fourth Edition*, p. 35.
　　　米国の源泉徴収制度とは対照的に，英国の制度（British system）では，一般的な年末査定を伴わない厳密な源泉徴収（exact withholding without general end-of-year assessment）が行われている。わが国の源泉徴収制度は，暫定的に源泉徴収し，年末調整により所得税額を確定するので，米国制度と英国制度の中間に位置する「暫定的源泉徴収」の制度である。

28)　金子　宏『租税法』，144～145頁。
　　　菊谷正人＝依田俊伸『所得税法要説－税務計算例でわかる所得税法－』同文舘出版，平成17年，10～12頁。

29)　林　伴子＝為藤里英子「フランス，スウェーデンと日本の出生率－何が明暗を分けているのか－」『国民生活白書－子育て世代の意識と生活－』（社）経済企画協会，2005年８月号（第400号），2005年，250～252頁。

30)　金子　宏『課税単位及び譲渡所得の研究』有斐閣，平成８年，４～５頁。

31)　金子　宏『租税法〔第四版〕』弘文堂，平成４年，166～167頁。

32)　大田弘子「女性の変化と税制－課税単位をめぐって－」野口悠紀雄編『税制改革の新設計』日本経済新聞社，1994年，198頁。

33)　Dora Hancock, *Taxation Policy and Practice*, Thomson Business Press, 1997, p. 66.
　　　Alan Melville, *Taxation : Finace Act 2002　Eight edition*, Prentice Hall, 2003, p. 19.

45

小石侑子「イギリスにおける夫婦への課税－夫婦合算課税から個人単位課税へ－」
　　人見康子＝木村弘之亮編『家族と税制』弘文堂，平成10年，71頁。
34）　大田弘子，前掲稿，195頁。
　　　夫婦共有財産制を採用している州では，シーボーン事件（夫婦共有制を認めてい
　　たワシントン州の夫婦が2分の1ずつの所得を申告したが，内国歳入庁の更正を不
　　服として裁判で争い，最高裁判所が夫婦の申告を認める判決を下した事例）の後，
　　夫婦の所得分割が認められており，1930年代のニュー・ディール政策下で累進税率
　　が高まるにつれて，2分2乗方式の有利性が大きくなったため，40年代に夫婦共有
　　財産制を採る州が増加した。
35）　山田美枝子「家族の多様化とフランス個人所得税－家族除数制度を中心として－」
　　人見康子＝木村弘之亮編，前掲書，90頁。
36）　同上稿，94～95頁。
37）　同上稿，107頁。
38）　菊谷正人＝依田俊伸，前掲書，133～134頁。
39）　金子　宏『租税法〔第十版〕』弘文堂，平成17年，194頁。
40）　佐藤　進＝宮島　洋，前掲書，14頁および23頁。
41）　Alan Melville, *op. cit.,* p. 39.
　　　英国では，扶養控除が認められていたが，1975年に児童扶養手当法（Child Benefit
　　Act）が制定された後に，それは児童扶養手当に差し替えられた。ただし，未婚者，
　　寡婦・寡夫，同棲者等に子供がいる場合には一定要件のもとで扶養控除が認められ
　　ている。婚姻控除との均衡を保つために，扶養控除額は婚姻控除額と同じであるが，
　　適用要件が厳しいために，その目的が達成されていないとの批判があった（小石侑子，
　　前掲稿，79頁）。
　　　なお，2001年4月6日以降に導入された児童税額控除制度において，2002／3年
　　課税年度に生まれた適格新生児（qualifying baby）には，児童税額控除は10，490ポン
　　ド（約213万円）に増加している（Alan Melville, *op. cit.,* p. 40.）。
42）　金子　宏「所得税の理論と課題」金子　宏編著『所得税の理論と課題』税務経理
　　協会，平成8年，8頁。
　　　金子宏教授の見解によれば，所得税については比例税率を採用し，その補完税と
　　してやや累進的な一般資産税を併置する方法が最も適切である（同上稿，8頁およ
　　び10～11頁）。
43）　渡部昇一『歴史の鉄則－税金が国家の盛衰を決める』PHP研究所，1993年，90～
　　91頁。
44）　金子　宏，前掲稿，7頁。

第1章補章

少額投資非課税制度（NISA）の展開
—英国の「個人貯蓄口座」（ISA）との比較分析—

I　はじめに

　平成25年（2013年）1月29日の閣議決定による「平成25年度税制改正大綱」に基づいた「所得税法等の一部を改正する法律案」が国会に提出され，3月29日に可決・成立した。この法律により，少額投資非課税制度が平成26年（2014年）1月1日より大幅に拡充されている。本制度は，家計の安定的な資産形成支援と成長資金の供給拡大の両立を目的として，非課税口座（本制度を利用するための専用口座）を通じて，平成26年から平成35年までの10年間に行う年間100万円までの上場株式等への投資から生じる配当所得・譲渡所得等について，投資した年から最長で5年間，所得税・住民税を非課税とする租税優遇措置である。

　わが国における「非課税口座内の少額上場株式等に係る配当所得・譲渡所得等の非課税措置」は，英国の「個人貯蓄口座」（Individual Savings Accounts：以下，ISAと略す）を参考にしたことに因んで，「日本版ISA」（以下，NISAという）とか「ニーサ」と呼ばれている[1]。

　NISAは，上場株式等に係る軽減税率（10%）の平成25年末廃止（すなわち，20%本則税率化への復帰）に伴う中和化措置として導入された。報道によれば，平成26年に始まるNISAの口座開設申請手続きが平成25年10月1日午前8時半に解禁となったが，金融機関を通じて申請件数は300万件を超え，年末には475

47

万件になったようである（日本経済新聞，2013年10月2日，2014年1月24日）。円
安・株高により日本経済・株式市場を取り巻く環境は好転したが，「貯蓄から
投資へ」の流れが進まない中で，「眠った個人金融資産を活性化する起爆剤」
としてNISAは金融業界にとっても期待されている（日本経済新聞，2014年1月
24日）。

　本補章では，NISAのモデルとなった英国ISAの創設経緯・特徴を解明する
とともに，日本のNISAとの比較分析を行うことによって，NASAに対する
提言を披瀝する。

Ⅱ　英国の「個人貯蓄口座」（ISA）に対する非課税制度

1　沿　　革

　英国のISAは，一定の株式の配当・譲渡益と貯蓄の利子に対する非課税措
置であった「個人持株プラン」（Personal Equity Plans：以下，PEPと略す）と「免
税特別貯蓄口座」（Tax Exempt Special Savings Accounts：以下，TESSAと略す）
の後継措置として，1999年4月6日に10年間の予定で導入された（英国におけ
る所得税の課税年度は，4月6日から翌年の4月5日までの1年間である）。非課税口
座であるISAを開設できる個人は，英国の居住者（resident）と通常の居住者
（ordinary resident）であり，16歳以上であることを条件にしていた[2]。

　導入当初には，(1)現金預金（cash deposits），(2)株式（stocks and shares）およ
び(3)生命保険商品（life insurance products）に係るISAが存在していた。「預金
ISA」は，銀行口座・住宅金融組合預金口座（bank or building society account）
あるいは特定企画の国営貯蓄商品（specially-designed National Savings product）
から成る。ISAの対象となる株式は，世界中の証券取引所に上場されている
株式・有価証券（shares and securities listed on a stock exchange anywhere in the

第1章補章　少額投資非課税制度（NISA）の展開

world）であり，「生命保険ISA」は，ISAのために特別に企画された生命保険
証書（policies on the saver's own life）に限られていた[3]。

　上記三種類のISAの利用数により，ISAの利用形態は「最大ISA」（maxi-
ISA）と「最小ISA」（mini-ISA）に分けられる。「最大ISA」では，「株式
ISA」のほかに，「預金ISA」と「生命保険ISA」の両方または一方が利用で
きる。「最小ISA」では，一種類のISAしか利用できない。なお，18歳未満の
個人は「預金ISA」にしか投資できないことになっている。最初の7年間
（1999年度～2005年度）では，非課税投資額は，課税年度（tax year）ごとに最大
7,000ポンドであり，その後の3年間には5,000ポンドに引き下げられる予定で
あった。各ISAに対する非課税投資額の限度額の内訳は，表1－5に示され
ている[4]。

表1－5　各ISAの限度額

ISA利用形態	1999年度～2005年度	2006年度～2008年度
最大ISA	株式ISA：4,000ポンド 預金ISA：3,000ポンド 生命保険ISA：1,000ポンド	株式ISA：3,000ポンド 預金ISA：1,000ポンド 生命保険ISA：1,000ポンド
最小ISA	株式ISA：3,000ポンド または 預金ISA：3,000ポンド または 生命保険ISA：1,000ポンド	株式ISA：3,000ポンド または 預金ISA：1,000ポンド または 生命保険ISA：1,000ポンド

出所：Alan Melville, *Taxation Finance ACT 2002 Eighth edition*, Pearson
Education Limited 2003, p.75　一部修正。

　ISA投資から稼得した利子・配当・返戻金（interests, dividends and bonuses
from ISA investments）は，所得税（income tax）から免税されることになる。
また，ISA投資から生じたキャピタル・ゲイン（わが国の譲渡益に相当する）に
対しても，キャピタル・ゲイン税（capital gain tax）は免税される[5]。

　導入当初には，10年間の時限措置として導入されたISAは，2008年4月6
日より恒久化されるとともに，「株式ISA」（stocks and shares ISAs）と「預金

ISA」（cash ISA）に限定された。ISAの限度額も，2008年度から2009年度では7,200ポンドと引き上げられている。「預金ISA」に対する非課税投資額の限度は3,600ポンドであるので，「株式ISA」に対しては7,200ポンドの残りが投資可能となる[6]。

2011年11月1日には，18歳未満の個人に適用される「若年ISA」（Junior ISA：以下，JISAと略す）が導入され，「成年ISA」（adult ISA）と多くの点で共通の特徴を有する。JISAの口座は，加入者の所得制限なく，親権者が加入者となり，子供を受益者として開設される。毎年3,600ポンドまでの投資額が非課税対象となり，預金または株式に充当できる。ただし，JISAに投下された資金は，18歳に達するまでは凍結されるが，18歳に達すると自己の意志で自由に引き出すことができ，自動的に（成人）ISAに移管される[7]。

2　現行のISAの特徴

(1)　ISA開設可能者

「成年ISA」を開設できる個人は，16歳以上の英国居住者に限定されている。なお，「若年ISA」は18歳未満の英国居住者に適用される。

2013年財政法（Finance Act 2013）により明確に規定され，2013年4月6日から施行された「居住者」の要件は，おおよそ次のとおりである[8]。

(a)　課税年度（a tax year）に「自動的居住テスト」（automatic residence test）または「十分な縁・関係テスト」（sufficient ties test）を満たす個人は，英国居住者（UK resident）である。

(b)　「自動的居住テスト」は，「自動的英国テスト」（automatic UK tests）のどれかを満たし，「自動的海外テスト」（automatic overseas tests）のどれかを満たさない場合に，英国居住者となる。

(c)　最も重要な「自動的英国テスト」としては，(1)当該課税年度に少なくとも183日を英国で過ごすこと，(2)(i)当該課税年度中あるいは一定期間に英国に自宅を持ち，(ii)少なくとも連続して91日（一定期間内には30日）を英国

第1章補章　少額投資非課税制度（NISA）の展開

の自宅に滞在し，かつ，(iii)当該課税年度において海外に自宅がないか自宅
があっても海外で30日を超えて滞在しないこと，あるいは(3)(i)英国で365
日間フル・タイムで働き，(ii)その期間が当該事業年度に入り，かつ，(iii)労
働時間が3時間を超える日が365日の75％を超えること等が要求されてい
る。

(d)　最も重要な「自動的海外テスト」としては，(1)(i)当該課税年度に英国に
16日未満の日数しか滞在せず，かつ，(ii)過去3課税年度のうち1課税年度
には英国居住者であったこと，(2)(i)当該課税年度中に英国に46日未満の日
数しか滞在せず，かつ，(ii)過去3課税年度には英国居住者でなかったこと，
あるいは(3)(i)当該課税年度に海外でフル・タイムで働き，(ii)英国で3時間
を超えて働く日数が当該課税年度に31日を超えず，かつ，(iii)当該課税年度
に英国に91日未満しか滞在しないこと等が要求されている。

(e)　「十分な縁・関係テスト」では，多様な項目，たとえば家族関係（family
ties）の下で英国の個人的つながり（individual's ties）が検討され，かつ，
当該課税年度における滞在日数と過去3年間の個人の居住地が考慮される。

(2)　ISAの種類

現行のISAには，2008年税制改正後，「預金ISA」と「株式ISA」の二種類
が租税優遇措置として存在する。ただし，18歳未満の個人は，「預金ISA」に
しか投資できない。

2011年に導入されたJISAでは，「預金ISA」または「株式ISA」が利用可

表1-6　現行ISAの種類と運用

個人の年齢	成年ISA	若年ISA
18歳以上の居住者	預金ISA および／または 株式ISA	——
16歳以上・18歳未満の居住者	預金ISA	預金ISAまたは株式ISA （18歳まで凍結）
16歳未満の居住者	——	

51

能であるが，当該投資資金は18歳になるまで引き出すことができない。

現行の ISA の種類と運用の内訳は，表1－6に示されている。

(3) 非課税投資額

個人の所得には，超過累進税率による所得税（income tax）が課される。た
とえば，2012・2013年度における所得税の基本税率（basic rate），高率税率
（higher rate）および追加税率（additional rate）を示せば，表1－7のとおりで
ある。

表1－7　2012・2013年度の税率

課　税　所　得	適用税率名	2012年度	2013年度
0～34,370ポンド	基本税率	20%	20%
34,371ポンド～150,000ポンド	高率税率	40%	40%
150,000ポンド超	追加税率	50%	45%

出所：Alan Melville, *Taxation Finance ACT 2012 Eighteenth edition,* Pearson
　　　Education Limited, 2013, p. 19を基に作成。

表1－7で示されるような原則的超過累進税率とは別個に，配当に係る税率
（rates of tax on dividends）は，それぞれ10％（基本税率），32.5％（高率税率）お
よび37.5％（追加税率）であり，やや緩やかな軽減税率が講じられている。さ
らに，「貯蓄に係る所得」（わが国でいう利子所得）には，基本税率範囲額である
2,790ポンドまでは，基本税率の20％ではなく，「貯蓄のための開始税率」
（starting rate for savings）の10％が適用されている。ただし，課税所得全体に
非貯蓄所得が2,790ポンドを超える場合には，「貯蓄のための開始税率」（10％）
は適用できず，基本税率（20％）で課税される[9]。

なお，2012年度には配当に係る追加税率は42.5％であり，「貯蓄に係る所
得」の基本税率範囲額は2,710ポンドであった[10]。つまり，高額の配当には軽
課措置，少額の利子所得には重課措置が施されることになったと言える。

このように，利子・配当所得に対しては源泉分離課税が採用され，他の所得

第1章補章　少額投資非課税制度（NISA）の展開

よりも軽減税率が講じられている。ただし，ISAを開設した場合には，「預金ISA」と「株式ISA」に対する非課税投資額から稼得された利子・配当所得は非課税となる。

さらに，株式のキャピタル・ゲインに対しても1965年から「キャピタル・ゲイン税」が課されている。2013年課税年度では，標準税率（standard rate）は18％であり，高率税率は28％であるが，「企業主控除」（entrepreneurs' relief）の適格対象のキャピタル・ゲインには10％の特別税率（special rate）が適用される[11]。ただし，「株式ISA」を開設している場合には，「株式ISA」に対する非課税投資額から稼得したキャピタル・ゲインは非課税となる。

2012年課税年度では，成年ISAにおける非課税投資額の上限額（maximum amount）は11,280ポンド（約190万円）であり，若年ISAの上限額は3,600ポンド（約60万円）であった。成年ISAでは，11,280ポンドのうち，「預金ISA」の上限額は5,640ポンドに制限され，残額を「株式ISA」に投資することができる。もし「預金ISA」に投資（貯蓄）しなければ，「株式ISA」に最大で11,280ポンドを投資可能である[12]。

2013年課税年度では，成年ISAにおける非課税投資額の上限額は11,520ポンド（約193万円）に増額され，「預金ISA」の上限額も5,760ポンド（約97万円）となっている。JISAでも，非課税投資額の上限額は3,720ポンド（約62万円）に増額されている[13]。

このように，ISAにおける非課税投資額の限度は毎年上昇しているが，その増加率は2011年度からインフレーションを反映する「小売物価指数」（Retail Prices Index）に連動している[14]。

租税法に限らず，法律では，法的硬直性のために名目的・形式的価値が偏重・放置され続ける傾向にあるが，動態的経済環境の変化に対応するために，英国政府は，名目的価値思考ではなく経済的価値思考に立脚し，「物価指数連動方式」（indexation system）を導入している。

表1－8では，2010年度から2013年度におけるISAの非課税投資額が示されている。

53

表1-8　ISAにおける非課税投資額の推移

課税年度	非課税投資額の上限額	
	株式ISA	預金ISA
2010年度	10,200ポンド	5,100ポンド
2011年度	10,680ポンド	5,340ポンド
2012年度	11,280ポンド	5,640ポンド
2013年度	11,520ポンド	5,760ポンド

出所：Walter Sinclair with Barry Lipkin, *Tax Guide 2013-2014*, Palgrave Macmilln, 2013, p. 64.

(4)　ISAの移管

過去の課税年度に投資（貯蓄）された「預金ISA」の一部金額または全額は，当該年度のISA投資限度額（current year's ISA investment limit）に影響を及ぼすことなく，「株式ISA」に移管することができる。また，当該課税年度における「預金ISA」に貯蓄された資金を引き出し，「株式ISA」に振り替えることもできる[15]。

ただし，「株式ISA」から「預金ISA」に移管することは容認されていない。

Ⅲ　日本版ISA（NISA）における少額投資非課税制度

1　沿　革

平成13年（2001年）11月26日に「租税特別措置法等の一部を改正する法律」（平成13年法律第134号）が可決・成立し，11月30日に公布された。証券税制改革の一環として，個人投資家の株式投資の租税負担を軽減し，個人の市場参加を促進するために，証券税制の基本的構造が大幅に変更された。

第1章補章　少額投資非課税制度（NISA）の展開

　たとえば，株式等譲渡益に係る源泉分離課税が平成15年（2003年）1月1日
から廃止され，申告分離課税に一本化されるとともに，税率も引き下げられた。
上場株式等（店頭売買株式，上場新株予約権付社債，外国上場株式等を含む）に対し
ては，26％（所得税20％，住民税6％）から20％（所得税15％，住民税5％）に引
き下げられている（ただし，その他の株式等には26％に据え置かれたままである）。
20％の税率は，預貯金の源泉分離課税における税率と同じであるが，3暦年
（平成15年・16・17年）に限り，1年を超える保有を条件にして，時限的軽減措
置として10％（所得税7％，住民税3％）の税率が採用された[16]。

　ただし，申告分離課税における時限的軽減税率の適用は，NISAが導入され
る前年度（平成25年度）まで延長されてきた。また，譲渡損失を翌3年間に限
り繰り越しできる「譲渡損失の繰越控除制度」が新設されている。

　平成21年度税制改正において日本版ISA（NISA）の素案が提示された後，
平成22年度税制改正で法制措置が講じられ，平成24年から平成26年までの3年
間に行う毎年100万円までの上場株式等への投資について，配当・譲渡益の非
課税が予定されていた。しかし，平成23年度税制改正において，低迷する金融
市場・景気回復等を配慮して，上場株式等に対する軽減税率（10％）の適用が
2年間延長されたことに伴い，NISAの導入時期も2年延期され，平成26年1
月1日から採用されることになった[17]。

2　NISAの特徴

(1)　NISA開設可能者

　非課税口座であるNISAを開設できる個人は，NISA開設年の1月1日現在
で20歳以上である居住者または国内に恒久的施設を有する非居住者である。
NISAの開設は，一人一口座に限定され，金融機関で行う必要がある。

　さらに，平成28年1月1日から未成年者（0歳〜19歳）を対象にして，「ジュ
ニアNISA」（未成年者少額投資非課税制度）の開設が始まった。「ジュニア
NISA」の運用管理者は，口座開設者本人の二親等以内の親族（両親・祖父母

等）である。

(2) NISAの種類

NISAの種類・範囲は，上場株式等に関する非課税口座，英国でいう「株式ISA」に限定されている。上場株式等には，上場株式投資信託，公募株式投資信託，上場不動産投資信託（REIT）が含まれる。

(3) 非課税投資額

平成26年度以降，上場株式等に係る10％の軽減税率は20％の本則税率に戻ることになるが，NISAの口座開設者に対しては，一定の要件下で非課税措置が講じられている。すなわち，平成26年1月1日から平成35年12月31日までの10年間に投資する上場株式等について，毎年，100万円の投資額が非課税投資額の上限となる。したがって，上場株式等から稼得した配当・譲渡益は，投資後5年間に限り，非課税となる。

なお，平成28年度からは，非課税投資額の上限は120万円に引き上げられた。「ジュニアNISA」では，年間80万円の非課税投資額の上限が設定されている。

(4) 投資可能期間と非課税期間

投資可能期間は平成26年1月1日から平成35年12月31日までであるが，金融機関にNISA口座を開設する「勘定設定期間」（平成26年1月1日～平成29年12月31日，平成30年1月1日～平成33年12月31日，平成34年1月1日～平成35年12月31日）が設けられている。「勘定設定期間」が異なれば，それぞれ異なる金融機関にNISA口座を開設することができるが，毎年，異なる金融機関に異なる口座を開設することはできない。

このようなNISAに対しては，日本経済団体連合会は平成25年9月9日に『平成26年度税制改正に関する提言』を出し，「NISA（日本版少額投資非課税制度ISA：Individual Savings Accounts）については，平成26年から施行が予定されているが，非課税口座開設の柔軟化を行うなど，個人投資家の利便性をさらに

第1章補章　少額投資非課税制度（NISA）の展開

高めるべきである[18]」との意見を表明した。報道によれば，4年間同じ金融機関で投資し，非課税枠でほかの金融機関の商品を購入できない現行制度とは異なり，平成26年1月から始まるNISAは，個人投資家が非課税口座を開設する金融機関を平成27年から毎年選ぶことができ，非課税で運用できる投資商品の選択肢が広がることになっている（日本経済新聞，平成25年12月13日）。

　前述したように，非課税期間は投資日の属する年から5年間である。なお，非課税期間が終了したNISAは，特定口座等に移管されるか，非課税期間が終了する年の翌年の非課税投資枠を利用して，NISA内で保有し続けるロールオーバーも事前申出により可能である[19]。

　なお，「ジュニアNISA」の投資可能期間は平成28年から平成35年までであり，平成35年12月以降，当初の非課税期間（5年間）を迎えた場合であっても，20歳になるまで非課税となる。3月31日時点で18歳である年の前年の12月31日までの期間には，災害等のやむ得ない場合を除き，非課税での引出しはできない。

　さらに，期間終了後，新たな非課税投資枠への移管（ロールオーバー）により継続的に利用できる。

Ⅳ　比較分析および提言的結論─むすびに代えて─

1　比較分析

　上場株式等に係る軽減税率の廃止に伴い導入されたNISAには，英国のISAと比較して，次のような相違点が存在する。

(a)　NISAの開設者は20歳以上の居住者であるが，英国のISAでは16歳以上の居住者が開設可能者となる。英国のJISAでは18歳未満の個人が開設可能であるが，日本の．「ジュニアNISA」では20歳未満となっている。このように，開設可能年齢が異なる。

57

(b) NISAの種類としては上場株式等の「株式NISA」に限定されているが，英国のISAには，「株式ISA」のほかに，貯蓄に対する「預金ISA」が認められている。

(c) したがって，NISAでは，上場株式等に係る配当・譲渡益について非課税措置が限定されているのに対し，英国のISAでは，上場株式に係る配当・譲渡益のみならず，貯蓄に係る利子も非課税対象となる。

(d) NISAでは，投資可能期間が10年間，非課税期間が5年間に限られ，非課税が時限措置となっているが，英国のISAは恒久的措置である。

(e) NISAにおける非課税投資額の上限は年間120万円であるが，英国のISA全体ではおおよそ200万円となっており，英国と比較して少額である。

2 提言的結論

日本のNISAにも，「預金NISA」を導入し，少額貯蓄者に対して租税優遇措置が講じられるべきである。従来，わが国においても，郵便貯金の利子所得の非課税制度，少額貯蓄・少額公債の利子所得等の「少額貯蓄非課税制度」（マル優・特別マル優と通称）が貯蓄優遇制度として導入されていた。たとえば，65歳以上の者に対して，元本350万円を限度として利子または収益分配金の非課税措置（老人マル優制度）が講じられていたが，平成15年（2003年）以降，段階的に縮小され，平成18年（2006年）に廃止されている。

NISAの創設は，わが国における家計の金融資産を貯蓄から投資に移すことを念頭に置いた政策であるが，少子・高齢化社会における金融資産の効率的運用を図るためには，英国における「預金ISA」に相当する制度が活用されるべきではなかろうか。

平成25年度の税制改正により，「教育資金の一括贈与に係る贈与税の非課税制度」が新設され，受贈者（30歳未満の者に限る）の教育資金に充てるためにその直系尊属が金銭等（学校等に支払う入学金その他の金銭等）を拠出し，銀行等の金融機関に信託等を行った場合には，平成25年4月1日から平成31年3月31日

までに拠出されるものに限り，信託受益権の価額または拠出された金銭等の額のうち受贈者一人につき1,500万円（学校等以外の者に支払われる金銭には，500万円）までの金額に相当する部分の価額については，贈与税が非課税とされることになった（措法70の2の2）。直系尊属による教育資金援助を促進・奨励するためにも，非課税の「預金ISA」が活用されるべきであろう。

また，非課税投資額の上限額が少ないので，倍増すべきではなかろうか。前述したように，英国のISAにおける非課税投資額に上限額は約200万円であった。わが国においても，かつての少額貯蓄非課税制度（マル優制度）では，350万円までに係る利子には非課税措置が講じられていた。家計の安定的な資産形成を支援するためには，120万円よりも多い上限額の非課税投資・貯蓄額（たとえば，同じOECD加盟国であり，NISAのモデル国である英国が容認している200万円）の設定が望まれる。しかも，英国のISAのように，非課税投資額の上限額に対しては，経済的変容を度外視した法的・硬直的金額ではなく，経済的価値思考に基づく「物価指数連動方式」が採択されるべきである。

さらに，家計の安定的な資産形成を継続的・長期的に支援するためには，時限的措置ではなく，恒久的措置に移行すべきである。英国のISAにおいても，導入当初には，10年間の時限的措置が予定されていたが，社会・経済的変容に応じて恒久的な措置に変更された。英国における先行事例を鑑みれば，NISAも恒久的にされる可能性は皆無ではない。

【注】

1) 山里　崇「日本版ISA（少額投資非課税制度）の拡充」『税務弘報』第61巻第6号，2013年，65頁。

2) Alan Melville, *Taxation Finance Act 2002 Eighth edition*, Pearson Education Limited, 2003, p. 74.
　John Tiley and Glen Loutzenhiser, *Advanced Topics in Revenue Law : Corporation Tax ; International and European Tax ; Savings ; Charities*, Hart Publishing Ltd, 2013, p. 504.
　株式に関する配当には所得税，株式処分から生じるキャピタルゲイン（日本でいう譲渡益）にはキャピタル・ゲイン税が課されるが，PEPに投資された資金（funds

invested in a PEP）に係る配当・キャピタルゲインは免税される。貯蓄を奨励する
ために，一定の条件の下で設定されたTESSAに係る利子は所得税を免除されていた
（Alan Melville, *op. cit.*, pp. 69～70 and 74）。TESSAは時間切れとなり廃止されたが，
PEPは2008年4月6日から「株式ISA」となった（John Tiley and Glen Loutzen-
hiser, *op, cit.*, p. 504.）。なお，居住形態に関する「通常の居住者」とは，ある程度の
永続性を示唆する「常駐的居住者」（habitual resident）であり，たとえば3年以上
滞在することが最初から明らかである場合には，「通常の居住者」とみなされていた
（アーサーアンダーセン編著『ヨーロッパ各国の税制（1992／93年版）』中央経済社，
平成4年，214頁。

3) Alan Melville, *op. cit.*, p. 74.

4) *Ibid.*, pp. 74～75.

5) *Ibid.*, p. 75.

6) Alan Melville, *Taxation Finance Act 2008 Fourteenth edition*, Pearson Education
Limited, 2009, p. 70.

Tony Jones, *Taxation Simplified 2011-2012*, Management Books 2000 Ltd, 2011,
p. 61.

7) Alan Melville, *Taxation Finance Act 2012 Eighteenth edition*, Pearson Education
Limited, 2013, p. 71.

JISAは，若年者の将来のための税制優遇を付した資産形成制度であり，2005年1
月に導入された「チャイルド・トラスト・ファンド」（Child Trust Fund：以下，
CTFと略す）の欠陥を改善する形で2011年11月1日に創設された。CTFは，対象年
齢の該当者全員が口座を持つ制度であったが，JISAでは希望者のみが口座を開設す
ることになった。JISAは，2011年11月1日時点でCTF口座を持たない英国居住者の
子供（18歳未満）に適用される（Sara Laing, *Core Tax Annuals Income Tax
2013／14*, Bloomsbury Professional, 2013, p. 126.）。

8) Alan Melville, *Taxation Finance Act 2013 Nineteenth edition*, Pearson Education
Limited, 2014, pp. 512～513.

2013年財政法により改訂されるまでには，「居住者」は下記条件に該当する個人で
あった（Alan Melville, *Taxation Finance Act 2002 Eighth edition*, pp. 531～532. Alan
Melville, *Taxation Finance Act 2008 Fourteenth edition*, pp. 526～527. Alan Melville,
Taxation Finance Act 2012 Eighteenth edition, pp. 512～513.）。

(a) 所定の課税年度中において（during a given tax year），183日（入国日と出国日
を除く）以上，英国に滞在している。ただし，2008年4月6日以降，居住者の判
定に使われる日数の計算方法が修正され，英国で深夜（midnight）を迎えた日も
英国滞在日にカウントされることになった。

(b) 定期的に英国に滞在し，その平均日数が91日以上となり，次のような状況が可
能である個人は，英国居住者（UK resident）とみなされる。

(i) 現在，英国を去ったが，91日以上，定期的に滞在するかつての居住者（ex-
resident）は，当該滞在が続く課税年度中には英国居住者とみなされる。

第1章補章　少額投資非課税制度（NISA）の展開

(ii)　過去には英国居住者ではなかったが，91日以上，定期的な滞在を始める個人は，当該滞在の5年度目から英国居住者とみなされる。ただし，最初から当該滞在が定期的であると明らかであれば，初年度から英国居住者とみなされる。

「通常の居住者」とは，1年課税年度ごとの居住者ではなく，常駐的な居住者である。たとえば，英国に住んでいた個人が，2012年4月1日に英国を去り，2013年4月30日に永住のため戻ってきた場合，2012年度（2012年4月6日～2013年4月5日）において「通常の居住者」となる。

9)　Alan Melville, *Taxation Finance Act 2013 Nineteenth edition*, Pearson Education Limited, 2014, pp. 22～23 and 26.

10)　Alan Melville, *Taxation Finance Act 2012 Eighteenth edition*, pp. 22～23 and 26.

11)　Rebecca Cave and Iris Wunechnann-Lyall, *Capital Gains Tax 2013/4*, Bloomsbury Professtional, 2013, p. 2.
　　Alan Melville, *Taxation Finance Act 2013 Nineteenth edition*, p. 247.

12)　Alan Melville, *Taxation Finance Act 2012 Eighteenth edition*, pp. 70～71.

13)　Alan Melville, *Taxation Finance Act 2013 Nineteenth edition*, pp. 70～71.

14)　David Genders, *The Daily Telegraph Tax Guide 2013*, Kogan Page, 2013, p. 134.
　　Walter Sinclair with Barry Lipkin, *Tax Guide 2013-2014*, Palgrave Macmillan, 2013, p. 65.

15)　Alan Melville, *Taxation Finance Act 2013 Nineteenth edition*, p. 71.

16)　平成13年11月30日から平成14年12月31日までに購入した上場株式等を3暦年（平成17・18・19年）のうちに譲渡した場合には，購入価額1,000万円までの上場株式等に係る譲渡益には時限的措置として非課税であった。

17)　山里　崇，前掲稿，65頁。

18)　日本経済団体連合会『平成26年度の税制改正に関する提言』2013年，14頁。

19)　山里　崇，前掲稿，68頁。

第2章

法人税法の再構築

―益金課税論とキャピタル・アローワンス導入論―

I　法人税法の概要

1　法人課税の沿革

　第1章で述べたように，明治20年（1887年）に「所得税法」が制定されたが，法人には課税されなかった。明治32年（1899年）の所得税法改正において，法人課税が新設され，「第一種所得」として会社の所得が2.5％の単純累進税率で課税された。

　所得計算上，受取配当金および第二種所得の利子は益金不算入（exclusion from taxable revenue）とされていた。いわゆる「法人擬制説」（後述される）が採用されている。

　明治37年（1904年）の日露戦争を契機にして大増税が行われ，第一種所得の税率も4.25％となった[1]。

　大正2年（1913年）の「所得税法」改正時には，第一種所得のうち，合名会社・合資会社・株主20人以下の株式会社の所得（甲）に対して超過累進税率が適用され，その他の法人の所得（乙）に比例税率が適用されている。実体が個

63

人企業に近い法人には個人と同様に課税するのが妥当であるという考え方に基づいて，個人に係る第三種所得に新規に導入された超過累進税率が採用されることになった[2]。

第一次世界大戦後の大正9年（1920年）には，「所得税法」の抜本的改正が行われている。すなわち，法人を独立の課税主体とみなし，受取配当金を益金算入する「法人実在説」（real entity theory of corporation）が採用されている。つまり，課税所得の拡大化が実行され，受取配当金が増税対象となった[3]。

さらに，第一種所得については，甲と乙の所得区分が廃止され，新たに超過所得（所得のうち資本金額の1割を超える金額）・留保所得・配当所得・清算所得に区分され，それぞれ異なる税率を採用した。このうち，超過所得と留保所得に対しては，累進税率が適用されている[4]。

留保所得が重課されていたので，産業基盤の弱体化を招くとの理由により，大正15年（1926年）には普通所得（5％の税率），超過所得（4％〜20％），清算所得（積立金5％，その他の所得10％）に再区分された[5]。

昭和15年（1940年）には，第一種所得税と法人資本税が統合され，「法人税」（corporation tax）という税目が新設された。法人税は，「所得税法」から独立した「法人税法」（昭和15年法律第25号）の中で規定され，今日に至っている。

新しく発布された「法人税法」における課税物件は，法人の各事業年度の所得・清算所得・各事業年度の資本であり，その税率は，各事業年度の所得に対して18％，各事業年度の資本に対して0.5％（昭和19年には0.3％）であった[6]。

軍事費の増加に伴い，各事業年度の所得に対する税率は，昭和17年（1942年）には25％，19年（1944年）に30％，20年（1945年）には33％に引き上げられた[7]。

敗戦後における財政需要に応じるために，昭和21年（1946年）には普通所得の税率は35％（外国法人には45％）となり，昭和22年（1947年）に「申告納税制度」が採用されている[8]。

昭和25年（1950年）には，『シャウプ勧告』を受けて，画期的な税制改革が断行された。たとえば，大正9年以来の「法人実在説」から「法人擬制説」が再

第2章　法人税法の再構築

び採用され，青色申告制度，公益法人の収益事業に対する課税が導入されている。前述したように，国税庁が昭和25年9月25日に「法人税基本通達」を発遣した9)。

『シャウプ勧告』による青色申告制度（blue return system）は，正しい帳簿書類等の備え付け，その整理保存を通じて適法な所得税額および法人税額の申告を期待する趣旨のもとで導入されている。白色申告法人に比べて青色申告法人には，各種の税務上の恩恵（たとえば，特別償却，準備金の損金算入，欠損金の繰越控除）が付与されている。

昭和26年（1951年）には，税率が42％に引き上げられるとともに，特定設備に対して特別償却が認められた。昭和28年（1953年）には交際費課税が創設され，税率は昭和30年（1955）には40％，昭和33年（1958年）には38％に引き下げられた10)。

昭和40年（1965年）には，「所得税法」（昭和40年法律第33号）とともに「法人税法」（昭和40年法律第34号）の全文改正が表現の平明化のために行われている。

昭和42年（1967年）には，課税所得は「一般に公正妥当と認められる会計処理の基準に従って計算されるものとする」（法法22④）という規定が設けられた。これは，課税所得の計算の基礎となる益金・損金の計算については，企業会計上の収益・費用に関する会計処理基準を尊重することを明らかにした規定であり，「公正処理基準」と通称されている。

なお，法人税率は昭和41年（1966年）には35％，昭和45年（1970年）には36.75％，昭和49年（1974年）に40％，昭和56年（1981年)に42％，昭和59年（1984年）に43.3％，昭和62年（1987年）には42％であった。

昭和63年（1988年）における「税制改革法」および「消費税法」の制定に伴い，法人税率は平成元年（1989年）に40％，平成2年（1990年）以降は37.5％に引き下げられ，配当軽課制度が廃止された。

平成3年（1991年）の改正では，バブル経済期における土地投機の抑制のために地価対策として土地譲渡益重課制度が導入された（平成11年（1999年）に停止されている）。

65

表2−1　普通法人の基本税率と軽減税率の改正推移

適用事業年度	普通法人の法人税率				
	基本税率		軽減税率		
	留保分	配当分	所得区分	留保分	配当分
昭25.4以降終了	35%		——		——
27.1　〃	42		——		——
30.7　〃	40		——		——
30.10　〃	〃		年50万円以下	35%	
32.4　〃	〃		年100万円以下	〃	
33.4　〃	38		年200万円以下	33	
36.4　〃	38	28	〃	33	24
39.4　〃	〃	26	年300万円以下	〃	22
40.4　〃	37	〃	〃	31	〃
41.1以降開始	35	〃	年300万円以下 （資本金1億円以下 の法人のみ）	28	〃
45.5以降終了	36.75	〃	〃 　（〃）	〃	〃
49.5　〃	40	28	年600万円以下（〃）	〃	〃
50.5　〃	〃	30	年700万円以下（〃）	〃	〃
56.4　〃	42	32	年800万円以下（〃）	30	24
59.4　〃	43.3	32.3	〃 　（〃）	31	25
62.4　〃	42	32	〃 　（〃）	30	24
平元.4以降開始	40	35	〃 　（〃）	29	26
2.4　〃	37.5		〃 　（〃）	28	
10.4　〃	34.5		〃 　（〃）	25	
11.4　〃	30		〃 　（〃）	22	
21.4以降終了	30		〃 　（〃）	18	
22.4以降開始	30		〃 　（〃）	18	
			年800万円以下 （資本金1億円以下の法人の み（資本金の額等が5億円 以上である法人等との間に その法人等による完全支配 関係があるもの等を除く。））		
24.4以降開始	25.5		〃 　（〃）	15	
27.4以降開始	23.9		〃 　（〃）	15	
28.4以降開始	23.4		〃 　（〃）	15	
29.4以降開始	23.4		〃 　（〃）	19	
30.4以降開始	23.2		〃 　（〃）	19	

出所：吉田維一郎編著『図説　日本の税制（平成29年度版）』財経詳報社，平成29年，135頁一部加筆修正。

第2章　法人税法の再構築

　平成6年（1994年）には，40％の特別税率による「使途秘匿金課税」が創設
されている。なお，法人税率は，消費税率の引上げ（3％から5％），不況対策
等により，平成10年（1998年）には34.5％，平成12年（2000年）には30％に引き
下げられている。

　平成23年度（2011年度）の税制改正では，国際競争力等の向上を図り，国内
の投資拡大と雇用創出を促進するために，課税ベースを拡大する一方で，法人
税率は25.5％に引き下げられた。さらに，法人課税を成長志向型の構造に変え
るために課税ベースを拡大しながら，法人税率は平成27年（2015年）には
23.9％，平成28年（2016年）には23.4％，平成30年（2018年）には23.2％に引き
下げられ，今日に至っている[11]。

　表2-1は，『シャウプ勧告』公表後における普通法人の基本税率と軽減税
率の改正の推移を示している。

　なお，法人税のほかに，国税としての地方法人税，地方税としての法人住民
税と法人事業税を合計した場合の租税負担割合を「実効税率」（effective tax
rate）というが，平成30年4月1日以降に開始する各事業年度における「法人
実効税率」は，法人税率の引下げに伴い29.74％となる。利益を課税標準とす
る法人税・地方税に対する法人実効税率は，たとえば事業税込所得を100とし
た場合，次のように計算される[12]。

① 事業税引後所得　　　100　÷（1＋0.007＋0.028994）＝ 96.516…

② 法人税額　　　　　　96.516…　×　23.2％　＝　22.391…

③ 道府県民税額　　　　22.391…　×　3.2％　＝　0.716…

④ 市町村民税額　　　　22.391…　×　9.7％　＝　2.171…

⑤ 地方法人税額　　　　22.391…　×　4.4％　＝　0.985…

⑥ 事業税額　　　　　　96.516…　×　0.7％　＝　0.676…

⑦ 地方法人特別税額　　96.516…　×　0.7％　×　414.2　＝　2.7984…

　法人実効税率（②～⑦計）　　　　　　　　　　　　　　29.737…

　　法人税・地方法人税・法人住民税・法人事業税を合わせた「法人実効税率」は，
　法人事業税が損金算入されることを調整したうえで②～⑦の税率を合計したもので
　ある。

67

2 現行法人税法における法人の問題点

(1) 公益法人等の問題点

「法人税」の納税義務者は，法人である。ここに「法人」(juridical personality) とは，自然人以外で法律上権利・能力を有するものとして，法律（たとえば，会社法，中小業等協同組合法，私立学校法，宗教法人法，信用金庫法）により人格を付与された組織・団体をいう。

法人税法は，法人税の納税義務の範囲・税率の適用を区分するために，公共法人（地方公共団体・日本放送協会等のように公共的性格をもつ法人），公益法人等（学校法人・宗教法人等のように公益的事業を目的とする法人等），協同組合等（漁業協同組合，消費生活協同組合等のように相互扶助を目的とする法人），人格のない社団等（学会・同窓会等のように，法人ではないが，法人税法上では法人とみなされる組織・団体）および普通法人（株式会社・合名会社・合資会社等のように営利を目的とする法人）に分類している。

公共法人には，法人税の納税義務がない。公益法人等の公益事業による所得は非課税であるが，販売業・製造業・請負業・不動産貸付業・旅館業・料理店業・駐車業・人材派遣業など，34種の収益事業 (profit-making business) から生じた所得については低率 (19%) で課税される。

協同組合等は，すべての所得（各事業年度の所得のほかに，清算所得等も含む）に低率 (19%) で課税される。人格のない社団等の所得は非課税であるが，公益法人等と同じく，収益事業から生じた各事業年度の所得については基本税率 (23.2%) で課税される。

普通法人は，原則として，すべての所得に対して基本税率 (23.2%) による納税義務がある。

このように，法人の種類の相違によって課税関係・納税額が異なってくる。とりわけ，公益事業に対して納税義務のない「公益法人等」(corporation in public interest) に属するか否かにより，納税額は乖離する。

第2章　法人税法の再構築

したがって，租税回避手段として「公益法人等」が悪用される可能性は皆無ではない。たとえば，一旦，「宗教法人法」により宗教法人（religious corporation）として認可されるならば，宗教活動を全く行わない宗教法人の所得も，法人税法上，非課税となる。コーポレート・ガバナンスが不備・不充分であり，不祥事が続くような組織・団体であっても，公益法人等であれば法人税法上の優遇措置を享受できる。

個別法上で公益法人等と認可されたとしても，社会一般の利益に貢献しているとは言い難く，とても公益法人等の実態を具備していない場合には，法人税法上，公益法人等から排除すべきではなかろうか。

(2)　中小法人の問題点

各事業年度の所得金額に対して，法人の形態に応じて税率が異なり，資本金1億円以下の普通法人および人格のない社団等においては，年800万円以下の所得金額から成る部分の金額には軽減税率（reduced tax rate）が適用される。各事業年度の所得金額に対する税率は，次のように区分されている（法法66）。

①　普通法人および人格のない社団等

　(a)　期末資本金が1億円以下の普通法人および人格のない社団等

　　a）年800万円以下の所得金額に対して……………………………19%

　　b）年800万円を超える所得金額に対して………………………23.2%

　(b)　期末資本金が1億円を超える普通法人……………………………23.2%

②　協同組合等（すべての所得）および公益法人等（収益事業の所得のみ）

　　　　　　　　　　　　　　　　　　　　　　　　　……………………………19%

中小企業対策として，資本金1億円以下の法人（以下，中小法人という）に対しては，年800万円以下の所得金額に軽減税率（19%）が適用されている。

基本税率（23.2%）が適用される資本金1億円超の法人（以下，大法人という）から免れるために，大法人は会社分割等を利用して，複数の中小法人を創設することも予想される。

現行租税制度のように，「資本金」に限定して大法人と中小法人を区別し，

69

異なる課税を行うのは問題である。

平成17年（2005年）7月に「会社法」が公布され，これに対応する形で，法人税法においても資本概念・資本等取引等についての規定が大きく変更された。

改正前法人税法（以下「旧法」という）では，「資本等取引」は，「法人の<u>資本等の金額</u>の増加又は減少を生じる取引及び法人が行う利益又は剰余金の分配」（下線：改正箇所。以下同じ）と規定され（旧法法22⑤），「資本等の金額」は，「法人の資本の金額又は出資金額と資本積立金額との合計額」とされていた（旧法法2十六）。

これに対して，改正法人税法では「資本等取引」は「法人の<u>資本金等の額</u>の増加又は減少を生じる取引及び法人が行う利益又は剰余金の分配」と修正され（法法22⑤），「資本金等の額」は，「<u>法人が株主等から出資を受けた金額として政令で定める金額</u>」とされた（法法2十六）。

会社法は，「株主資本」（従来の「資本の部」における資本金，資本剰余金および利益剰余金に相当する範囲）を「資本金」，「準備金」，「剰余金」から成るものと概念づけた（会社法445～446）。

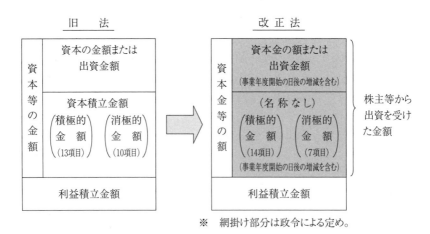

図2−1　法人税法における資本概念の変更

出所：小原昇＝佐々木浩「平成18年度改正（法人税法関係）について−会社法制定に伴う整備等を中心に−」『租税研究』第677号，2006年，101頁加筆修正。

新たに「株主資本」の概念を整理した会社法では,「資本金」,「準備金」,「剰余金」の計数について,株主総会の決議により,自由に変動することができるようになったため,株主資本間の計数の変動は,決算の手続とは独立して随時株主総会の決議で行えるものとされた。

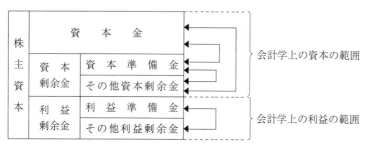

※ ←→ で示される項目間において,計数の変動が認められる。

図2-2 会社法で認められる株主資本間の計数の変動

出所:菊谷正人=石山宏「法人税法における資本概念の新展開-会社法制定による影響-」『税経通信』第61巻第9号,2006年,212頁。

法人税法では,「資本金の額又は出資金額が1億円以下であるもの」を「中小法人」とし(法法66②,措法61の4①など),特例的にさまざまな優遇措置を設けているが,この中小法人の定義は平成18年(2006年)度改正では従来どおりである。

会社法上,資本の部の計数の変動により,資本金や準備金をゼロにすることも可能となったため,技術上,従来の大会社が資本金を1億円以下に引き下げることによって,法人税法上の中小法人になることも可能になる。

中小法人には,軽減税率の適用を初めとして,特別償却,貸倒引当金,交際費,外形標準課税等々,多くの租税優遇措置が施されているので,株主資本間の計数の変動を行うことによって,この特例措置を受けるために資本金の額を1億円以下に引き下げるためのインセンティブが働くことも十分に予想される。

このような特例措置を濫用した租税回避に対抗するためには,中小法人の判定基準には,従来の「資本金」ではなく,新しい概念である「資本金等の額」

が採択されるべきではなかろうか[13]。

あるいはまた，資本金または資本金等の額ではなく，売上金額，資産金額，従業員数等を考慮して法人の区分（大法人と中小法人）を設定すべきであろう。

(3) 法人の本質の問題点

法人税の性格については，①法人の本質は株主の集合体であるから，法人税は個人所得税の前払分であると考える「法人擬制説」と，②法人はその株主とは別個独立の納税義務者であり，個人株主とは関係なく，独自の担税力を認めて法人税を課税するという「法人実在説」がある。現行法人税法は，①の法人擬制説に近い考え方を採っている。

しかし，上場会社等の資本公開会社では「所有」と「経営」は分離し，かつ，有価証券の譲渡可能性により，経済的実態として法人の本質を株主の集合体として認識するには無理がある。

法人とその株主は，独自の担税力をもつ独立別個の納税義務者であるとみなすべきであろう。すなわち，「法人実在説」に立ち，「受取配当等の益金不算入」(exclusion of dividends receivable from taxable revenues) は廃止されるべきである。

金子宏教授の見解においても，法人の受取配当の非課税は，合理的理由に乏しいと思われるのみでなく，法人の株式所有を促進し，ひいては消費者（一般投資者）の利益を害するおそれがあるので，その廃止すなわち受取配当の益金算入を検討すべきである[14]。

Ⅱ　現行法人税法における所得計算の問題点

法人税法第21条によれば，各事業年度の所得に対する法人税の「課税標準」（税額を算定するための基礎となる金額）は，「各事業年度の所得の金額」である。各事業年度の所得の金額とは，当該事業年度の「益金の額」から当該事業年度

の「損金の額」を控除した金額である（法法22①）。

　　所得の金額＝益金の額－損金の額

　上記算式から判明するように，法人税は，所得税法における所得税と同様に，収入を得ているという事実に税源（担税力があり，租税が支払われる源泉，すなわち税収を得ることができる状態）を求めて課税される「収得税」に属するが，所得を生む収益（益金・収入金額）そのものに課される「収益税」とは異なり，収益から原価・費用・損失（損金・必要経費）を差し引いた利益（所得）を総合的担税力の標識とみなして課される「利益税」である。

　差額概念の「利益」（所得）が課税標準となっているが，ここで問題になるのは，「当該事業年度の益金の額」と「当該事業年度の損金の額」が同一価格水準で比較・対応され，その差額である「所得の金額」が実質的・経済的な処分可能利益（disposable income）に相当するのかという点である。

　益金（収益）は，基本的には，当該事業年度の収入の価格（時価）と連動しているが，損金（費用）には，給料・賃金，電気・ガス代，広告宣伝費等のように「支出基準」（当該期間の支出額を当該期間の費用として計上する基準）に基づく費用ばかりではなく，有形固定資産の減価償却費，商品の売上費用（売上原価）等のように「原価配分法」（過去の支出額（すなわち取得価額）を当該資産の価値費消に応じて部分的に当該期間の費用として計上する基準）あるいは引当金のように「引当処理」（将来の支出額・損失額に備えて，その見積額を当該期間の費用として

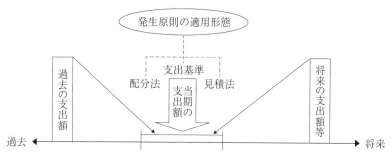

図2－3　当期費用の期間帰属における適用基準

出所：武田隆二『会計学一般教程〔第2版〕』中央経済社，平成3年，109頁。

見積計上する基準）に基づく費用も混在している。

　図2－3では，当該支出額等を当期の費用（法人税法上，損金）に期間帰属させる発生基準が示されている。

　収益が当期現在的な価格で計上されているのに対し，費用の一部（とりわけ減価償却費）は過去的な取得価額（歴史的原価）で測定されているので，長期間にわたって所有する有形固定資産等に価格変動が生じると想定した場合，同期間的・同質価値的な費用・収益対応（matching cost with revenue）に基づく利益計算は期待できず，実施的な処分可能利益は算定・計上できない。すなわち，同一価格水準による実質的・経済的所得の算定は，取得原価主義（historical cost basis）を墨守する限り，不可能である。

　元来，租税法（Steuerrecht）は価格変動（Preisänderung）を念頭に入れて規定されているわけではない。一般的には，法定通貨（gesetzliche Währung）による名目価値計算（Nominalwertrechnung）である「取得原価主義」（Anschaffungs-kostenprinzip）は，法律・経済制度の全般的な構成原理であり，計算確実性と画一的評価可能性を有することから，課税の法的安定性（Rechtssicherheit der Besteuerung）のために各国税法により採択されている[15]。

　租税法は，税務行政上・計算技術上の理由から，法秩序の原理（Grundlage der Rechtsordnung）として取得原価主義による名目課税を基調とする[16]。

　しかしながら，現実の動態的経済社会は，需要変化・技術進歩等とともに価格変動も経験している。

　たとえば，20年前には24億円で建設できた建物は，当期には原材料費・賃金・経費の値上がりにより48億円かかるかもしれない。取得原価主義の枠内で費用計算を行うならば，鉄骨鉄筋コンクリート造りの工場（耐用年数：24年，計算便宜上のために残存価額：零，定額法による）を20年前に24億円で取得した法人（A社）では，減価償却費は1億円であるのに対し，当期首に48億円で取得した法人（B社）は2億円の減価償却費を計上できる。

　過去的な取得原価（24億円）に基づく減価償却費と現在的な再調達原価（48億円）に基づく減価償却費の差額（1億円）は，A社の所得計算の中に算入され，

課税対象となる。

　取得原価主義（名目価値計算）を前提とする限り，Ａ社は，Ｂ社よりも1億円少なく減価償却費（損金）を計上せざるを得ないので，その差額だけ所得を増やし，自動的に法人税（Körperschaftssteuer）を多く納税することになる。古い取得原価（historical cost）と現在的な再調達原価（replacement cost）との差額である「架空利益」または「紙上利益」（paper profit）も期間損益計算の中に算入され，経営資本の一部が課税対象となり，外部に流出されることになる[17]。

　価格変動を等閑視している現行の所得税法（geltende Einkommensteuergesetz）の下では，費用の取得原価と再調達原価（Wiederbeschafungskosten）との差額である架空利益（Scheingewinn）が，所得計算の中に算入され，実質的・経済的な課税標準を歪めている。架空利益を包摂する名目利益に税率（Steuersatz）を乗じた法人税は，投下資本財に対して租税的な侵害（steuerliche Eingriff）を冒していると言っても過言ではない。

　つまり，名目価値計算に基づいた所得は，「架空利益に支払われる租税，さらには資本投資価値を腐食する租税」（taxes being paid on illusory profits, further eroding the value of capital investments）[18] の課税標準に陥っている。

　価格騰貴（Preissteigerung）それ自体が，「隠れた増税」（heimliche Steuererhöhungen）となっている。

　価格変動は，実質的・経済的な課税標準を歪曲するとともに，取得原価に基づく名目税率と再調達原価（replacement cost）に基づく実質税率とのギャップを拡張するので，アーロン（H. J. Aaron）も指摘しているように，税率の構造（the rate structure）をも変えている[19]。

　さらには，長期間にわたって利用する有形固定資産の保有比率がきわめて大きい製造業・建設業・造船業等と，当該期間の費用がほとんど人件費・広告宣伝費・家賃等に限定されているサービス業・情報処理業・消費者金融業等とでは，後者が当期現在的な価格（時価）により費用計上できるのに対し，前者の業種では古い取得価額による減価償却費を算定しなければならないので，「課税の産業間不平等」が起こっている[20]。

業種間において価格変動を受ける程度は異なるから，とりわけ「損金の金額」に対する名目価値の画一的適用は「課税の産業間不平等」を招いていると言えるであろう。

Ⅲ　法人税の益金課税論 — 法人税の外形標準課税 —

前述したように，益金（収益）の額は，業種の相違に関係なく，当該事業年度におけるカレントな価格（時価）によって計上することができる。

ただし，損金（費用）の額には，古い取得価額（帳簿価額）も混入している。すなわち，当該事業年度における時価的な益金に比較・対応する損金は，複数年度における複数の原価（簿価）と当該年度の時価を包含することになる。

このような計算構造を具備する所得計算では，同期間的・同質価値的対応による実質的・経済的所得の計算は図れない。

あるいはまた，損金の額を操作することによって，節税（tax saving）や脱税が頻繁に行われていると言われている。領収書の偽造・買い集め，架空仕入，架空外注費，架空の特別損失，在庫隠し等の経費水増しによって，所得の軽減を図る脱税が横行している[21]。

交際費を広告宣伝費・福利厚生費・売上割戻しに付け替えて，交際費等の損金不算入を縮小することにより脱税する法人も存在する。

恣意的な損金経理に基づく所得隠しは，法人税の課税逃れ・脱税であり，赤字法人化してまでも納税を逃避する経済行為は，反社会的な経済犯罪である。

一般的に，外部取引により証拠書類を取り交わす益金に比べて，損金の額は内部的な操作が容易であるのかもしれない。

このように，損金の額は，(1)実質的・経済的所得計算の阻害要因になったり，(2)脱税・課税逃れのための用具・温床として操作可能でもある。

このような「利益税」の弊害を回避する方策の一つとして，「収益税」への移行が考えられる。安部忠氏は，法人の売上高を課税標準とする「売上収入

税」を提案されている。

つまり，稼働の原点・指標数値である売上高の大小は，人類が過去に築き上げてきた公共設備・社会制度（道路・港湾・空港・通信網などのハードな設備，法律・医療・教育・技術開発・コンピュータシステムなどのソフトな制度）の利用頻度に比例するものであると考えられ，「売上収入税」はその利用費用（法人税）として課税されるのである[22]。

この売上収入税は，課税標準として収益（売上高）そのものに課される「収益税」であるので，法人が事業活動を行う際に受ける行政サービスの受益に応じて負担すべきであるとする「応益負担の原則」（benefit principle）に基づいている。

従来，「地方税法」第72条の２において，電気供給業・ガス供給業・生命保険業・損害保険業の「収入金額」を課税標準にして「法人事業税」が課税されている。「収入金額」に課税標準を求める外形標準課税は，既に地方税法では実施されていた。

法人税法の中で，外形基準として「売上高」を採用する外形標準課税が導入されるならば，約７割の赤字法人に対しても法人税（売上収入税）が課されることになる。所得基準による現行の法人税法では，赤字法人は法人税を納付してなくても済む。あるいはまた，数兆円・数千億円の売上高を稼得しているが，意図的な課税逃れのために「行き過ぎたタックス・プランニング」（aggressive tax planning）等の利用により数億円・数百万円の法人税しか納付しない大規模法人も存在する。

安倍氏の言葉を借りれば，利益を基準にする法人税は，赤字法人などが社会制度を「利用のしっぱなし」となり，「利用費用の踏み倒し」であるので，不公平・不経済な制度である[23]。

売上高を外形基準とする法人税（すなわち外形標準課税による収益税）は，行政サービス（公共設備・社会制度）の受益に応じて租税を負担させることができ，赤字法人・課税逃れ大規模法人も含めて，各法人の事業活動規模に応じて「広く薄く公平に」租税負担を分担することができる。

外形基準による課税（売上収入税）は，所得に係る租税負担を解消するので，利益（所得）の増加を促す事業活動，したがって効率的な企業経営・収益性の向上（コスト・リダクション等）を誘導し，経済活性化にも貢献できる[24]。

ただし，現行の利益税（所得税）に代えて，収益税（売上収入税）を導入した場合，増税となる企業と減税となる企業が現れるであろう。付加価値が高くて損金が少なかった企業では減税となるであろうが，付加価値が低くて損金が多かった企業では増税となるであろう。

安部氏は，業種間の付加価値・担税力等の相違を斟酌しながら課税公平を図るために，ほぼ等しい付加価値の業種ごとに「業種別税率」の作成・適用を提案されている[25]。

単一税率（a single tax rate）ではなく，産業別に複数税率（multiple tax rate）が設定されるわけである。全産業に単一税率を課すのも国家政策であるのならば，産業別に複数税率を課すのも国家財政策の一つである[26]。

「収益税」と「複数税率」を連結することによって，すべての法人に対して付加価値力・担税力に見合った法人税を薄く公平に課すことができる。

しかしながら，法人税の外形標準課税（収益税）への移行および産業別複数税率化は，これまでに蓄積・改良されてきた法人課税からは根本的に逸脱しているので，その実行可能性は乏しいかもしれない。健全な経済活動と実質・経済的公平な法人課税のために，国家規模的議論・調整が必要である。

現状では，利益税を前提にして法人課税の改善が推進されなければならない。現行法人税法における所得計算の弱点を克服するためには，実質的・経済的所得を算出できる損金の計算に改良される必要がある。

次節では，損金算入額とりわけ減価償却費の適正化について，卑見を開陳することにする。

Ⅳ　実質的・経済的所得の計算―損金算入額（とりわけ減価償却費）の適正化―

1　理論的な実質的・経済的所得計算論

　20世紀初葉のドイツ動態論を構築し，近代会計学の創始者として尊崇されているシュマーレンバッハ（E. Schmalenbach）は，設備資産の評価に取得原価主義を採用しながら，利益の比較可能性を高めるために，費用分については時価（Tageswert）に基づく減価償却を提案したことがあった。収益との同期間的・同質価値的対応のために，減価償却費は時価に基づいて計算されている。

　ただし，この方法によると，価格騰貴時においては，ある時点で時価減価償却累計額が当該資産の取得原価を超過し，耐用年数の到来前に投下資本額を全部回収することになる。

　そこで，取得原価と時価（再調達原価）による減価償却累計額の差額を「時価減価償却調整勘定」（Ausgleichskonto für Zeitwertabschreibung）に収容する方法を考案した。これは資本性の勘定ではなく，超期間的特殊損益勘定（aperiodisches Sondererfolgskonto）として最終的には利益として取り崩される[27]。

　したがって，取得原価での投下資本額の範囲内で減価償却されるに留まるので，過去の過大償却（überhöhte Abschreibung）による利益過小計上が，将来に利益過大計上となって現れる「評価の両刃性効果」（Zweischneidigkeitseffekt der Bewertung）が働くことになる[28]。

　ただし，シュマーレンバッハの時価減価償却費は，「減価償却の先取り」（Vor-wegnahme der Abschreibung）による投下資本額の早期回収に役立つ。

　ドイツ静態論（ベルリン学派）のニックリッシュ（H.Nicklisch），動態論（ケルン学派）のシュマーレンバッハに対抗して『有機的時価貸借対照表』（Die organische Tageswertbilanz）を上梓し，有機論（フランクフルト学派）の総帥として活躍したシュミット（F. Schmidt）は，設備資産を時価（再調達原価）で評価す

るとともに，減価償却費についても当該期間における平均的な調達時価（durch-schnittlichen Tagesbeschaffungswertes）による平均計算（Durchschnittsrechnung）を採用した[29]。

　設備資産の利用度が毎月等しいと前提すれば，期首の月の時価または期末の月の時価に基づいて計算された減価償却費は，過少計上・過大計上されることになり，損益計算上，著しい誤謬となる。

　シュミットの期中平均時価法は，時間・空間を超えて，オーストラリアのギンザー（R. S. Gynther）によっても20世紀中葉に提唱されている。ギンザーの主張によれば，売上収益額は当該期間中にほぼ平均価格で計上されているのであるから，減価償却費（depreciation expense）は，期首時点あるいは期末時点における時価（current cost）によって計算されるのではなく，期中の平均時価（average current costs for the period）に基づくべきである。取得原価による減価償却費と期中平均時価による減価償却費の差額は，資本性の減価償却修正（depreciation adjustment）として「資産再評価積立金」（asset revaluation reserve）に留保される[30]。

　たとえば，当期首に備品（耐用年数：5年，残存価額：零，定額法による）を4,000,000円で取得したが，取得年度末に5,000,000円に上昇したと仮定した場合，当該資産を期末時に再評価した上で，当該年度の減価償却費は，期中平均時価法により，次のように計算される。

$$900,000円 = \frac{4,000,000円 + 5,000,000円}{2} \div 5年$$

なお，資産再評価と減価償却には，次の仕訳が必要である。

（借）備　　　　　品　1,000,000　　（貸）資産再評価積立金　1,000,000
（借）減 価 償 却 費　　900,000　　（貸）減価償却累計額　　　800,000
　　　　　　　　　　　　　　　　　　　　　資産再評価積立金　　100,000

期首一時点の取得原価に基づいた減価償却費は，800,000（＝4,000,000÷5年）円と計算され，期中平均時価法よりは過少表示される一方，期末一時点の時価では1,000,000（＝5,000,000÷5年）円と計算され，過大計上される。

80

売上収益は期間を通じて平均的に時価で計上されているので，同期間的・同質価値的な費用・収益対応を図り，実質的・経済的所得（real and economic income）の算定を確保するためには，減価償却費は期中平均時価法によって計上されるべきである。

ヴァグナー（F. Wagner）も主張しているように，価格変動を度外視する課税は，「担税力に即した課税の原則」(Prinzip der Besteuerung nach Leistungsfähigkeit) および「課税公平性の原則」(Prinzip der Gleichmäßigkeit der Besteuerung) を遂行できるものではない[31]。この架空利益課税による企業資本の溶解（Verflüssigung des Unternehmungskapital）を防ぐためには，名目価値計算の放棄（Verzicht auf Nominalwertrechnung）が図られなければならない。現行の所得税法は「課税公平性の原則」を阻害しているが，それに対して必要とされるインフレ修正（Inflationskorrektur）はこの公平性を回復させる[32]。

価格変動時においては，課税標準としての所得金額に対するインフレ影響額の中和化策として，各国の税務当局は，価格騰貴における課税上の弊害を除去・緩和するためには，架空利益課税を回避する税法上の修正規定（Korrekturvorschriften）を設けてきた。フォイエルバウム（E. Feuerbaum）の提案を待つまでもなく，税法に設定される修正規定を適用して租税の支払猶予効果（Stundungseffekt）を図るために，名目価値主義の一時的放棄（zeitweiligen Ausgabe des Nominalwertprinzip）が必要である[33]。暫定的な架空利益回避規定ではあるけれども，税法が独自の特別規定（Sondervorschriften）を認めたため，この例外規定（Ausnahmevorschriften）は，名目価値主義を固執する商法等にも追認され，税務上容認される評価規定（Bewertungsvorschriften）として受け入れられていた。

たとえば，(旧西) ドイツでは，棚卸資産について10％以上の価格上昇がある場合には，商法上の「正規の簿記の諸原則」(Grundsätze ordnungsmäßiger Bunchführung) を遵守することを条件に，例外措置として免税の価格騰貴積立金（steuerfrei Preissteigerungsrücklage）を設定することができた。ただし，この収益税控除前利益積立金（unversteuerte Rücklagen）は，遅くとも6年間で益金

81

に戻し入れなければならなかった[34]。この処理は，あくまでも名目価値計算の枠内で行われる架空利益の「課税繰延」（Steuerverschiebung）の方策に過ぎないが，税負担の軽減と無利子の資金調達（無利息融資効果）を可能にするものである。

　オーストラリアでも，マシューズ委員会（Mathews Committee）が，1975年に『インフレーションと課税』（*Inflation and Taxation*）に題する報告書を公表し，再調達原価主義によって算定された利益から，固定資産と棚卸資産の再調達原価上昇率を乗じた減価償却評価修正（depreciation valuation adjustment）と棚卸資産増加修正（stock appreciation adjustment）あるいは売上原価評価修正（cost of sales valuation adjustment）の追加控除（additional deduction）を提案していたが，オーストラリア政府は，「マシューズ委員会報告書」の趣旨を受け継いで，棚卸資産に対するインフレ影響額の課税を救済するために，期首棚卸資産に消費者物価指数を乗じた所得控除として「ストック・リリーフ」（stock relief）を1977年４月に導入した[35]。

　英国では，当該年度における当該企業の全棚卸資産の物価指数の上昇率を乗じた額を「ストック・リリーフ」としている[36]。この特別所得控除は，振戻しの必要がないので，永久的な節税（tax saving）となる。英国で1973年に導入された減税政策措置も，1980年代に入ってインフレーションが鎮静化したために，1984年３月12日までの取引を除き，廃止された[37]。

　棚卸資産の所有期間は短く，棚卸資産の売上原価は少なくとも次年度には「評価の両刃性効果」が働くものと考えられるので，原価法を採用してもさほど課税上の問題はない。ただし，所有期間が長く，それぞれの価格変動が異なる有形固定資産の減価償却費は，所有期間・価格変動の相違によって大きく乖離する。前述したように，理念的には期中平均時価法によって時価減価償却費が計上されるべきである。

2 キャピタル・アローワンス導入論

　取得原価主義に準拠した課税は，長期間にわたって利用する有形固定資産の価格が変動した場合，課税標準（所得の額）そのものを歪曲し，法人間・業種間の課税公平性を破壊している。

　前述したように，実質的・経済的所得を算出するためには，期中平均時価法による時価減価償却費を損金算入するべきであろう。価格変動という経済現実を無視しないで，担税力に見合った課税標準となる実質的・経済的所得を算定するためには，当該期間の収益にチャージされる費用は当該期間の平均時価に基づく必要がある。

　しかし，取得原価主義は法律・経済制度の全般的な構成原理であるので，名目価値計算の放棄（Verzicht auf Nominalwertrechnung）は断念せざるを得ない。

　したがって，取得原価主義（名目価値計算）の範囲内で，シュマーレンバッハの時価減価償却のように，一時的にも実質的・経済的所得に近づく代替計算を追求していく必要があるのではなかろうか。

　会計学上，費用の「期間帰属決定基準」（認識基準）として，現金主義（cash basis），半発生主義（obligation basis）および発生主義（acrual basis）が考案されている。

　「現金主義」とは，現金の支出時点をもって費用を認識する基準である（ただし，貸付金のように費用に関係ない「中性的支出」があるので，すべての支出が費用になるとは限らない）。

　「発生主義」とは，経済価値の減少（たとえば減価償却）の発生時に費用を期間帰属させる基準である。

　「半発生主義」とは，現金主義を基礎とするが，信用取引に対処するため，将来支払わなければならない法律上の債務も費用として認識する基準であり，「債務確定主義」に最も近い。

　さらに，有形固定資産に対する現金主義の欠点を是正するために，「半発生

主義」では次のような方法が考えられた。

(a) 現金支出の有無に係わらず，有形固定資産を取得したときに費用（資産取得費）とする「取得法」（acquisition method）

(b) 取り替えられる有形固定資産の取得原価（帳簿価額）をそのまま据え置き，取替に要した新規資産の価額（取得原価）を当該年度の費用（資産取替費）とする「取替法」（replacement method）

(c) 取替に際して旧資産の取得原価（帳簿価額）を当該年度の費用（資産廃棄損）として計上し，新規資産の価額（取得原価）を貸借対照表上の帳簿価額とする「廃棄法」（retirement method）

減価償却法が有形固定資産の取得価額を発生主義に基づいて耐用年数にわたり配分するのに対し，半発生主義の上記三法は，有形固定資産の取得時，取替時（あるいは廃棄時）の一時点に費用（資産取得費・資産取替費・資産廃棄損）を期間帰属させる方法である。

なお，現金主義では，当該資産を取得したのか否かに係わらず，当該代金を支出したときに費用（資産購入費）を計上する。

たとえば，t_1期央に備品（耐用年数：3年，残存価額：零）を3,000,000円で取得したが，t_2期中に代金を支払い，t_4期央に同種資産を4,000,000円（未払い）で取り替えたと仮定した場合，(a)取得法，(b)取替法，(c)廃棄法および参考のために(d)現金主義と(e)発生主義（減価償却法，定額法による）における仕訳処理（損金算入）は次のとおりである（損金算入時にアミカケ）。

(a) 取　得　法

　t_1期央（損金算入時）：

　（借）備 品 取 得 費　3,000,000　　（貸）未　　払　　金　3,000,000

　　t_1期末 ：仕訳なし

　　t_2期中（支払時）：

　（借）未　　払　　金　3,000,000　　（貸）現　　　　　　金　3,000,000

　　t_2期末・t_3期末：仕訳なし

第２章　法人税法の再構築

　　t₄期央（損金算入時）：

　　（借）備 品 取 得 費　4,000,000　　（貸）未　　払　　金　4,000,000

(b)　取　　替　　法

　　t₁期央（資産計上時）：

　　（借）備　　　　　品　3,000,000　　（貸）未　　払　　金　3,000,000

　　t₁期末　：仕訳なし

　　t₂期中（支払時）：

　　（借）未　　払　　金　3,000,000　　（貸）現　　　　　金　3,000,000

　　t₂期末：t³期末：仕訳なし

　　t₄期央（損金算入時）：

　　（借）備 品 取 替 費　4,000,000　　（貸）未　　払　　金　4,000,000

(c)　廃　　棄　　法

　　t₁期央（資産計上時）：

　　（借）備　　　　　品　3,000,000　　（貸）未　　払　　金　3,000,000

　　t₁期末　：仕訳なし

　　t₂期中（支払時）：

　　（借）未　　払　　金　3,000,000　　（貸）現　　　　　金　3,000,000

　　t₂期末・t₃期末：仕訳なし

　　t₄期央（損金算入時 ・資産計上時）：

　　（借）備 品 廃 棄 損　3,000,000　　（貸）備　　　　　品　3,000,000
　　　　　備　　　　　品　4,000,000　　　　　未　　払　　金　4,000,000

(d)　現　金　主　義

　　t₂期中（損金算入時）：

　　（借）備 品 購 入 費　3,000,000　　（貸）現　　　　　金　3,000,000

(e)　発　生　主　義

　　t₁期央（資産計上時）：

　　（借）備　　　　　品　3,000,000　　（貸）未　　払　　金　3,000,000

85

t₁期末（損金算入時）：

（借）備品減価償却費　500,000　（貸）備　　　品　500,000

t₂期中（支払時）：

（借）未　払　金　3,000,000　（貸）現　　　金　3,000,000

t₂期末・t₃期末（損金算入時）：

（借）備品減価償却費　1,000,000　（貸）備　　　品　1,000,000

t₄期央（損金算入時・資産計上時）：

（借）備品減価償却費　500,000　（貸）備　　　品　500,000

（借）備　　　品　4,000,000　（貸）未　払　金　4,000,000

上記仕訳例および図2－4が示すとおり，早期に費用（損金）を計上できる方法は，取得法（あるいは現金主義）であった。租税理論上，中立的な法人所得課税を図る方策として，キャッシュ・フロー法人税（cashflow corporation tax）が考案されている。

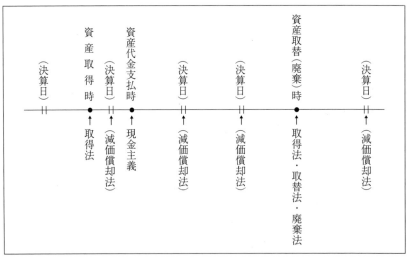

注：減価償却法（発生主義）の費用計上時点は，取得時の属する決算時から各決算時および廃棄処分時である。

図2－4　半発生主義と現金主義による有形固定資産の費用計上時点（●）

第2章　法人税法の再構築

　キャッシュ・フロー法人税では，経営費用と資本費用の区別なく，人件費であろうと在庫投資・設備投資であろうと，キャッシュ・フロー時点で費用化できる。したがって，有形固定資産に対しては減価償却は不要となり，価格変動や投資に対して「中立性」が保たれる。また，原価配分計算や資産再評価といった煩雑な会計手続も必要ない[38]。このキャッシュ・フロー法人税は，会計学的に言えば，現金主義に基づく法人税である。

　基本的に，法人税法では，費用の帰属年度に法人の判断が介入するため，法的安定性のために外部取引に関しては「債務確定」の要件を充足する費用を損金とする「債務確定主義」が採られている。債務確定の要件は，下記のとおりである（法基通2－2－12）。

(イ)　事業年度末日までに当該費用に係る債務が成立していること（債務成立の要件）

(ロ)　事業年度末日までに当該債務に基づいて具体的給付の原因となる事実が発生していること（給付原因事実の発生の要件）

(ハ)　事業年度末日までにその金額を合理的に算定することができること（金額の合理的算定の要件）

　上記三要件を満たす費用の認識基準は，会計学上，半発生主義における「取得法」であると思われる。有形固定資産の取得時に即時費用化できる「取得法」は，税法上，「キャピタル・アローワンス」（capital allowance）と呼ばれている。

　キャピタル・アローワンスは，減価償却費に代わるものとして，1946年4月に英国で初めて施行された。第二次世界大戦後における経済復興の一翼を担う企業に対する租税優遇対策として，「1945年所得税法」（Income Tax Act 1945：以下，ITA 1945と略す）が「初年度償却」（first-year allowance）として設備・機械装置・船舶・航空機の投資金額の即時償却を認めた[39]。すなわち，企業が取得した資産の取得価額は，取得した年度に全額を損金算入でき，法人税を軽減することができたのである。

　特定資産の「即時償却」を可能にする初年度償却は，法人の設備投資を喚起

87

する機能を有し，英国の景気対策上，投資促進手段として重大な役割を果たしてきたが，経済情勢に応じて償却率，償却対象の改廃が弾力的に行われている。とりわけ，「1971年財政法」（Finance Act 1971）および「1984年財政法」（Finance Act 1984）は設備・機械の償却制度に関する重大な改正であった。1973年のEC加盟により，付加価値税（value added tax）が導入されると，それを契機として財政安定化が進み，サッチャー政権において法人税率が52％から35％に大幅に引き下げられた。それに伴い，課税ベースの拡大を図るために「100％初年度償却」の逓減が講じられた結果，設備・機械に対する初年度償却は100％の償却率から1984年には75％となり，1985年には50％まで低減され，1986年に廃止されている[40]。

　工場用建物の取得価額については，初年度に通常の４％減価償却費に加えて，75％（1981年３月10日以前に取得したものについては50％）の初年度控除（first year allowance）が認められている[41]。ただし，1984年の税制改正により，1986年４月１日以降に取得された資産については，初年度控除は特定の資本的支出（たとえば，指定工場地域の建物，科学研究）を除き，認められていない。

　1997年に発足したブレア政権下では，再び「初年度償却」が導入され，50％初年度償却が容認されたものの，翌年には40％に引き下げられ，2008年まで適用された。中小事業者（small or medium sized business）に対しては，2004年度から2005年度，2006年度から2008年度の課税年度において生じた支出額に限り，50％初年度償却が認められた[42]。

　設備・機械（自動車を除く）の支出額のうち100,000ポンド（2010年４月１日前には50,000ポンド）の「即時償却」を中小事業者に対して認める優遇措置として「年次投資控除」（annual investment allowance）が2008年４月に導入されるに伴い，「初年度償却」は廃止されたが，「2009年財政法」（Finance Act 2008）において再び導入されている。「初年度償却」はITA 1945により時限立法として制定され，改廃を重ねた後，現在，年次投資控除超過額および環境保全資産等に対して，それぞれ40％および100％の償却が認められている[43]。

　キャピタル・アローワンスには，設備・機械等の投資金額を即時償却できる

88

ケースもあるので，当該資産の取得原価は取得年度に全額を「資本支出控除」（capital expendture relief）として損金算入することができる。資産の取得時点と代金支払時点はほとんど変わらないので，前記のキャッシュ・フロー法人税と同様の特徴（価格変動や投資に対する中立性）を有することになる。

　当該資産の取得原価の全額（または50％等）を取得時点に損金算入できるキャピタル・アローワンスも，課税の中立性や税制の簡素化等の観点から導入されるに値する税務措置であると思われる。ただし，キャピタル・アローワンスは，あくまでも取得原価主義の枠内で行われる費用先取法であるので，次年度以降，「評価の両刃性効果」によって法人税額は増加する。キャピタル・アローワンスは，特別償却と同様に，課税繰延（Steuerverschiebung）の方策に過ぎない。

　しかしながら，法人としてはその間，国家から一種の無利息融資を受けたと同じ経済的効果を享受できる。課税猶予額は，特別償却時には税金として支出せず，流動性資金として内部留保できるので，国家からの無利息融資効果をもたらす。わが国では，特別償却制度が租税優遇措置（preferential tax treatments）の形で導入されているが，景気回復の投資誘因・国際競争力の強化のためにも，キャピタル・アローワンス制度の創設も必要となっていると言えるのではなかろうか。

【注】

1)　武田昌輔『立法趣旨　法人税法の解釈〔五訂版〕』財経詳報社，平成5年，3頁。
2)　金子　宏『租税法〔第16版〕』弘文堂，平成23年，48頁。
3)　武田昌輔，前掲書，4頁。
4)　金子　宏，前掲書，48頁。
5)　武田昌輔，前掲書，4〜5頁。
6)　同上書，6頁。
7)　同上書，7頁。
8)　同上書，7〜8頁。
9)　同上書，9頁。
10)　同上書，10〜11頁。
11)　吉野維一郎編著『図説　日本の税制（平成29年版）』財務詳報社，平成29年，134頁。
12)　同上書，134頁。

13) 菊谷正人＝石山　宏「法人税法における資本概念の新展開－会社法制定による影響－」『税経通信』第61号第9号，2006年，213頁。

14) 金子　宏『所得課税の法と政策』有斐閣，1996年，427頁。
   さらに，金子宏教授は下記のような見解を開陳されている。
   (a) 配当軽課措置は，自己資本率の増加にも役立たず，また株式投資の促進にも役立っていないと認められるので，これを廃止し，税率を一本化する必要がある。
   (b) 配当控除の制度は，株式投資を促進するための特別措置として位置づけられるべきである。それが，株式投資の促進に役立っているかどうかを検討した上で，その存廃を決定すべきである。

15) Dieter Schneider, "Gewinnbesteuerung und Unternehmenserhaltung," *Schmalenbachs Zeitschrift für betriebswirtschaftliche Forschung*, 1971, S. 566.
   Otto H. Jacobs, *Das Bilanzierungsproblem in der Ertragsteuerbilanz*, Stuttgart, 1971, S. 68.
   Otto Mutze, "Nominalwertprinzip und Substanzerhaltung in Recht und Wirtschaft," *Die Aktiengesellschaft*, 1975, S. 184.

16) Thomas Schildbach, "Reale Gewinne als Besteuerungsgrundlage?," *Schmalenbachs Zeitschrift für betriebswirischaftliche Forschung*, 1981, S. 996.

17) 菊谷正人『企業実体維持会計論－ドイツ実体維持会計学説およびその影響－』同文舘，平成3年，319～320頁。

18) David Y.Timbrell, "The Impact of Inflation on Taxation," in : Warren Chippindale and Philip L.Defliese (eds.), *Current Value Accounting : A Practical Guide for Business*, Coopers & Lybrand, 1977, p. 68.

19) Henry J.Aaron, "Inflation and the Income Tax:An Introduction," in:Henry J.Aaron (ed.), *Inflation and the Income Tax*, The Brookings Institution, 1976, p. 5.

20) 菊谷正人，前掲書，330頁。

21) 大村大次郎『脱税　元国税調査官は見た』祥伝社，2005年，60～74頁。

22) 安部　忠『所得税廃止論　税制改革の読み方』光文社，1994年，98～99頁。

23) 同上書，99頁。

24) 菊谷正人「外形標準課税の課題」『政経論叢』第127号，平成16年，111～112頁。

25) 安部　忠，前掲書，100～104頁。
   安部氏の提案によれば，総合商社に0.1％，デパートに0.2％，資源・水産に0.3％，繊維製造業に0.4％，鉄鋼製造業に0.5％，化学業に0.6％，セメント製造業に0.7％，製紙業に0.8％，信販・リースに0.9％，自動車・電機製造業・銀行に1％，建設・食品・運輸・交通・スーパーに2％，印刷・保険・外食・ホテルに3％，情報処理業に4％，カメラ製造業に5％，芸能プロに6％，薬品製造業に7％，警備保障業に8％，経営コンサルタントに9％，学習塾・娯楽・消費者金融に10％の業種別税率を適用して売上収入税が課される。課税標準として，一般企業には売上高，銀行には経営収益，証券・信販会社には営業収益，損保会社には正味保険料，生保会社には保険料などの収入金額が採用される。

26) 菊谷正人，前掲書，331頁。

27) Eugen Schmalenbach, *Dynamische Bilanz, 7 Aufl*, Leipzig, 1938, S. 186.（土岐政蔵訳『動的貸借對照表論』森山書店，昭和25年，218頁。）

28) Werner Muscheid, *Schmalenbachs Dynamische Bilanz : Darstellung, Kritik und Antikritik*, Westdeutscher Verlag. Köln und Opladen, 1957, S. 62.

29) Fritz Schmidt, *Die organische Tageswertbilanz*, 1929, 3 Aufl., (Neudruck 1951), Betriebswirtschaftlicher Verlag Dr. Th. Gabler. Wiesbaden, SS. 186〜189.

30) R. S. Gynther, *Accounting for Price-Level Changes : Theory and Procedures*, Pergamon Press, 1966, pp. 112-120.

31) Franz W. Wagner, *Kapitalerhaltung, Geldentwertung und Gewinnbesteuerung*, Springer-Verlag, 1978, S. 283.

32) Ekkehard Wenger, *Unternehmenserhaltung und Gewinnbegriff : Die Problematik des Nominalwertprinzips in handels-und steuerrechtlicher Sicht*, Galler, 1981, S. 331.

33) Ernst Feuerbaum, "Zur Überprüfung der Einkommensbesteuerung bei Geldentwertung durch das Bundesverfassungsgericht", *Der Betrieb*, 1977, S. 1375.
　　租税法における名目価値主義の墨守（Festhalten am Nominalwertprinzip in Steuerrecht）による架空利益の累積（Kumulierung von Scheingewinnen）を通じて，不本意ながら設備投資を断念したり，企業の経済的発展を阻害するような実体衰弱（Substanzauszehrung）を招く「経済的不動化」（wirtschaftliche Immobilismus）がもたらされ，その元凶は名目価値主義に基づく架空利益課税に起因する（*Evenda*, S. 1375）。

34) Gerhard Emmerich, *Bilanzierung, Gewinnausschüttung und Substanzerhaltung*, Verlag Otto Schwartz & Co., 1976, SS. 54〜56.
　　Hans Hankte, *Handels-und steuerrechtlicher Jahresabschluß*, Carl Hanser Verlag, 1982, S. 200.

35) J. Irwin and H. Lamble, *The Mathews Report : Inflation and Taxation*, 1975, pp. 27 〜34.
　　P. Swan "CCA and Taxation," in : G. Dean and M. Wells (eds.), *Current Cost Accounting Identifying the Issues 2nd Edition*, 1979, p. 143.

36) David Y. Timbrell, *op. cit.*, pp. 73〜76.
　　J. A. Kay and M. A. King, *The British Tax System Third Edition*, Oxford University Press, 1983, pp. 181〜184.

37) Bill Pritchard, *Taxation Eighth Edition*, Pitman Publishing, 1984, p. 60.

38) 田近栄治＝油井雄二「法人税と課税の中立性」野口悠紀雄編『税制改革の新設計』日本経済新聞社，1994年，103-104頁。

39) G. T. Webb, *Depreciation of Fixd Asset in Accountancy and Economics*, Australasia Pty Ltd, 1954, p. 93.
　　Mervyn K. Lewis, *British tax law - income tax, corporation tax, capital gain tax*, MacDonald and Evans, 1977, p. 208.

40) Butterworths, *Simon's Taxes : Income Tax, Corporation Tax, Capital Gains Tax Third Edition,* Butterworths & Co. (Publishers) Ltd., 1994, p. 751.

41) J. Kay and M. King, *The British Tax System Second Edition,* Oxford University Press, 1980, p. 187.

重田　修「イギリスの租税制度」日本公認会計士協会東京会編『各国の租税制度の解説－主要10カ国の税制の実態－』中央経済社，昭和57年，77頁。

42) Keith M Gorden and Ximena Montes-Manzano, *Tiley and Collison's UK Tax Guide 2009-10 27th, edition,* Lexis Nexis, 2009, p. 662.

David Smails, *Tolley's Income Tax 2009-10 94th edition,* Lexis Nexis, 2009, p. 218.

43) Alan Melville, *Taxation Finance Act 2010 Sixteenth edition,* Prentice Hall, 2010, p. 343.

補論1　特別償却の現状と課題

1　はじめに ― 減価償却の意義・目的・効果

　会計学上の「減価償却」（Abshreibung）とは，有形固定資産の価値減少（減価事象）を測定する手段として，一定の合理的な仮定に基づいて，当該資産の取得原価を見積利用期間（耐用年数）に規則的に費用（減価償却費）として配分し，その費用分だけ当該資産の繰越価額を減額させる費用配分手続である。

　つまり，減価償却の会計学上の意義は，「原価配分の原則」に従って有形固定資産の取得原価を利用可能期間における各年度に配分することであり，規則的・定期的な減価償却により適正な期間損益計算を可能ならしめることを目的とする。

　減価償却費は，有形固定資産に投下された資金の一部が減価償却の手続を通じて製品原価や期間費用に算入されることによって，収益の対価として受け取った貨幣性資産（流動資産）で回収され，しかも，具体的な資金の流出を伴わない振替費用であるので，その計上額だけ「不特定流動資金」が留保されることになる。減価償却によって有形固定資産の一部が流動資産に転化する財務的効果を「固定資産の流動化」といい，減価償却費計上額が貨幣性資産の形態で企業に内部留保される財務的効果を「自己金融」（Selbstfinanzierung）という。

　租税特別措置法により時限立法的に認められる「特別償却」（Sonderabshreibung）は，特定産業振興対策，中小企業保護対策，住宅対策等の種々の政策目的のために，法人税法の規定により計算された「普通償却限度額」のほかに，特別に一定額だけ減価償却を拡大し，当該事業年度における租税負担を軽減し，企業の内部留保を促進するため設けられている租税優遇措置である。

　ただし，「特別償却」は，あくまでも取得原価主義の枠内で行われる費用先

取法であるので，次年度以降，過去の過大償却（überhöhte Abschreibung）による利益過少計上が将来の利益過大計上を招く「評価の両刃性効果」（Zweischneidigkeitseffekt der Bewertung）の働きによって法人税額は増加する。したがって，「特別償却」は，減価償却制度を利用した「課税繰延措置」に過ぎない。

それにもかかわらず，法人としては，課税猶予額が特別償却時には法人税として支出せず，流動資産として内部留保でき，その間，早期計上償却分に見合う税額が将来に猶予されたことになり，その課税猶予額を資金として運用することができるので，国家から一種の「無利息融資」を受けた経済効果を享受できる。

本補論では，現行制度における「特別償却」の現状と課題について，若干の考察を加えることとする。

2 　現行の特別償却制度の特徴

(1)　特別償却の種類

わが国では，現在，下記のように多種・多様な「特別償却」が租税特別措置法により時限立法的に認められている。

(1)　エネルギー環境負荷低額推進設置等を取得した場合の特別償却（措法42の5）

取得価額の30％（中小企業者等には税額控除との選択適用）

(2)　中小企業者等（資本金又は出資金が1億円以下の中小法人（発行済株式総数の2分の1以上が同一大規模法人の所有に属する法人等を除く）及び農業協同組合等）が機械等を取得した場合等の特別償却（措法42の6）

取得価額（内航船舶には取得価額の75％）の30％（特定生産性向上設備等には100％）（特定中小企業者等（資本金又は出資金が3,000万円以下の中小企業者等）には，税額控除との選択適用）

(3)　国家戦略特別区域（東京圏及び関西圏：2020年開催の東京オリンピックも視野に入れ，都市再生・雇用・医療の強化等，歴史的建築物の活用等，新潟市：農業の

生産向上，農産物・食品の高付加価値化等，兵庫県養父市：中山間地域における耕作放棄地の再生，農産物・食品の高付加価値化等）で機械等を取得した場合の特別償却（措法42の10）

取得価額の50％（建物等及び機構物には25％，一定規模以上で中核的特定事業に供した機械・器具備品には100％）（税額控除との選択適用）

(4) 国際戦略総合特別区域で機械等を取得した特別償却（措法42の11）

取得価額の50％（建物等・構築物には25％）（税額控除との選択適用）（上記(3)との選択適用を条件とする）

(5) 地方活力向上地域で特定建物等を取得した場合の特別償却（「地域再生法の一部を改正する法律」の施行日より施行）

取得価額の15％（移転型計画である場合には25％）（税額控除との選択適用）

(6) 特定中小企業者等（認定経営革新等支援機関等による経営改善指導助言書類の交付を受けた中小企業者等）が経営改善設備を取得した場合の特別償却（措法42の12の3）

取得価額の30％（特定中小企業者等のうち資本金等が3,000万円以下の法人等には，税額控除との選択適用）

(7) 生産性向上設備等を取得した場合の特別償却（措法24の12の5）

取得価額の50％（建物・構築物には25％）（税額控除との選択適用）

(8) 特定設備等の特別償却（措法43）

公害防止設備には取得価額の8％，近代化船には取得価額の16％（外航船舶又は環境負荷低減内航船舶には18％）

(9) 耐震基準適合建物等の特別償却（措法43の2）

取得価額の20％

(10) 関西文化学術研究都市の文化学術地区における文化学術研究施設の特別償却（措法44）

取得価額の12％（建物・付属設備には6％）

(11) 共同利用施設の特別償却（措法43の3）

取得価額の50％

(12) 特定農産加工品生産設備の特別償却（措法44の4）
取得価額の30％

(13) 特定信頼性向上設備等の特別償却（措法44の5）
取得価額の30％

(14) 特定地域（(a)過疎地域，(b)産業高度化・事業革新促進地域，(c)国際物流拠点産業集積地域，(d)経済金融活性化特別地区，(e)沖縄の離島の地域，(f)半島振興対策実施地域，離島振興対策実施地域及び奄美群島，(g)振興山村）における工業用機械等の特別償却又は割増償却（措法45）

特別償却：(a)には取得価額の10％（建物・付属設備には6％），(b)には取得価額の34％（建物・付属設備には20％），(c)・(d)には取得価額の50％（建物・付属設備25％），(e)には取得価額の8％

5年間割増償却：(f)には普通償却限度額の32％（建物・付属設備には48％），(g)には普通償却限度額の24％（建物・付属設備及び構築物には36％）

(15) 医療用機器の特別償却（措法45の2）　　　取得価額の12％

(16) 障害者を雇用する場合の機械等の5年間割増償却（措法46）
普通償却限度額の24％（工場用建築物・付属設備には32％）

(17) 次世代育成支援対策基準適合認定を受けた資産の特別償却又は割増償却（措法46の2）

特別償却：建物・付属設備には取得価額の24％（常時雇用者数が100人以下の場合には32％），車両・器具備品には取得価額の18％（常時雇用者数が100人以下の場合には24％）

3年間割増償却：建物・付属設備には普通償却限度額の12％

(18) サービス付き高齢者向け優良賃貸住宅の5年間割増償却（措法47）
普通償却限度額の28％（耐用年数が35年以上である資産には40％（ただし，平成27年4月1日から平成28年3月31日までに取得等をした場合には，半分の割増償却割合）

(19) 特定都市再生建築物等（(a)特定都市再生緊急整備地域における建物・付属設備，

96

第2章　法人税法の再構築

(b)都市再生緊急設備地域における建物・付属設備，(c)認定特定民間中心市街地経済
活力向上事業者が特定民間中心市街地経済活力向上事業により整備・取得する建築
物・構築物，(d)下水道法の浸水被害対策区域内に建築又は設置される雨水貯留構築
物）の５年間割増償却（措法47）

　　(a)には普通償却限度額の50％，(b)・(c)には普通償却限度額の30％，(d)に
は普通償却限度額の10％

⑳　倉庫用建築物の５年間割増償却（措法48）

　　普通償却限度額の10％

　わが国における「特別償却」には，法人税法で認められる普通償却限度額の
ほかに，(a)当該資産の取得価額の一定割合を取得年度に特別償却限度額として
損金算入できる「初年度特別償却」（「狭義の特別償却」ともいう），(b)当該資産の
取得後一定期間（５年間または３年間）に普通償却限度額の一定割合を特別償却
限度額として損金算入できる「割増償却」の二つの形態がある。なお，「特別
償却」は青色申告法人・事業者に認められている租税優遇措置であるが，「サー
ビス付き高齢者向け優良賃貸住宅の割増償却」は白色法人に対しても適用され
る。

(2)　現行制度の特徴分析

　税制上の特別償却制度は，米国においても戦時緊急施設への投資促進策とし
て創設されたように，わが国における特別償却制度も軍需産業に対する設備投
資の促進，それに伴う生産力の増強を目的として昭和14年（1939年）に導入さ
れていた[1]。

　『シャウプ勧告』を受けて昭和25年（1950年）に導入された「青色申告制度」
の下では，青色申告法人・事業者が租税優遇措置として「特別償却」等を採用
することができるようになった。前述したように，時代的背景に応じた社会・
経済的対策として「特別償却」（以下，「割増償却」も含む）は，時限立法的に適
用されてきた。

　現行の特別償却制度では，省エネ・環境保護対策資産（上記(1)，(8)），産業促

97

進指定地域で取得した特定資産（上記(3), (4), (14)），中小企業者等が取得した資産（上記(2), (6)），地方・特定地域振興対策資産（上記(3), (5), (14), (19)），耐震・災害対策資産（上記(9), (13)），産業競争力向上対策資産（上記(7)），文化学術研究施設（上記(10)），次世代育成支援対策資産（上記(17)），特定農産加工品設備（上記(12)），高齢者向け優良賃貸住宅（上記(18)）等といった多種・多様な資産に対して，「特別償却」が容認されている。

　従来から実施されていた中小企業保護対策，住宅対策，医療・福祉対策等のほかに，今世紀に入り問題視されている地球環境問題，地方振興・都市再生問題，国際競争力問題，リーマン・ショック後の金融問題，東日本大震災後の地震対策問題等に関連する資産の「特別償却」が導入され始めている。このように，租税優遇措置である「特別償却」の対象資産は，社会・経済的背景に応じて変容してきた。

　特別償却割合としては，従前には「取得価額」の30％が最高割合として用いられていたが，近年では，50％，100％（普通償却限度額を含む即時償却）といった高率割合も認められている。また，割増償却の償却期間についても，5年間が一般的であったが，3年間割増償却も採用されている。

3　現行制度における課題―むすびに代えて

　「特別償却」のような租税優遇措置は，特定の政策目的を実現するための租税手段の一つであるが，本質的に「課税の公平性」(Gleichmäßigkeit der Besteuerung) を破壊する。したがって，租税負担の公平の観点からは，租税特別措置は削減・廃止すべきであろう[2]。富岡幸雄博士も主張されるように，課税所得の計測においては，経済政策的配慮と社会政策的配慮を内容とする公共政策的配慮の思考が介入するが，特に租税特別減免措置については，個々の政策目的の合理性の判定を厳格化するとともに，その効果に関する不断の検討を加えることによって，特別減免措置が既得権化・慢性化することのないように厳に戒めることが重要である[3]。

第2章 法人税法の再構築

　投資奨励策・景気対策等の目的で採択されている「特別償却」には，適用対象業種・地域，適用対象資産，計算方法，適用期間が限定的に設定されているので，産業間・地域間等において租税優遇の不均衡・格差が増すことになる。さらに，償却余力のない企業にとっては，全く意味のない租税措置に過ぎないと言わざるを得ない[4]。

　報道によれば，業績堅調な自動車業界を中心に製造業は5年から10年先を見据えて，国際競争力の源泉となる新技術の開発に積極的に取り組み，首位のトヨタは過去最高額の1兆500億円の研究開発費を計画している（日本経済新聞，2015年8月10日）。巨大企業や業績優良企業にとっては，租税優遇措置を活用できる投資資金能力は備わっているが，業績不振企業や中小・零細企業には余裕資金に乏しいかもしれない。

　租税優遇措置には，その政策目的に反して，産業間・個別企業間の格差を激化させる危険性が胚胎していると言っても過言ではない。つまり，適用対象業種・地域，適用対象資産，計算方法，適用期間が限定的に設定されているので，産業間・地域間・個別企業間等に租税優遇の不均衡・格差が増すことになる。

【注】
1)　富岡幸雄『税務会計学原理』中央大学出版部，2003年，1372～1373頁。
2)　菊谷正人「『減価償却』の対象資産」『税務会計研究』第9号，平成10年，42頁。
3)　富岡幸雄「課税所得の本質」『税務会計研究』第8号，平成9年，42～43頁。
4)　富岡幸雄，前掲書，1383頁。

補論2　税額控除の現状と課題

1　現行の税額控除制度の特徴

(1)　税額控除の種類

　当該事業年度の所得金額に法人税率を乗じた法人税額，それに特定同族会社の課税留保金額と使途秘匿金の支出額にそれぞれの特別税率を乗じた特別税額を合算し，その算出税額から種々の「税額控除」（tax credit）を差し引いて納付税額が計算される。「税額控除」は，算出税額から控除できるので，永久免税となる。損金算入できる特別償却限度額とともに減税効果が内在するが，「特別償却」が課税繰延に過ぎないのに対し，「税額控除」は免税効果を伴う。なお，「税額控除」の順序は次のとおりである。

　　(a)　租税特別措置法による法人税額の特別控除（措法42の４～措法42の12の５）

　　(b)　仮装経理に基づく過大申告の更正に伴う控除法人税額（法法70）

　　(c)　二重課税排除のための法人税額の特別控除

　　　(イ)　所得税額控除（法法68）

　　　(ロ)　外国税額控除（法法69）

　「税額控除」は，控除不足が生じても還付されないが，上記(3)については，控除不足があるときは還付される。租税特別措置法によって青色申告法人・事業者に認められる「税額控除」は下記のとおりであり，税額控除の順序は任意である。なお，控除額には一定の限度額が設定されており，控除限度超過額については１年間または４年間の繰越が可能である。

　　(1)　試験研究を行った場合の法人税額の特別控除（措法42の４）

　　　(イ)　試験研究費の総額：試験研究費割合（＝過去３年間の平均売上金額÷当期
　　　　の試験研究費）が0.1以上の場合：試験研究費の10％，0.1を下回る場合：

試験研究費×（試験研究費割合×0.2＋0.08）（法人税額の25％を限度とする）

(ロ)　中小企業者等の試験研究費：試験研究費の12％（法人税額の25％を限度とする）

(ハ)　特別試験研究費（たとえば，大学等との共同研究）：特別試験研究費の30％または20％（法人税額の5％を限度とする）

(ニ)　増加試験費：増加試験研究費の30％（法人税額の10％を限度とする）

(ホ)　売上高の10％超の試験研究費：売上高の10％超の試験研究費×超過税額控除割合（＝（試験研究費割合―10％）×0.2）（法人税額の10％を限度とする）

(2)　エネルギー環境負荷低減推進設備等を取得した場合の税額控除（措法42の5）

取得価額の7％（法人税額の20％を限度とし，控除限度超過額には1年間繰越可能）

(3)　中小企業者等が機械等を取得した場合の税額控除（措法42の6）

(イ)　特定中小企業者等（資本金又は出資金が3,000万円以下の法人又は農業協同組合等）が特定機械装置等を取得した場合：取得価額（内航船舶には取得価額の75％）の7％（法人税額の20％を限度とする）

(ロ)　中小企業者等が特定生産向上設備等を取得した場合：取得価額の7％（特定中小企業者等には10％）（法人税額の20％を限度とし，控除限度超過額には1年間繰越可能）

(4)　沖縄の特定地域で工場用機械等の取得した場合の税額控除（措法42の9）

(イ)　観光地形成促進地域，情報通信産業振興地域における機械等：取得価額15％（建物等には8％）（法人税額の20％を限度とする）

(ロ)　産業高度化・事業革新促進地域，国際物流拠点産業集積地域，経済金融活性化特定地区における機械等：取得価額の15％（建物等には8％）（法人税額の20％を限度とし，控除限度超過額には4年間繰越可能）

(5)　国家戦略特別区域で機械等を取得した場合の税額控除（措法42の10）

取得価額の15％（建物等・構築物には8％）（法人税額の20％を限度とし，控

除限度超過額には1年間繰越可能)

(6) 国際戦略総合特別地域で機械等を取得した場合の税額控除(措法42の11)

取得価額の15%(建物等には8%)(法人税額の20%を限度とし,控除限度繰越額には1年間繰越可能。なお,上記(e)との重複適用は不可。)

(7) 地域活力向上地域で特定建物等を取得した場合の税額控除(措法42の12)

取得価額の2%(移転型計画である場合には4%)(法人税額の20%を限度とし,控除限度超過額には1年間繰越可能)

(8) 雇用者の数が増加した場合の税額控除(措法42の12)

(イ) 雇用者の数が増加した場合:40万円×基準雇用者数

(ロ) 地方事業所基準雇用者数が増加した場合:20万円(基準雇用者割合が10%以上又は期首の前日における雇用者数が零である場合には50%)×地方事業所基準雇用者数(上記(イ)との合計額は法人税額の30%を限度とする)

(ハ) 地方事業所特別基準雇用者数が増加した場合:30万円×地方事業所特別基準雇用者数(上記(イ)・(ロ)または前記(7)との合計額は法人税額の30%を限度とする)

(9) 特定中小企業者等が経営改善設備を取得した場合の税額控除(措法42の12)

取得価額の7%(法人税額の20%を限度とし,控除限度超過額には1年間繰越可能)

(10) 雇用者給与等支給額が増加した場合の税額控除(措法12の4)

雇用者給与等支給増加額の10%(法人税額の10%(中小企業者等には20%)を限度とする)

(11) 生産性向上設備等を取得した場合の税額控除(措法42の12の5)

(イ) 平成26年1月20日から平成29年3月31日まで(指定期間):取得価額の4%(建物・機構物には2%)

(ロ) 平成26年1月20日から平成28年3月31日まで(特定期間):取得価額の5%(建物・機構物には3%)(法人税額の20%を限度とする)

(ハ) 平成26年1月20日から平成26年3月31日までに取得し,事業用に提供

した場合，平成26年4月1日を含む事業年度：取得価額の5％（建物・機構物には3％）（法人税額の20％を限度とする）

上記(1)（試験研究費関連）および(8)・(10)（雇用者数・給与額増加関連）を除き，法人税額の特別控除は特別償却との選択適用となっている。ただし，上記(1)も従前には特別償却との選択適用であった。

(2) 現行制度の特徴分析

租税特別措置法で容認される「税額控除」は，「投資税額控除」（investment tax credit）とも呼ばれ，投資奨励・景気刺激策として米国の「1962年内国歳入法」（Internal Revenue Code 1962）によって初めて実施された。わが国では，不況対策の一環として昭和53年（1978年）の税制改正により導入されている[1]。

前述の「税額控除の種類」から判明できるように，わが国の現行租税制度では，変容する社会・経済的背景に立脚した投資奨励策として多種・多様な「税額控除」が採用されている。その場合，試験研究を行った場合の税額控除，雇用者数および雇用者給与等支給額が増加した場合の税額控除を除き，大部分の税額控除は特別償却との選択適用となっている。租税特別措置法により青色申告法人・事業者に認められる租税控除の対象法人・対象資産も，基本的には，特別償却の対象と重複する。

税額控除の控除割合としては，従前には「取得価額」の7％が一般的であったが，比較的新規に導入されている税額控除（たとえば，上記(5)・(6)・(7)・(11)）には，15％，8％，2％，4％といった新しい控除割合が採用されている。さらに，対象金額には「取得価額」が一般的であったが，試験研究費（または特別試験研究費，増加試験研究費等），雇用者関連では定額（40万円，30万円または20万円）および給与等支給増加額が算定要素となっている。

「税額控除」の控除限度額として，従前では法人税額の20％が一般的であったが，現行制度では，法人税額の25％，5％，10％又は30％も設定されている。控除限度超過額については，1年間の繰越が可能であったが，上記(4)の(ロ)のように，4年間の繰越も認められている。

このように，最新の「税額控除」では，控除割合，対象金額，控除限度額及び控除限度超過額の繰越期間が多様化している。言葉を換えれば，「税額控除」の計算方法が特殊化し，複雑化していると言える。なお，「特別償却」と同様に，中小企業者等および特定中小企業者等に対しては，中小企業保護対策のために租税優遇の拡大（つまり，控除限度額の増額）が図られている。

2　現行制度における課題—むすびに代えて

「税額控除」は，特定の政策等を実現するために講じられる租税優遇措置であり，「課税の公平性」の観点からは削減・廃止されるべきである。投資奨励策・景気対策等の目的で採択されている「税額控除」には，適用対象業種・地域，適用対象資産，計算方法，適用期間が限定的に設定されているので，産業間・地域間等において租税優遇の不均衡・格差が増すことになる。「税額控除」の時限立法的採用については，公共政策的目的の合理性を配慮しながら，租税特別減免措置の既得権化・慢性化は厳に戒め，不断に再検討されなければならない[2]。

前述したように，中小企業保護対策のために，中小企業者等または特定企業者等に含まれる「中小法人」に対して，「税額控除」の控除割合は高く設定されているが，現行法人税法における「中小法人」の判定規準には問題がある。わが国では，中小法人の範囲の決定規準に「資本金規準」が採択されているが，平成17年創設の会社法が規定する「株主資本間の計数の変動」によって，資本金を零にすることが可能になったため，本来の大法人が資本金を1億円以下に引き下げることによって，法人税法上の中小法人に転換することも可能である。「資本金」の金額は，もはや企業規模の判定にとって信頼できる数値ではなくなり，経済的規模・実態を反映していない。

中小法人に対する租税優遇措置を悪用・乱用した租税回避に対抗するためには，中小法人の範囲を決める判定規準に法的・形式的な「資本金規準」だけではなく，英国のように，経済的・実質的な「売上高規準」，「資産額規準」およ

び「従業員数規準」も採択されるべきである。その場合であっても,「資本金」は信頼できる判定要素ではないので,会社法で新規に概念規定された「資本金等の額」に変更されるべきであろう。

　すなわち,中小法人の範囲を決める判定規準に法的・形式的な「資本金規準」だけではなく,経済的・実質的な「売上高規準」,「資産額規準」,「従業員数規準」および「資本金等の額規準」の4要件のうち3要件を満たす場合に,該当する法人（大法人・中小法人または大法人・中法人・小法人）と判定されるべきである。要するに,経済的・実質的な判定規準で決められた中小法人に対しては,より高額な租税優遇措置が特例的に講じられてもよいであろう。

【注】
1)　菊谷正人『企業実体維持会計論－ドイツ実体維持会計学説およびその影響－』同文舘,平成3年,354頁。
2)　富岡幸雄「課税所得の本質」『税務会計研究』第8号,平成9年,42～43頁。

第3章

中小事業者課税の再構築

― 中小事業者課税の日英比較 ―

I　は じ め に

　財産侵害法である租税法の下では，基本的・理念的には租税公平主義（また
は租税平等主義）の観点から，納税義務者（tax payer）の租税負担（tax burden）
は平等に取り扱われ，租税法律関係における措置は公平に講じられるべきであ
る。課税公平性を実現するためには，同等の状態（equal circumstances）にある
納税義務者に対しては同等の租税負担を均等に配分すべきであるとする「水平
的公平」（horizontal equity）とともに，異なる状態（unequal circumstances）にあ
る納税義務者に対しては異なる租税負担を配分すべきである「垂直的公平」
（vertical equity）も確保されなければならない[1]。租税法における規定の執行
に際しては，同じ状況にある納税義務者に対しては同じ取扱いが公平に実施さ
れる必要がある。

　わが国では，法人税の納税義務の範囲・税率等を判別するために，納税義務
者として法人は公共法人，公益法人等，協同組合等，人格のない社団等および
普通法人に区分されるが，さらに，普通法人は大法人と中小法人に分けられる。
一般的に言えば，大法人に比べて中小法人，とりわけ小規模・零細法人は低い

107

生産性（lower productivity），低賃金（lower wages），不安定な雇用（less secure employment），最終的には低い利益（low profits）を強いられる可能性が高い[2]。このような経済的弱者であり，結果的に担税力（ability of tax bearing）が脆弱であると考えられる中小法人に対して，「課税の垂直的公平」の確保あるいは中小法人の育成・保護等のために，減税措置（租税優遇措置）が日英ともに施されている。

しかしながら，同じ島国・OECD加盟国でありながら，社会・文化・歴史の相違により，中小法人の意義・範囲，中小法人に対する租税優遇措置（preferential tax treatments）は日英間では非常に異なる。租税制度は，各国の歴史的・社会的・経済的・政治的な諸事情によって独自に展開されてきた「国内主義的な制度」（nationalistic institution）であるが，近代的所得税の母国であり，英連邦諸国（The British Commonwealth of Nations），約50ヵ国の旧宗主国として法律制度・会計制度等のモデル国である英国における中小法人課税を管見することは，わが国における中小法人課税の改善にとって有意義であると思われる。

本章では，英国と日本における中小法人課税の特徴を比較分析するとともに，中小法人課税に対する提言を披瀝する。

Ⅱ　英国における中小規模事業者課税

1　中小規模事業者の範囲

英国ではECの「会社法に関する理事会第四指令：会社の年次決算書」（1978年採択）に基づいて改正された「1985年会社法」第247条により小会社（small company）と中規模会社（medium-sized company）が規定され，この会社法の定義が税法においても適用されることになった。現行の総括法（great consolidation Act）である「2006年会社法」（Companies Act 2006）第382条の規定

108

によれば、「小会社」とは、当該年度（that year）と前事業年度（preceding finan-cial year）において、下記三要件のうち二要件を満たす会社をいう3）。

1．売上高（Turnover）：650万ポンド以下の金額

2．貸借対照表合計額（Balance sheet total）：326万ポンド以下の金額

3．従業員数（Number of employees）：50名以下の人数

上記1．の「売上高規準」では、会社の事業年度（company's financial year）が一年（a year）でない期間（a period）には、売上高は比例修正されなければならない。次の2．における「貸借対照表合計額」とは、当該会社の貸借対照表に資産として計上されている金額総計（the aggregate of the amounts shown as assets）を意味する。したがって、以下「資産額規準」と称す。最後の3．の「従業員数規準」では、当該年度に雇った人の平均人数（月（1ヵ月未満を含む）ごとに会社が契約または労働サービスにより雇った人数を合計し、当該事業年度の月数で除した平均人数）が採用される。

つまり、2012年財政年度の課税年度において、650万ポンド以下の売上高、326万ポンド以下の資産額および50人以下の従業員数のうち、二要件を充足した場合、小会社とみなされることになる。

ただし、「売上高規準」と「資産額規準」は、経済状況・物価変動等の理由によって変化してきている。たとえば、(a)2004年1月30日以降、(b)2004年1月29日以前における小会社は以下のとおりであった4）。

(a)　2004年1月30日以降

1．売上高規準：560万ポンド以下の金額

2．資産額規準：280万ポンド以下の金額

3．従業員数規準：50名以下の人数

(b)　2004年1月29日以前

1．売上高規準：280万ポンド以下の金額

2．資産額規準：140万ポンド以下の金額

3．従業員数規準：50名以下の人数

同様に、「2006年会社法」第465条第3項によれば、下記要件のうち二要件を

満たす会社（小会社を除く）は「中規模会社」とみなされる[5]。

1．売上高規準：2,590万ポンド以下の金額

2．資産額規準：1,290万ポンド以下の金額

3．従業員数規準：250名以下の人数

上記要件の金額または人数の算出方法は，小会社における算定方法と同じである。しかも，「売上高規準」と「資産額規準」における金額は，小会社と同様に，変化してきた[6]。

(a) 2004年1月30日以降

1．売上高規準：2,280万ポンド以下の金額

2．資産額規準：1,140万ポンド以下の金額

3．従業員数規準：250名以下の人数

(b) 2004年1月29日以前

1．売上高規準：1,120万ポンド以下の金額

2．資産額規準：560万ポンド以下の金額

3．従業員数規準：250名以下の人数

英国税法においては，会社法で定義された小会社・中規模会社・大規模会社（large-sized company）の範囲に従って，租税優遇措置の適用が異なることになる。ただし，大規模会社の定義は会社法でも規定されていないが，小会社・中規模会社以外の会社が大規模会社（わが国では，大法人）に該当する。なお，中小会社（法人）と中小事業者（個人）を合わせて，中小規模事業者（small or medium-sized businesses）と総称される場合もある。

2　中小規模事業者に対する租税優遇措置

(1) キャピタル・アローワンス（減価償却）

税法上，会計上の減価償却（accounting depreciation）は損金否認（expense disallowed）として取り扱われ，その代わりに資産の簿価切下げの別の手続き（separate procedure for writing down assets）として「キャピタル・アローワン

ス」(capital allowance)が認められている[7]。

キャピタル・アローワンスは,「1945年所得税法」(Income Tax Act 1945:以下,ITA 1945と略す)において初めて条文化され,「1968年キャピタル・アローワンス法」(Capital Allowances Act 1968:以下,CAA 1968と略す)に新設・規定された。CAA 1968は1990年に改正され,現在,「2001年キャピタル・アローワンス法」(以下,CAA 2001という)が現行法となっている[8]。

なお,ITA 1952に収容されていた規定および1970年までの財政法(Finance Act)に含められていた規定を連結して,「1970年所得税・法人税法」(Income and Corporation Taxes Act 1970:ICTA 1970)が新設・制定され,現在,法人税(corporation tax)に関しては,ICTA 1988を明文化した「2009年法人税法」,「2010年法人税法」(Corporation Tax Act 2010:以下,CTA 2010と略す),「1992年課税利得税法」(Taxation of Chargeable Gains Act 1992)が適用されている[9]。

ITA 1945の公布に伴い,100％の即時償却を行う「初年度償却」(first-year allowance:FYA)が所得控除(deduction from income)として1946年4月から戦後における経済復興・投資促進目的で導入された[10]。

「初年度償却」は,わが国における「特別償却」に相当し,投資全額を取得年度に損金算入でき,当該年度において租税負担を軽減できる租税優遇措置である。減価償却額の拡大により,資産取得年度において投下資本額を早期回収できるため,企業の投資を誘因するとともに,企業の内部留保を促進することができる。このような「初年度償却」の100％の償却率は,1984年3月14日には75％,1985年4月1日に50％まで低減され,1986年4月1日以降には「初年度償却」は廃止された[11]。

1986年4月1日から2008年4月1日までは,工場の機械や事務所施設等の設備・機械全般,車両について25％の償却率による「普通償却」(writing-down allowance)が認められてい[12]。その後,償却率は20％に引き下げられ,排ガス160g/1km超の自動車,耐用年数25年以上の資産等の「特定税率区分資産」(special rate pool)に対しては10％の償却率が適用されることとなった。なお,2012年4月1日以降にはそれぞれの適用償却率は再び18％と8％に引き下げら

111

れている[13]。

「初年度償却」は，中小規模事業者に限り，50％の償却率で1997年に再導入された。ただし，中規模事業者（medium-sized business）には翌年から40％の償却率に引き下げられている[14]。

「初年度償却」は，2008年4月1日に「年次投資控除」（annual investment allowance：AIA）が導入されるに伴い，再び廃止されたが，2009年には年次投資控除超過額および環境保全資産に対して，それぞれ40％および100％の償却が認められる。なお，2012年4月1日から産業促進指定地域（designated assisted areas within Enterprise Zones）で設備・機械に投資した事業会社（trading companies）には，100％の初年度償却が認められる[15]。

「年次投資控除」とは，小規模事業者（smaller businesses）が取得した一般設備・機械（車両を除く）に対する支出額のうち，25,000ポンド（2010年4月1日前には5万ポンド，2012年4月1日前には10万ポンド）の即時償却（損金算入）である。「年次投資控除」の利用は法人の任意選択であり，しかも，その全額を損金算入する必要もない。したがって，当該事業年度の減価償却総額が最大になるように，償却率が低い「特定税率区分資産」の資産額に「年次投資控除」を優先的に配分することになるであろう[16]。

ちなみに，英国では，製造・鉱業等を目的として使用される工業用建物（industrial buildings）は減価償却資産として償却されるが，同じ建物であっても，卸売業者所有の倉庫等のような商業用建物（commercial buildings）は非償却資産として償却できなかった[17]。

湿気が多く，地震等の天災に悩まされている日本とは違い，数世紀にわたって使用できる堅牢な石・レンガ造りの建物が多い英国では，建物に対して減価償却を行う妥当性は薄い[18]。建物は，「減価」（depreciation）ではなく「増価」（appreciation）を伴い，半永久的に使用可能であり，骨董価値化していくものであるという概念が根強く残っている。したがって，「減価償却」の対象建物は，産業活性化等の政策目的のために限定されることになっている。

工業用建物には，1944年4月以降，10％，15％，5％，30％，40％，50％，

第3章 中小事業者課税の再構築

75％，50％，25％，20％の初年度償却，２％，４％，３％，２％，１％の普通
償却が併用されていたが，2011年４月１日以後は廃止されている。商業用建物
には基本的に減価償却は行われないが，一時期（たとえば，1978年４月11日～
1986年３月31日，1992年11月１日～1993年10月30日）に20％の初年度償却および４％
の普通償却が容認されていた。2011年４月１日以後，工業用建物および商業用
建物の減価償却は認められていな[19]。

(2) 研究開発費の税額控除

2000年財政法により，研究開発に係る支出のための租税軽減（tax relief for ex-
penditure on research and development）が導入された。この租税軽減の適用は，
当初，中小規模企業（small or medium-sized enterprises：SMEs）に限定されていた
が，2002年には大会社（larger companies）にも多少修正された形で広げられた[20]。

中小会社の研究開発支出が，当該事業年度に１万ポンド（12ヵ月換算で）を
超え，かつ125％（2012年４月１日前には100％）増加した場合，すなわち以前の
支出の225％となった場合，控除可能損金（deductible expense）として取り扱わ
れる。ただし，営業損失（trading loss）の金額を超えてはならないなど，一定
の制限がある。なお，大法人には，当該支出金額の30％が控除可能である。一
定の条件の下に，中小会社は12.5％の税額控除（tax credit）を適用できるが，
大会社には税額控除の適用はない。2013年４月１日以降「研究開発税額控除」
（research and development tax credits）の控除率は改訂される[21]。

(3) 軽減税率の適用

従来より，法人税率は利益額の段階（level of profit）に応じて決められている。
たとえば，1983年財政年度から1987年財政年度における標準法人税率（standard
rate of corporation tax）と小会社税率（small company rate）は表３−１のとおり
であった。なお，小会社税率は，利益額が10万ポンド以下である場合に適用さ
れ，標準税率（基本税率）は，利益額が50万ポンドを超える場合に適用される。
10万ポンドを上回り，50万ポンドを下回る利益額の段階に対しては，「漸減

113

表3－1　標準税率と小会社税率

財政年度	小会社税率 （10万ポンド以下）	（限界税率）	標準税率 （50万ポンド超）
1983	30%	(55%)	50%
1984	30%	(48.75%)	45%
1985	30%	(42.5%)	40%
1986	29%	(36.5%)	35%
1987	27%	(37%)	35%

出所：Bill Pritchard, *Taxation Eighth Edition*, Pitman Publishing,
1987, pp.108〜109をもとに作成。

的・限界的控除分数」（taper or marginal relief fraction）あるいは「限界税率」
（marginal rate）が利用されることになる。あるいは「限界税率」（marginal
rate）が利用されることになる。ちなみに、「限界税率」とは、10万ポンドを超
える追加的利益（additional profit）に対する追加的納税額の比率（percentage of
additional tax payable）であり、1983年財政年度から1998年財政年度における
「限界的控除分数」は次のとおりであった[22]。

　　1983年度　1984年度　1985年度　1986年度　1987年度
　　1／20　　3／80　　1／40　　3／200　　1／50

　たとえば、1987年3月31日における利益が15万ポンドであった場合、限界税
率は次のように算出されることになる。

150,000ポンド×35%	52,500ポンド
（控除）（500,000ポンド－150,000ポンド）×1／50	（7,000ポンド）
納税額	45,500ポンド
（小会社控除）　100,000ポンド×27%	（27,000ポンド）
小会社控除を超える追加税額	18,500ポンド

　したがって、限界税率は追加的利益（5万ポンド＝15万ポンド－10万ポンド）に
対する追加的納税額（18,500ポンド）の比率、37%（＝18,500ポンド÷50,000ポン
ド）となる[23]。

　低率法人税率（小会社税率）による法人税額は、小会社控除（small company's

relief) と呼ばれていたが，企業規模に係わりなく少額利益に適用され，完璧な誤称 (complete misnomer) であったので，少額利益控除 (small profits relief) と改称された。この軽減税率は貯蓄率 (savings rate) に連動しており，たとえば，2002年度には19％，2007年度に20％，2008年度に21％と上昇し，2011年度に20％に下がっている[24]。

現行法であるCTA 2010によれば，利益額が30万ポンドを超えない場合に，低率の少額利益税率 (small profits rate) が適用される。なお，基本税率 (main rate) は150万ポンドを超える場合に適用されるので，その間の利益額には高率の限界税率が利用される[25]。2010年財政年度から2012年財政年度におけるそれぞれの税率は，表3－2のとおりである。

表3－2　少額利益税率，限界税率および基本税率

利　益　額	適用税率	2010年度	2011年度	2012年度
0～30万ポンド	少額利益税率	21％	20％	20％
300,001～150万ポンド	限界税率	29.75％	27.5％	25％
150万ポンド超	基本税率	28％	26％	24％
―	標準分数	7／400	3／200	1／100

出所：Tony Jones, *Taxation Simplified 2011-2012*, Management Book 2000 Ltd, 2011, p.89をもとに加筆・作成。

たとえば，2011年財政年度に50万ポンドの利益を稼得した場合，法人税額は標準分数 (standard fraction) を用いて次のように算定される[26]。

500,000ポンド×26％	130,000ポンド
（控除）(1,500,000ポンド－500,000ポンド)×3／200	(15,000ポンド)
納税額	115,000ポンド

あるいはまた，代替的に限界税率を用いて，法人税額は下記のようにも算定できる。

300,000ポンド×20％	60,000ポンド
(500,000ポンド－300,000ポンド)×27.5％	55,000ポンド
納税額	115,000ポンド

英国における法人税率は，課税標準を複数の段階に区分し，より高くなる段階の所得金額の超過額により高い税率を適用する「超過累進税率」ではなく，より低い税率も併用する独特の税率構造となっている。基本税率のほかに，より低い軽減税率（少額利益税率）とより高い限界税率を組み合わせた三段階税率が適用されている。ただし，ほとんどの中小法人には，最低の少額利益税率（軽減税率）を利用できる可能性が高い。

　なお，2012年財政年度では基本税率は24％であるが，2013年３月に英国政府は法人税率を2015年４月に20％まで引き下げることを発表した。日本の税制上，英国がタックス・ヘイブン対策税制対象（外国子会社所得合算課税対象）の「低税率国」（税率20％以下の軽課税国等）となるため，英国子会社をもつ日本企業の租税負担は重くなる[27]。

(4)　法人税の四半期分割前納の免除

　英国では，長い間，賦課課税制度（official-assessment system）が採用されていたが，法人税については1998年から申告納税制度（self-assessment system）に移行された。それに伴い，四半期ベースの法人税分割払制度（system of corporation tax in instalments）が導入されている。ただし，わが国における「中間申告」に相当するであろう「四半期分割前納」（quarterly instalments in advance）は大会社に限定されている。ここでいう「大会社」とは，利益額が150万ポンドを超えている会社をいう。成長会社（growing companies）を保護するために，利益額が昨年度に150万ポンドを超えず，今年度に1,000万ポンドを超えない会社は大会社として取り扱われない[28]。

　すなわち，ほとんどの中小会社には，法人税の四半期分割前納は実質的に免除されることになる。

３　特　　　徴

　中小会社の範囲を決める規準として，基本的に「売上高規準」，「資産額規

準」および「従業員数規準」が採用され，さらに小会社と中規模会社に区分される。ただし，法人税分割払制度における大会社の判定規準には，「利益額規準」が採用されていた。

なお，小会社・中規模会社の判定規準とされる「売上高規準」と「資産額規準」における金額は，物価変動・経済状況等に応じて増額されてきたが，「従業員数規準」における人数は50人と250人と固定していた。

中小規模事業者に対する租税優遇措置として，初年度償却（産業促進指定地域における設備・機械を除く），年次投資控除，研究開発控除，軽減税率の適用等が認められている。ただし，中小規模事業者双方に容認される措置（初年度償却，研究開発税額控除，軽減税率の適用，法人税分割前納の免除等）と小規模事業者の場合に限り認められる措置（年次投資控除）が存在していた。

Ⅲ　わが国における中小企業者課税

1　中小企業者の範囲

昭和40年（1965年）に政府税制調査会で中小法人の範囲が検討され，資本金1億円以下の法人を中小法人と称した。条文上の定義は規定されていなかったが，平成23年（2011年）税制改正において，「中小法人」の定義が「租税特別措置法」第57条の9に明記された。中小法人とは，資本金1億円以下の普通法人のうち，資本金5億円以上の法人との間に完全支配関係のある法人以外の法人である。

「中小法人」という呼称のほかに，資本・出資を有しない法人，公益法人等または協同組合等，人格のない社団等を含めて，「中小法人等」と呼ぶ場合もある。

なお，(1)従業員が1,000人以下の個人事業者を含めて，(2)資本金の額が1億円以下の法人（資本金が1億円を超える法人・資本を有しない法人のうち従業員が

1,000人を超える法人である「大規模法人」に発行済株式の総数または出資の総額の2分の1以上を所有されている法人，複数の「大規模法人」に発行済株式の総数または出資の総額の3分の2以上を所有されている法人を除く），(3)資本を有しない法人のうち従業員が1,000人以下の法人は「中小企業者」と総称されている（措法42の4⑫，措令27の4⑩）。

さらに，特別償却と税額控除の選択適用が認められる「中小企業者等」の範囲の限定も税務処理上重要である。「中小企業者等」には，上記の「中小企業者」のほかに，「農業協同組合等」（農業協同組合，農業協同組合連合会，中小企業等協同組合，出資組合である商工組合及び商工組合連合会，内航海運組合，内航海運組合連合会，出資組合である生活衛生同業組合，漁業協同組合，漁業連合組合，水産加工業協同組合水産加工業協同組合連合会，森林組合並びに森林組合連合会）が含まれる（措法42の4⑫，措令27の4⑩）。

わが国においても，基本的に「中小法人」が定義され，異なる租税優遇措置を差別的に行使するために，「中小法人等」，「中小企業者」，「中小企業者等」に細分されている。

2　中小企業者に対する租税優遇措置

(1)　交際費等の損金算入

交際費等の支出は，企業会計上，費用として計上できるが，税法上，冗費節約，財政収入確保等の理由により，原則として，損金の額に算入されない（措法61の4，68の6）。

ただし，資本金が1億円以下の中小法人に対して，年800万円の定額控除限度額までの損金算入が認められている（措令61の4①）。

(2)　貸倒引当金の設定

平成24年4月1日以後における貸倒引当金の繰入適用法人は，中小法人等，銀行・保険会社等，売買とみなされるリース資産の対価に係る金銭債権を有す

118

第3章　中小事業者課税の再構築

る法人等に限定された。貸倒引当金の繰入限度額については，(1)個別評価金銭債権に対する回収不能見込額の貸倒引当金繰入額，(2)一般売掛債権等に対する一括評価（貸倒実績率）による貸倒引当金繰入額が認められている（法法52）。

　中小法人等は，一般売掛債権等（一括評価金銭債権）については「実績繰入率」と「法定繰入率」の選択適用により貸倒引当金を計算することができる（措法57の10①）。

　なお，繰入適用法人から除外された大法人に対する暫定措置として，繰入限度額は，平成26年４月１日から平成27年３月31日までに開始する事業年度までに，改正前規定による繰入限度額の４分の３，４分の２，４分の１に縮小されることになっている。すなわち，大法人に対する貸倒引当金制度は廃止されることとなった。

(3)　欠損金の繰越控除と繰戻し還付

　青色申告書の提出を要件として，10年間にわたり「欠損金の繰越控除」が認められている。欠損金の10年間繰越控除を行う場合，大法人では各事業年度の所得の50％相当額を限度とするが，中小法人に対しては各事業年度の所得の金額を限度とする（法法57①）。

　「欠損金の繰戻し還付制度」は，平成４年４月１日から大法人には適用停止となっているが，中小法人等には平成21年２月１日以後に終了する事業年度に生じた欠損金から適用できる（法法80①，措法66の13①）。現在，欠損金の繰戻しは，大法人には適用されないが，中小法人に対しては１年間に限り適用される。

(4)　軽減税率の適用

　大法人に対する税率は23.2％であるが，一般社団法人等（一般社団法人，一般財団法人，公益社団法人，公益財団法人）と人格のない社団等とともに，中小法人には対しては年800万円以下の所得には19％（平成24年４月１日から平成27年３月31日までの間に開始する事業年度：15％）の軽減税率が適用される（法法66, 81の12

119

①，措法42の3の2，68の8①）。ただし，復興特別法人税適用期間には，法人税額に10％を乗じた金額が復興特別法人税として課税される（「東日本大震災からの復興のための施策を実施するために必要な財源の確保に関する特別措置法」第48条）。

わが国では，中小法人に対して二段階の税率（軽減税率と基本税率）が租税優遇措置として超過累進的に適用されている。

(5) 特別償却と税額控除の選択適用

青色申告法人に限り，法人税法の規定に基づいて計算された「普通償却限度額」のほかに，租税特別措置法で規定された「特別償却」（初年度特別償却と割増償却）の利用が認められている（ただし，サービス付き高齢者向け賃貸住宅の割増償却は白色申告法人にも適用対象となる）。さらに，青色申告法人の「中小企業者等」に対しては，特定の資産につき「税額控除」との選択適用が認められている。

たとえば，エネルギー環境負荷低減推進設備等を取得した場合，取得価額の30％の特別償却と7％の税額控除が選択適用できる。税額控除を行う場合，法人税額の20％相当額を限度とする（措法42の5，措令27の5）。

中小企業者等（農業協同組合等および資本金・出資金3,000万円以下の中小企業者）が取得した特定機械・装置等について，基準取得価額の30％の特別償却と7％の税額控除が選択適用できる。税額控除を行う場合，法人税額の20％相当額を限度とする（措法42の6，措令27の6）。

特定中小企業者等（卸売業，小売業，サービス業，農林水産業を営む青色申告法人の中小企業者等）が経営改善に関する指導・助言を受け，店舗の改修等に伴い器具備品および建物付属設備の取得等を行った場合，取得価額の30％の特別償却と7％の税額控除（法人税額の20％を限度とする）が選択適用できる。ただし，税額控除は，個人事業者または資本金・出資金3,000万円以下の法人のみに適用される（措法42の12の3，措令27の12の3）。

なお，中小企業者等に限り，公害その他これに準ずる公共の災害の防止に資する機械等を取得した場合，取得価額の8％相当額が特別償却として損金算入

第3章　中小事業者課税の再構築

できる（措法43，措令28）。

⑹　税額控除の拡大化

　安倍政権の「緊急経済対策」に係る租税優遇措置の一環として，平成25年度から２年間，試験研究費の８％～10％が法人税額から控除できるが，中小企業者の場合，試験研究費の12％が法人税から控除できる（措法42の４の２）。

　平成25年度から３年間，雇用者給与等支給増加額の10％が税額控除として法人税額から控除されるが，法人税額の10％を限度とする。ただし，中小企業者等については，法人税額の20％が上限となる（措法42の12の４，68の15の５）。

　このように，大法人にも税額控除が認められる場合であっても，中小企業者等に対しては税額控除額の拡大化（増額）が許容されている。

3　特　　　徴

　中小法人の範囲を決める規準として，「資本金規準」のみが採用されている。つまり，「資本金の額又は出資金額が１億円以下であるもの」を「中小法人」と判定し，中小法人には特例的にさまざまな優遇措置が講じられている（法66②，措法61の４①）。ただし，「中小企業者等」を規定する場合には，「従業員数規準」も併用される。

　中小法人あるいは中小企業者等に対する租税優遇措置として，交際費等の800万円定額損金算入，貸倒引当金繰入の損金算入，欠損金の繰戻し還付（および繰越控除限度額として各事業年度の所得の全額），軽減税率の適用，特別償却と税額控除との選択適用が採用され，税額控除額の拡大が図られている。

　このように，英国租税制度と比べ，中小法人あるいは中小企業者等に対する租税優遇措置は多種多様であると言えるであろう。

121

Ⅳ 比較分析および提言的結論—むすびに代えて—

　英国では，税法上の法人は「小会社」，「中規模会社」と「大規模会社」に三区分され，中小会社または小会社に対して租税優遇措置が講じられているのに対し，わが国では，税法上の法人は「中小法人」と「大法人」に二区分されている。中小法人の範囲決定規準として，英国では，「売上高規準」，「資産額規準」および「従業員数規準」が利用されるのに対し，わが国では，基本的に「資本金規準」が採用される。ただし，「従業員数規準」も併用して「中小企業者等」が定義されていた。

　このような規準に従って，中小法人が大法人とは区別され，中小企業対策（中小法人の近代化・高度化・不況抵抗力強化等）の観点から中小法人の資金調達能力・担税力等を配慮して中小法人に対し租税優遇措置が日英ともに導入されている。ただし，わが国における特別措置の種類は英国税制と比較して多様であった。

　たとえば，わが国では，中小法人に対して交際費等の年800万円定額損金算入が認められているが，英国では企業規模に関係なく全法人に対して交際費（entertainment expense）は，原則として，全額損金否認される。ただし，食物・飲料・タバコ・ギフト券でなければ，一人当たり年間50ポンドを超えない広告用ギフト等は損金算入される[29]。

　「事業年度独立の原則」に基づいて，過去の事業年度からの繰越欠損金は当該事業年度の所得計算に関係させるべきではないが，事業年度は人為的に期間区画されたものであり，ある事業年度の欠損金を他の事業年度の利益金と通算せずに利益稼得年度のみに課税を行うと，租税負担が過重となってしまうので，英国では，欠損金の繰越控除は全法人に対して無期限である。現行法であるCTA 2010によれば，当該事業年度の営業損失は下記二法のいずれかにより繰り越されることになる[30]。

122

第3章　中小事業者課税の再構築

(a)　当該事業年度の営業損失を繰り越し，将来の同じ営業に係る利益（future profits of the same trade）と相殺する。これを「営業損失の繰越控除」(carry forward of trade loss relief) という。

(b)　当該事業年度の営業損失は，(1)当該営業損失年度（the loss-making period）と(2)可能であれば，当該事業年度の前12か月における会社利益総額（company's total profits）と相殺される。これを「利益総額による営業損失の相殺控除」(trade loss relief against total profits) という。

英国では，(a)営業損失を将来の営業利益に対して繰越控除する方法，(b)営業損失を特定期間の利益総額と相殺する方法が利用されている。

なお，欠損金の繰戻し（carry-back of losses）も，企業規模に係りなく，一年間可能である。2008年・2009年財政年度では，後入先出法的に3年間の繰戻しが行われた[31]。

わが国では，欠損金の繰越控除期間を10年間に限定するとともに，大法人では各事業年度の所得の50％相当額を上限としている。ただし，中小法人では各事業年度の所得の金額を上限とする租税優遇措置が施されていた。なお，現在，欠損金の繰戻しの適用対象は中小法人に限定されている。

軽減税率を採用している点は，日英両国では同じであるが，わが国では中小法人にその適用を限定しているのに対し，英国では，企業規模に係りなく少額利益に適用されていた。大多数の小規模・零細法人は相対的に「低い利益」しか稼得できないという経済的実態を斟酌すれば，結果的に中小法人は軽減税率を利用できるであろう。見方を換えれば，中小法人であっても高額の利益を稼得する場合には，基本税率（および限界税率）により算出された法人税額を納付しなければならないことになる。単純・形式的に中小法人に軽減税率を適用させる日本の税率構造よりも，英国における税率構造の方が経済的合理性に適っているように思われる。

わが国では，中小企業者等に対して，特別償却のほかに税額控除との選択適用が容認されているが，一般的に特別償却割合は30％，税額控除の控除率は7％（法人税額の20％または30％を限度とする）であった。英国においては，特別

123

償却に相当する「初年度償却」は，経済・社会状況や政権交代による政府方針の変更等に応じて断続的に改変されてきたが，現在，100％（環境保全資産，産業促進指定地域における設備・機械）と40％（年次投資控除超過額）の即時償却が認められている。費用先取的減価償却法である「初年度償却」あるいは「特別償却」は，初年度償却時において投下資本額を早期に回収できるが，減価償却制度を利用した課税繰延措置に過ぎない。

　しかしながら，「初年度償却」あるいは「特別償却」は，早期計上償却分（初年度償却限度額）に見合う税額が将来に猶予されたことになり，その課税猶予額を資金として運用することができるため，国家からの「無利息融資」を受けたのと同様の効果を享受することになる。国家からの無利息融資を受けた効果をもつ「初年度償却」により，一時的にも租税負担が軽減するので，その分だけ無利子の資金が間接的に調達されたことになる。したがって，投下資本額の一定額を早期に回収できる「初年度償却」は，投資の誘因手段として有効である。それであるとするならば，取得年度に全額償却できる「100％初年度償却」がより効果的な方法であろう。

　なお，英国では，小規模事業者に対する優遇措置として認められる「年次投資控除」は，かつては（2010年4月1日から2012年4月1日前には）毎年10万ポンド（約1,550万円）を限度として即時償却可能であった。日本の中小企業者等に対する「少額減価償却資産の取得価額の損金算入の特例措置」（措法67の5）のように，取得価額30万円未満の事業用資産に対し，年間300万円を限度として損金算入が認められる優遇措置と比較した場合，金額的規模から設備・機械の投資促進策として効果は高いと考えられる。中小企業対策，生産設備投資促進対策として，英国のような高額な「年次投資控除」の導入が望まれる。

　やはり，中小法人課税の最大の課題は，中小法人の範囲を決める判定規準であろう。わが国の現行法は，基本的に中小法人の範囲決定規準に法的な「資本金規準」を採用し，特例的に種々の租税優遇措置を設けている。しかし，「資本金」に限定して大法人と中小法人を区別し，差別的課税を行うのは問題である。平成17年に創設された会社法において，株主資本内部の「計数の変動」

（資本金から資本準備金・その他資本剰余金への振替え）が可能となり，「資本金規準」には問題が生じた[32]。

　つまり，租税優遇措置を不当に享受するために「株主資本間の計数の変動」を利用して，従来の大法人が資本金を1億円以下に引き下げることによって，法人税法上の「中小法人」に変更することも可能である。会社法が規定する「計数の変動」によって，「資本金」の金額は信頼できなくなったし，経済的実態も反映していない。

　中小法人の範囲を決める判定規準には，法的な「資本金規準」だけではなく，英国のように，経済的な「売上高規準」や「資産額規準」もわが国でも導入されるべきである。その場合であっても，「資本金」は信頼できる判定要因ではないので，会社法の創設に応じて新規に概念規定された「資本金等の額」（株主等から出資を受けた金額として政令で定める加算14項目と減算7項目の金額を資本金の額または出資金の額に加減した金額，すなわち具体的には株主等から出資を受けた拠出額である資本金と資本準備金・その他資本剰余金の合計額）に変更する必要があるかもしれない。たとえば，中小法人の判定として「資本金等の額」が2億円以下の法人に改正するとか，一定規模を超える売上高・資産総額・従業員数のうち二つ以上の水準値を超える場合に「大法人」とみなす方式が考えられるであろう。

　富岡幸雄博士は，わが国の現状・法令等を参照しながら，(a)証券取引所上場区分（資本開放性法人を大法人とする），(b)持株区分（現行の同族会社の定義準用），(c)従業人数区分（1,000人以上を大法人とする），(d)株主資本区分（株券上場審査基準の10億円以上を大法人に適用する）および(e)株主数区分を設定されている[33]。

　要するに，法律的・形式的な「資本金」または「資本金等の額」ではなく，経済的・実質的な指標（従業員数，売上額等）を考慮して大法人と中小法人に区分すべきである。すなわち，「売上高規準」，「資産額規準」，「従業員数規準」および「資本金等の額規準」の四件のうち，三要件を満たす場合に該当する法人（大法人・中小法人または大法人・中法人・小法人）とみなすべきであろう。

125

【注】

1) John Tiley and Glen Loutzenhiser, *Revenue Law　Introduction to UK Tax Law; Income Tax ; Capital Gains Tax ; Inheritance Tax,* Hart Publishing Ltd, 2012, p. 11.

2) John Tiley and Glen Loutzenhiser, *Advanced Topics in Revenue Law　Corporation Tax ; International and European Tax ; Savings ; Charities,* Hart Publishing Ltd, 2013, p. 69.

3) Cowan Ervine, *Core Statutes on Company Law,* Palgrave Macmillan, 2012, p. 396.

　EC加盟国は，「会社法に関する理事会指令」を自国の国内法に導入する条約上の義務を負う。指令（Directive）は，加盟国の国内法調整を要請し，加盟国に対して強い法的拘束力を持つものである。1973年にECに加盟した英国では，EC第四指令の規定は1985年会社法で採り入れられた。なお，英国では，最初の近代的な会社法と言われた1856年会社法以来，会社法の改正が必要となった場合，旧法はそのままにして新法を制定し，法律の数が増えて煩わしくなると，これらを総括・統合して総括法が制定され，従来の法律が廃止される。第一次総括法として1862年会社法が公布され，1908年，1929年，1948年，1985年に基本法（principal Act）として総括法が制定されていた（菊谷正人『国際会計の研究』創成社，1994年，30頁および196～197頁）。

4) Ray Chidell, *Capital Allowances 2006/2007,* Wolters Kluwer, （UK） Limited, 2006, pp. 54 and 57.

5) Cowan Ervine, *op. cit.,* p. 431.

6) Ray Chidell, *op. cit.,* p. 54 and 57.

　ちなみに，1989年会社法第284条によれば中規模会社の判定規準は次のとおりであった。

　　1．売上高規準：800万ポンド以下の金額
　　2．資産額規準：390万ポンド以下の金額
　　3．従業員数規準：250名以下の人数

7) Tony Jones, *Taxation Simplified 2011/2012,* Management Books 2000 Ltd, 2011, p. 69.

8) Ray Chidell, *op. cit.,* pp. 2～3.

9) David Bertram and Stephen Edwards, *Comprehensive Aspects of Taxation 35th Edition Part 1,* HoltRinehart and Winston, 1983, p. 1.

　Alan Melville, *Taxation　Finance Act 2012 Eighteenth edition,* Pearson Education Limited, 2013, p. 339.

10) Mervyn K. Lewis, *British tax law : income tax, corporation tax, capital gains tax,* MacDonald and Evans, 1977, p. 208.

11) Bill Pritchard, *Taxation Eighth Edition,* Pitman Publishing, 1987, p. 43.

12) Bill Pritchard, *Income Tax　Sixteenth Edition 1987/1988,* Pitman Publishing, 1987, p. 83.

　Tony Jones, *op. cit.* p. 80.

13) *Ibid.* p. 80.

Alan Melville, *op. cit.*, pp. 151～152 and 343.

菊谷正人＝酒井翔子「英国税法における減価償却制度の特徴―減価償却制度の日英比較―」『経営志林』第48巻第3号，2011年，35～38頁。

14) David Smails, *Tolley's Income Tax 2009-10 94th edition*, Lexis Nexis, 2009, p. 218.

15) Alan Melville, *op. cit.*, p 343.

16) *Ibid.*, p. 156.

たとえば，10万ポンドの年次投資控除が可能であった2011年財政年度に，一般設備・機械に対して12万ポンドを支出し，そのうち「一般税率区分資産」（main pool）に対して8万ポンド，「特定税率区分資産」に対して4万ポンドが支出されたと想定した場合，一般税率区分資産には20％の償却率，特定税率区分資産には10％の償却率が適用され，償却率が異なるので，当該課税年度の年次投資控除を最大限に利用するには，より高い償却率（20％）を適用できる「一般税率区分資産」の残高が大きくなるように，4万ポンドの年次投資控除額をまず「特定税率区分資産」に配分し，残りの6万ポンドを「一般税率区分資産」に配分すればよい。総額12万ポンドの支出のうち，10万ポンドが年次投資控除として即時償却され，差額の2万ポンドに対しては「一般税率区分資産」の償却率20％が適用されるため，結果として当該事業年度の減価償却総額は104,000ポンドと最大になる（菊谷正人＝酒井翔子，前掲稿，38頁）。

17) 税理士法人トーマツ編『欧州主要国の税法（第2版）』中央経済社，2008年，123頁。

18) 菊谷正人『英国会計基準の研究』同文舘，昭和63年，49頁。

19) Butterworths, *Simon's Taxes : Income Tax, Corporation Tax, Capital Gains Tax Third Edition*, Butterworths & Co. (Publishers) Ltd., 1994, pp. 441～442.

Gina Antczak and Kevin Walton, *Tolley's Corporation Tax 2006/2007*, Lexis Nexis Butterworths, 2006, pp. 136～137 and 144.

Alan Melville, *Taxation Finance Act 2010 Sixteenth edition*, Prentice Hall, 2010, pp. 166～169.

菊谷正人＝酒井翔子，前掲稿，42～46頁。

20) John Tiley and Glen Loutzenhiser, *op. cit.*, p. 69.

21) *Ibid.*, pp. 70～71.

Alan Melville, *Taxation Finance Act 2012 Eighteenth edition*, p. 344.

22) Bill Pritchard, *Taxation Eighth Edition*, pp. 107～110.

23) *Ibid.*, p. 110.

24) John Tiley and Glen Loutzenhiser, *op. cit.*, pp. 28～29.

25) Tony Jones, *op. cit.*, p. 89.

26) *Ibid.*, pp. 89～90.

Alan Melville, *op. cit.*, pp. 384～385 and 387.

27) わが国では，昭和53年の税制改正に際し，軽課税国等のタックス・ヘイブン（tax

haven）を利用した国際的租税回避（international tax avoidance）の対抗措置として，子会社等がタックス・ヘイブンで稼得した所得を合算課税する「タックス・ヘイブン対策税制」が創設された。平成４年の税制改正では，制度創設以来採用されてきた「軽課税国等指定制度」（全所得軽課税国等・国外源泉所得軽課税国等・特定事業所得軽課税国等指定制度）は廃止され，当該国・地域における所得に対する租税負担割合が25％以下であるか否かによって判定する「軽課税国等租税負担割合基準」が導入された（菊谷正人『多国籍企業会計論（三訂版）』創成社，2002年，275〜276頁）。なお，平成18年税制改正において，25％の租税負担は20％に変更され，現在に至っている。

28）　John Tiley and Glen Loutzenhiser, *op.cit.* pp.31〜33.

29）　Tony Jones, *op. cit.*, p.70.

30）　Alan Melville, *op. cit.*, pp.400〜407.

31）　Tony Jones, *op. cit.*, p.88.

32）　菊谷正人「会計基準の国際化と課税所得」『税務会計研究』第22号，平成23年，61頁。

33）　富岡幸雄『税務会計学原理』中央大学出版部，2003年，1674〜1667頁。

　　大法人に対して富岡幸雄博士は，軽度の多段階税率の利用を提案されている。つまり，資本閉鎖性中小法人と資本開放性大法人では租税負担能力に差異があるので，法人企業の性格別区分に応じた税率構造が設定されている。中小法人については，原則として単一比例率を採用するが，大法人については，基本税率を最低税率とした上で，これに年所得５億円超，10億円超，30億円超，50億円超といった区分ごとに１〜２％ずつ加算して数段階の税率区分を設ける（同上書，1684頁）。要するに，大法人の社会的実在性・租税負担能力に着目して，大法人には追加課税が行われるべきである。

第4章

消費税法の再構築

― 消費税の益税解消策および逆進性緩和策 ―

I 広義における消費税の類型

　広義における「消費税」(consumption tax) とは，物品・サービス (goods and services) を購入・消費するという事実に課される租税である。

　わが国の消費税法に規定されている「消費税」は，広義の消費税のうち，多段階一般消費税の一つである付加価値税に属する。「消費税」という同じ用語であっても，その概念は異なる。本章では，わが国の消費税法における「消費税」を解明するために，まず，広義の消費税の検討から始める。

　租税の転嫁があるのか否か，特定物品課税であるのか全物品課税であるのか，単段階課税であるのか多段階課税であるのかを区分することによって，広義の消費税は多様な消費税に細分される。

　広義の消費税は，「租税の転嫁」(shifting of tax burden) を予定しているか否かによって，納税義務者（租税支払を負う者）と担税者（租税を負担する者）が実質的に同一である「直接税」(direct tax)，一致しない「間接税」(indirect tax) に分けることができる。

　ちなみに「租税の転嫁」とは，納税義務者 (tax payer) が取引価格を通じて

129

租税負担の全部または一部を取引の相手方（担税者）に移し替える事象をいう。

したがって，租税の転嫁を予定しない「直接消費税」は，入湯税・ゴルフ場利用税等のように，消費行為そのものを為す者を直接的に納税義務者とするのに対し，租税の転嫁を予定する「間接消費税」は，酒税・たばこ税等のように，納税義務者（事業者）によって納付された租税が物品・サービスの価格に算入され，最終的に消費者である担税者（tax bearer）により負担されることになる1）。

さらに「間接消費税」は，課税対象とされる物品・サービスの範囲の相違により，特定の物品・サービスのみを課税対象とする「個別消費税」（excise tax），すべての物品・サービスを課税対象とする「一般消費税」（general consumption tax）に分類される。

また，課税段階の数の相違によって，製造から小売までの取引段階に1回しか課税されない「単段階消費税」（single-stage consumption tax），複数の取引段階（製造・卸売・小売段階）で課税される「多段階消費税」（multiple-stage consump-tion tax）に分けられる。

したがって，可能な間接消費税制度としては，単段階個別消費税，単段階一般消費税，多段階個別消費税，多段階一般消費税を導入することができる。わが国の酒税・たばこ税・揮発油税・関税等は単段階個別消費税であり，消費税法に規定されている「消費税」は多段階一般消費税である2）。

単段階一般消費税としては，製造業者売上税（manufacturer's sales tax），卸売売上税（wholesale sales tax），小売売上税（retail sales tax）を課すことができる。

製造業者が製造する物品の売上金額を課税標準とする「製造業者売上税」は，世界に先駆けてカナダにおいて1924年に採用されていた。納税義務者は製造業者に限定されるため，卸売業者・小売業者を対象とする卸売売上税・小売売上税と比べて，納税義務者の数は少ないので，税務執行面では容易である。

ただし，一般的にサービスが課税対象から除外されるので，一般消費税としては不完全である。カナダでは，1991年にEU型付加価値税（後述される）の物

品・サービス税（goods and services tax：GST）が製造業者売上税に代えて導入された[3]。

「卸売売上税」は，卸売業者が卸売を行う物品の売上金額を課税標準として課される消費税である。製造業者売上税よりも納税義務者の数は多いので，同額の消費税収を賄うには低い税率を設定することができる。

ただし，製造業者売上税と同様にサービスが課税対象から除かれているため，一般消費税としては不完全である。オーストラリアにおいては，2000年7月1日にEU型付加価値税のGSTが導入されるまでは，卸売売上税が採用されていた[4]。

「小売売上税」は，小売業者が小売を行う物品の売上金額を課税標準として課される消費税である。小売売上税は，最終消費段階のみに課税されるので，基本的に，商品の売買ばかりではなくサービス提供の対価に対しても課税対象とすることができる。現在，米国で州税（地方税）として売上税（sales tax）が徴収されている[5]。

多段階一般消費税としては，各取引段階の売上金額を課税標準とする「取引高税」（turnover tax），各取引段階における付加価値を課税標準とする「付加価値税」（value added tax：VAT）がある。

「取引高税」は，製造・卸売・小売のすべての取引段階における各事業者の売上金額に対して課される一般消費税である。低い税率で多額の税収をあげることができるため，第一次世界大戦後に欧州各国で導入され，EU型付加価値税に移行するまで採用されていた。

たとえば，ドイツでは，すべての商品取引に0.1％の税率で課す「商品取引印紙税」（Warenumsatzstempelsteuer）が1916年に一般消費税として新設されたが，それによる税収が少なかったため，すべての取引段階における物品・サービスに対して0.5％の税率で課す「売上税」（Umsatzsteuer）が1918年に採用された。この売上税は，租税負担が累積していく取引高税である。この累積課税の欠陥を避ける方策として，政府の財政顧問であったフォン・ジーメンズ（W. von Siemens）が世界で初めて付加価値税（改良売上税を称した）を提案したが，

131

1921年のドイツ共和国議会で議論されたに止まり，種々の理由により採用には至らなかった。EEC理事会で1967年に決議された「売上税の調和に関する指令」（Directive on the Harmonization Concerning Turnover Taxes）によって，EEC加盟国の共通税として1968年に付加価値税が導入されるまで，ドイツでは半世紀にわたり租税累積型の取引高税（売上税）が採用されていた[6]。

なお，わが国における初めての一般消費税として，昭和23・24年（1948・1949年）に「取引高税」が導入されている。

「付加価値税」は，すべての取引段階（製造・卸売・小売段階）における物品・サービスに対して課税する点では取引高税と類似するが，各取引段階の売上金額を課税標準とするのではなく，付加価値を課税標準とする点で異なる。ここに「付加価値」とは，製造・流通過程での各段階（each stage of the production and distribution process）において事業が国民経済に新たに付加した価値のことである。

取引高税が租税負担を取引ごとに累積するのに対し，付加価値税は，新規に付加された価値に課税されるので，租税負担の累積を排除することができる。

付加価値税では，前取引段階に課された税額が次の取引段階で控除されるため，取引回数の相違によって租税負担の累積・不公平を招来することはない。

付加価値税（taxe sur la valeur ajoutée：TVA）という名称の租税は，1954年にフランスで初めて採用されたが，フランスにおける一般消費税としては，第一次世界大戦の戦費調達のために，小売段階にすべての商品売上に0.2％（奢侈品には10％）の税率で課税する「支払税」（taxe sur les paiements）が1917年に導入されている。支払税には印紙納付の形式を採ったこともあり，脱税が多く，税収は極めて少なかった。そのために1920年には，1916年にドイツで採用された「商品取引印紙税」を模して，すべての取引段階におけるすべての商品の売上に対して1.1％の税率で課税する「取引高税」が支払税に代わるものとして導入された。この取引高税は低い税率で多額の税収を得ることができたが，租税の累積により物価が上昇するという欠陥を露呈することになった。1936年には，取引高税の廃止とともに，カナダの製造業者売上税に類似する「生産税」

第4章 消費税法の再構築

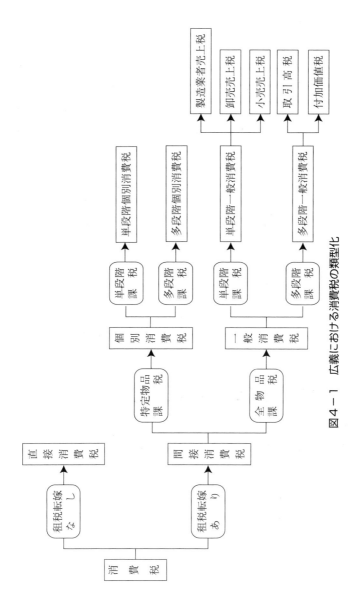

図4−1 広義における消費税の類型化

（taxe unique global a la production）が新設され，製造段階における売上に対して6％（サービス提供には2％）の税率で課税された[7]。

前述のように，フランスでは1954年に付加価値税（TVA）が導入されたが，製造・卸売段階の課税に限定し，サービスを課税対象から控除していた[8]。1967年にEEC理事会が公表した「売上税の調和に関する指令」に従って，1968年1月1日より付加価値税は小売段階にまで拡大され，サービスも課税対象に含められた[9]。

EEC指令に基づくEU型付加価値税は，原則として，製造・流通のすべての取引段階に課される一般消費税であり，各事業者の売上高に税率を乗じた消費税額から前段階の消費税額を差し引く「前段階税額控除法」（credit method）により算定される。その際，仕入先から送付される税額票（tax invoice）に記載された前段階消費税額（仕入税額という）を差し引く「インボイス方式」（invoice method）が採用されている。

広義における消費税の基本的な諸類型を図示すれば，図4－1のとおりになる。わが国の消費税法における消費税は，付加価値税に属する。

Ⅱ　消費税法の制定・改正経緯

1　消費税法制定までの歴史的経緯

(1)　昭和11年の広田内閣による馬場税制改革案（取引税）の廃案

わが国で初めて一般消費税の導入が俎上に載ったのは，昭和11年（1936年）9月に提示された馬場税制改革案においてである。二・二六事件勃発後に発足した広田弘毅内閣において，日本勧業銀行総裁を務めた馬場鍈一が陸軍の支持を受けて大蔵大臣に就任し，軍事費を中心とする膨張予算のために「増税・公債増発・低金利」を基本方針とする準戦時財政政策を公表した。

暗殺された高橋是清蔵相が公債漸減と軍事費抑制を画策したのに対し，馬場

蔵相は，準戦争体制下において軍部から軍事費増強を要求され，大幅な増税を立案した。馬場税制改革案では，既存の所得税・相続税・酒税・砂糖消費税の増税，有価証券移転税・揮発油税・財産税・外貨債特別税とともに「取引税」の新設が提案されていた[10]。

「取引税」は，営業者の売上に対して0.1％の税率（百貨店における取引には0.3％の割増税率）で課税される多段階累積型の取引高税である。大衆の負担軽減と逆進性緩和のために，米穀の販売・精米，肥料，小学校の教科書，水道，新聞等に対しては非課税であった。また，当時としてはかなりの高額である年間3万円という高い免税点が設けられたために，ほとんどの中小企業者は納税義務を免除されている[11]。

わが国の税制史上で初めての一般消費税となる「取引税」の導入を含めた馬場税制改正案は，昭和12年（1937年）1月に突発的な政変（寺内寿一陸相と濱田國松議員の腹切り問答）により広田内閣が総辞職したために，実現されることはなかった。

しかし，準戦争体制下における歳入の充実を図るためには，租税収入の増加は強く要請され，昭和12年に「臨時租税増徴法」が公布され，各税にわたり増税が行われるとともに，新税として法人資本税・有価証券移転税・揮発油税等が創設された。昭和12年7月の日中戦争（日華事変）の勃発に際して「北支事件特別税法」が近衛文麿内閣において発布され，所得特別税・臨時利得特別税・利益配当特別税・公債及び社債利子特別税とともに「物品特別税」が軍事費に当てられている[12]。

「物品特別税」は，「取引税」に代わる消費税として創設され，比較的に奢侈品とみなされる10品目を第1種（宝石・貴金属等に小売課税）と第2種（カメラ・蓄音機等に製造業者庫出課税）に分けて課税された。

昭和13年（1938年）に「物品税」と改称されてからは，課税対象も47品目（マッチ，飴等）に拡大され，サービスに対する個別消費税としての「入場税」の新設と「通行税」の復活が行われている。さらに，翌年には，文房具・玩具・茶・ココア・コーヒー等の生活必需的物品にまで課税対象が広がった。

「物品税」の課税範囲の拡大やサービス課税は，一般消費税としての「取引税」の欠陥を補うものであったが，佐藤進教授も指摘されるように，「個別消費税」の寄せ集めの域を出なかった[13]。

(2)　昭和23年の芦田内閣による「取引高税法」の制定・施行

昭和20年（1945年）8月15日の大東亜戦争敗戦の後に襲った猛烈なインフレーション下において，所得税・法人税の減税を実施するに当たり，その減収の一部を補填し，終戦処理費等の巨額の歳出を補うことができる財政基盤を堅持するために，昭和23年（1948年）9月に「取引高税」が導入された。

取引高税は，「取引高税法」（昭和23年法律第108号）により施行され，わが国の税制史上において初めて採用された「一般消費税」である。芦田均内閣で採択された「取引高税」は，基本的には，馬場税制改革案で提案された「取引税」と同じであり，多段階累積型の一般消費税である。しかも，1916年にドイツで導入された「商品取引印紙税」をモデルにしているので，納付方法には印紙納付が採られた。

課税対象は，製造業・卸売業・小売業・サービス業等の39業種を営業として行う取引であり，納税義務者は取引の対価として取引金額を領収する営業者である。しかも，政府の専売品の販売，小・中学校教科書の販売等，自己の収穫した農・水産物等の取引，輸出取引等については非課税であった。また，課税標準は取引の対価として領収する金額（売上金額・収入金額等）であり，税率は1％である。極めて低い税率によって，相当額の税収を確保できるものと期待されていた[14]。

しかしながら，「取引高税」には最終消費段階に至るまで取引回数の多い商品・サービスほど租税負担が累積し高くなる欠点があり，印紙を消印して交付する納税手続も煩雑性が伴うので，営業者からの反対が非常に強かった。

累積課税の悪影響・印紙貼布法に対する反発に応じる形で，昭和24年（1949年）の改正により，印紙納付を現金納付に変更するとともに，月間3万円未満の取引を非課税とする措置が講じられ，5月1日から施行された。

第4章　消費税法の再構築

しかし，なお，取引高税に対する業界の反対は根強く，さらには，昭和24年に来日したシャウプ使節団がこの税を評価しなかったこともあり，結局，「取引高税」に反対の態度を表明していた吉田茂内閣によって，昭和24年12月31日をもって廃止された[15]。

(3)　昭和25年の『シャウプ勧告』による付加価値税導入案の廃棄

昭和25年（1950年）には，戦後の日本税制に多大な影響を与えた『シャウプ勧告』によって，国税・地方税にわたる全面的税制改革が行われた。

都道府県の有力な財源として，「事業税」の代わりに「付加価値税」の創設が献策されている。金子宏教授は，「世界における最初の付加価値税創設の試みとして興味ぶかい[16]」と評価された。

しかし，付加価値税の制度化には国民の強い反対を受け，執行が容易でないという理由等により実施時期が再三延期された後，昭和29年（1954年）に廃止された[17]。それ以降，一般消費税は完全に消滅した形で，わが国における租税体系は展開されている。

ただし，『シャウプ勧告』に基づいて所得税・法人税等の直接税を中心とした租税体系の下では，経済社会の構造変化に対処できず，租税負担の実質的公平（直間比率の平準化）を図るためには種々の問題が生じるとされ，消費税の創設が議題に上るようになってきた。

昭和48年（1973年）8月に政府税制調査会（以下，政府税調と略す）は，所得税と消費税を適当に組み合わせることによって垂直的公平と水平的公平を確保すべき旨を主内容とする「長期税制のあり方についての答申」を公表した[18]。国民の所得水準の上昇，経済のソフト化，価値観の多様化等の経済社会構造の変化に伴って，「垂直的公平」に重点を置く税制から「垂直的公平と水平的公平のバランス」を図る税制が要請されるようになった。

(4)　昭和54年の大平内閣による「一般消費税（仮称）」の法案化失敗

昭和48年（1973年）秋の第一次石油危機，それに伴う景気低迷と税収縮減に

137

より赤字国債の発行を余儀なくされた危機的財政状況の中で，政府税調は昭和52年（1977年）10月に『今後の税制のあり方についての答申』を作成し，「広く一般的に消費支出に負担を求める新税」の導入を提案した。

昭和53年（1978年）12月に「一般消費税大綱」が政府税調により取りまとめられ，年明けには，「一般消費税（仮称）」を昭和55年（1980年）度中に実現するという方針を盛り込んだ「昭和54年度税制改正の要綱」が大平正芳内閣において閣議決定された。「一般消費税（仮称）」は，多段階累積排除型の一般消費税，すなわち付加価値税であった。

前段階の消費税額（仕入税額）を排除する方法としては，帳簿上の記録に基づいて仕入税額を控除する「帳簿方式」（アカウント方式ともいう）が採用され，税率は5％の単一税率（地方消費税を含む）であるなど，現行消費税法における「消費税」と類似している。ただし，食料品は非課税とされた。

このような内容を具有する「一般消費税（仮称）」の法案化は進行していたが，昭和54年（1979年）10月の衆議院の総選挙において，大平首相が財政再建のために一般消費税の必要性を説いたことに多方面から反発が起こり，一般消費税導入を断念せざるを得なくなった。その後，政府は増税よりも歳出削減（いわゆるゼロ・シーリング，マイナス・シーリング）により財政再建を図ることになる。

昭和59年（1984年）度改正において，サラリーマンを中心とする所得税減税が課題となり，税収中立性の観点から法人税・酒税・物品税の税率の引き上げが行われた。物品税に関しては，22種類の新規物品が課税対象に加えられている。

ただし，ビデオディスクプレーヤー，ビデオカメラ等は課税されるが，ワープロ，パソコン等のOA機器には課税が見送られた。この片務的な課税が，その後における間接税の改革論のきっかけの一つとなったとも言える。

(5) 昭和62年の中曽根内閣による「売上税法案」の廃案

昭和60年（1985年）春の通常国会で大型間接税の問題が取り上げられたのに呼応して，中曽根康弘首相は，直接税を税制の中心とする『シャウプ勧告』以

来の抜本的税制改革について政府税調に諮問した。

　これを受ける形で昭和61年（1986年）10月に政府税調によりまとめられた『税制の抜本的見直しについての答申』では，所得税・法人税の減税，利子課税の見直しとともに，一般消費税の導入が提案された。一般消費税としては，製造業者売上税，小売売上税および日本型付加価値税（納税者の事務手続の簡素化のために請求書・納品書等をインボイスとして活用する付加価値税）の三類型が提言されている。

　この答申を基調にして自民党税制調査会（以下，自民党税調という）も検討に入り，租税中立性，インボイスによる租税転嫁の明確化・納税者間の相互牽制等を理由にして付加価値税の採用に動き，それを「売上税」と改称した。政府は「昭和62年度税制改正の要綱」を閣議決定し，昭和62年（1987年）2月4日に「売上税法案」を国会に提出した[19]。

　売上税は，インボイス方式による付加価値税であり，その税率は5％であった。ただし，課税売上高が1億円以下である事業者は，免税事業者とされる。なお，非課税項目として，教育，飲食料品，飼料，社会保険医療，中古自動車，不動産，新聞，放送，旅客輸送（グリーン車・ハイヤーには課税），金融・保険（銀行の手数料には課税），郵便等の51項目が列挙されていた。

　ところが，売上税導入に関して国会は長期にわたり空転し，昭和62年度予算も審議されないために，衆議院議長の調停により「税制改革協議会」が設置され，売上税法案の処理が委ねられた。しかし，何らの処理も行われないまま5月27日に通常国会が閉幕されたのに伴い，売上税法案は廃案となった[20]。

(6) 昭和63年の竹下内閣による「消費税法」の制定・施行

　売上税法案の廃案後，昭和62年（1987年）10月に閣議決定された「税制の抜本的改革に関する方針」においても，所得・消費・資産等の均衡のとれた安定的な租税体系の構築とともに，直・間比率の是正が提案されていた。

　同年11月に発足した竹下登内閣はこの方針に沿って，政府税調に税制全般の見直しを諮問した。これに対して政府税調は，昭和63年（1988年）2月に「税

制改革の基本問題」，3月に「税制改革についての素案」，4月に「税制改革についての中間答申」，6月には最終的に「税制改革についての答申」をとりまとめた。その最終的な答申では，3月の「素案」で採択されていた多段階一般消費税（付加価値税と取引高税）のうち，帳簿方式による付加価値税の導入が提案されている。

同時進行的に6月には自民党税調も「税制の抜本的改革大綱」を作成し，付加価値税を「消費税」に改称して翌年の4月から導入する旨を決定した。

これを受けて竹下内閣は，「税制改革法案」，「所得税法の一部を改正する法律案」，「地方税法の一部を改正する法律案」，「地方譲与税法案」，「地方交付税法の一部を改正する法律案」および「消費税法案」の税制改革関連6法案を昭和63年7月に閣議決定し，国会に提出した。

これらの法案は，野党の審議拒否にあいながらも，自民・公明・民社の三党協調により昭和63年12月に強行採決され，平成元年（1989年）4月1日から施行されている。

「税制改革法」（昭和63年法律第107号）によれば，所得税・法人税・相続税・贈与税の負担の軽減・合理化等とともに，国民福祉の充実等に必要な歳入構造の安定化に資するため，消費に広く薄く負担を求める「消費税」が創設される。消費税の創設に伴い，物品税，トランプ類税，砂糖消費税，入場税，通行税，電気税，ガス税，木材取引税といった個別消費税が廃止される（税制改革法第7条〜第10条）。

「消費税」は，事業者による商品の販売・役務の提供等の各取引段階において課税され，経済に対する中立性を確保するため，課税の累積を排除する方式によって3％の単一税率で課される。

多段階一般消費税である「消費税」が導入されたことによって，酒・たばこ・石油関連の個別消費税を除き，電気税・ガス税・木材取引税といった地方税を含む多くの個別消費税が廃止され，わが国における間接税体系・直間比率は大幅に変化した。

ただし，大平内閣の「一般消費税（仮称）」の法案化断念，中曽根内閣の「売

上税法案」の廃案という失敗を活かし，竹下内閣では，事業者（納税義務者）の反対を緩和する形で政治的妥協的な特例措置を容認する「消費税法」（昭和63年法律第108号）が成立した。すなわち，商工業者の反対の原因となるような規定は政治的判断により盛り込まれていない。消費税の最終負担者である消費者よりも，納税義務者の事業者の立場に立って創設されたと言える。

たとえば，小規模事業者の納税事務負担の軽減や徴税執行的配慮の観点から，課税期間の基準期間（個人事業者には前々年，法人には前々事業年度）における課税売上高（税抜き）が3,000万円以下である小規模事業者に対しては，消費税の納税義務を免除する「免税点制度」（tax exemption threshold system）が採用されている。

また，課税売上高が5億円以下である事業者（免税事業者を除く）にとっては，実額による前段階消費税額（仕入税額）の計算・事務処理が過重負担になるので，実額による仕入税額控除（tax credit for consumption tax on purchase）に代えて，80％（卸売業には90％）の「みなし仕入率」で前段階の仕入税額を算出する「簡易課税制度」（simplified tax system）が導入された。

その際，取引ごとの税額別記の税額票による「インボイス方式」の採用が商工業者の猛反対に遭遇した経緯を踏まえ，仕入税額の累積を排除する方法として，帳簿上の売上高・仕入高から消費税額を計算する「帳簿方式」（account method）が採択されている。

ちなみに「インボイス」（invoice）とは，仕入に含まれる消費税額（すなわち前段階の消費税額）を示す税額票のことであり，インボイス方式では，事業者は仕入先から回ってくるインボイスに記載された消費税額（仕入税額という）を控除することになる。

中曽根内閣の売上税法案では，インボイス方式の導入が提案されていたが，税額別記の伝票（インボイス）の採用が商工業者の猛反対を呼んだ経緯を踏まえ，仕入税額控除の方法として帳簿上の記録に基づいて前段階の消費税額を控除する「帳簿方式」が採用された。帳簿方式では，帳簿上の売上高・仕入高から消費税額を計算し，帳簿によって申告できるので，取引ごとに消費税額を個別計

算する税額票は必要ない。

　しかしながら，これらの制度は消費税の納税義務の免除あるいは益税を法律的に容認した。ちなみに「益税」とは，消費者が支払った消費税を事業者の手許に残す現象のことである。井堀利宏教授も指摘されるように，消費者が負担したはずの消費税が国庫に入らないで，中小事業者の懐に留まってしまうのであれば，納税意識も向上しないし，租税制度に対する不信感も増大する[21]。

　このように，わが国の消費税は，創立当初から「益税」という制度上の欠陥を具備していた。

　なお，申告納付の期間も，事業者の納税事務負担軽減を図るために，所得税・法人税の課税期間（個人事業者には暦年，法人には事業年度）に合わせているので，消費税の課税期間は基本的に１年間であった（ただし，直前の課税期間の確定消費税額が24万円を超える事業者には中間申告があった）。

　一般消費税である「消費税」は，すべての物品・サービスに広く薄く課税されるべきであるが，公益上の必要性・社会政策的な配慮・担税力の脆弱性等の理由により，課税対象（object of taxation）から除外する非課税項目が限定的に認められた。

表４－１　消費税導入時における制度上の特徴

制　度　名	具　体　的　内　容
事業者免税点制度	課税売上高（税抜き）3,000万円以下の事業者に対して納税義務免除
簡易課税制度	課税売上高５億円以下の事業者（免税事業者を除く）に対して「みなし仕入率」（80％，卸売業には90％）の適用
仕入税額控除制度	帳簿方式の採用
単一税率制度	３％の単一税率の適用
中間申告制度	直前課税期間の確定消費税額が24万円を超える事業者に年１回適用
非課税制度	土地の譲渡・貸付け，有価証券等の譲渡，保険医療等，授業料・入学検定料等に限定

第4章　消費税法の再構築

消費税導入当初には，非課税（exclusion from taxation）の範囲は，①土地の譲渡・貸付け，②有価証券等の譲渡，③貸付金の利子，保険料等，④郵便切手類・印紙等の譲渡，⑤国等の手数料等，国際郵便為替・振替等の役務提供，⑥保険医療等，⑦第一種社会福祉事業，保育所・助産施設の経営事業，⑧一定の学校の授業料・入学検定料に限られている。

表4－1は，消費税導入時における制度およびその具体的内容の特徴を示している。

2　消費税法の改正経緯

(1)　平成３年の海部内閣による「消費税法の一部を改正する法律」の制定・施行

平成元年（1989年）４月１日から消費税が導入されたが，消費税廃止を公約した野党が７月の参議院選挙で大勝し，その結果を受けて，９月に「消費税法を廃止する法律案」等の４法案，10月には消費税廃止に伴う代替財源に関する「法人法等の一部を改正する法律案」等の５法案を参議院に提出している。これらの消費税廃止関連法案は，参議院では修正・可決されたが，衆議院において審議未了・廃案となった[22]。

与党の自民党も，平成元年12月に税調の「消費税の見直しに関する基本方針」と「平成２年度税制改正大綱」を決定し，消費税の逆進性の緩和策として食料品に対する小売段階非課税と1.5％の特別軽減税率の制定等を提案している。

この提案に基づいた「消費税法及び租税特別措置法の一部を改正する法律案」が平成２年（1990年）３月に衆議院に提出・可決されたが，参議院では６月に審議未了となり廃案に終わった。

その直後に「税制問題等に関する両院合同協議会」が国会に設置され，消費税の益税・運用益・逆進性問題の３点に絞って協議されることになった。

前述したように，「益税」は，消費者から一時的に預かった消費税を事業者

143

が手許に残す経済的事象であり，中小事業者に対する特例措置（事業者免税点制度と簡易課税制度）から生じている。消費税の納税義務を免除された「免税事業者」，「みなし仕入率」を選択適用できる簡易課税制度によって，消費者が負担したはずの消費税は国庫に入らず，中小事業者の手許に益税として残る。

　消費税導入当初の調査では，個人・法人を含む事業者の約65.7％が免税事業者（年間売上高が3,000万円以下である事業者）に該当し，簡易課税制度を適用できる年間売上高3,000万円超・5億円以下の事業者は全事業者の約30.5％（免税事業者を併せると実に約96％）であった23)。

　消費税の「運用益」とは，課税期間が原則として1年間であり，したがって申告・納付回数が年1回であるので，消費者から預った消費税相当額を納期限まで事業資金・投資資金として運用できる便益のことをいう。この運用益問題を解決するためには，所得の源泉徴収税のように月1回に納付回数を増やし，事業者の手許に残る滞留期間を短くすればよい。

　「逆進性」とは，所得が高いほど所得に占める租税負担割合が低くなり，所得が低いほど所得に占める租税負担割合が高くなる特性をいう。この逆進性は，担税力のある高額所得者に高い税率を適用し，低額所得者には低い税率で課税することにより，担税力に応じて租税負担を公平に配分する「垂直的公平」の観点から問題となる。

　消費税は，異なる経済状態にある納税義務者（租税負担者）に対して異なる租税負担の配分を要請する「垂直的公平」に抵触するので，高額所得者に対しては租税負担を相対的に軽く，低額所得者に対しては租税負担を相対的に重くする逆進的租税であると言える。

　消費税の逆進性を緩和するためには，非課税範囲の拡大，生活必需品に対する軽減税率の設定等が考えられる。

　「税制問題等に関する両院合同協議会」で協議された結果，益税問題と運用益問題の解決策については各党会派の見解は一致したが，逆進性問題（たとえば非課税範囲）では食料品の取扱いについて意見の乖離が大きかった。

　そこで，意見の一致が得られた点が法案化され，海部俊樹内閣によって国会

第4章 消費税法の再構築

に提出された。平成3年（1991年）5月1日に「消費税法の一部を改正する法律案」が衆議院に提出され，7日に可決された後，参議院でも翌日に可決された。

「消費税法の一部を改正する法律」（以下，消費税法改正法と略す）は，同月15日に公布され，同年10月1日から施行されている。平成3年の消費税法改正法によって，中小事業者に対する特例措置の縮減，中間申告・納付回数の増加，非課税範囲の拡張が多少なりとも実現された。

益税解消策として，簡易課税制度の適用上限を5億円から4億円に引き下げ，適用対象事業者を狭めるとともに，実際の仕入率に近づけるために「みなし仕入率」を2区分（卸売業に90％，卸売業以外の事業に80％）から4区分（卸売業に90％，小売業に80％，製造業等に70％，その他の事業に60％）に細分化されている。

運用益問題を解決するためには，直前の課税期間の確定消費税額が500万円を超える事業者に対しては，中間申告・納付回数は年1回から3回に増えた（60万円超・500万円以下の事業者の中間申告は年1回となった）。一定規模以上の事業者の納付回数は，確定申告を含めて年4回（または2回）になっている。

なお，逆進性の緩和を図るために，飲食料品に対する軽減税率の適用を消費税法改正法の中に盛り込むことはできなかったが，非課税範囲として，①第2種社会福祉事業として行われる資産の譲渡等，②助産，③埋葬・火葬，④身体障害者用物品の譲渡・貸付け等，⑤一定の学校の入学金等，⑥小・中・高等学校，盲学校・養護学校等で使用する教科用図書の譲渡および，⑦居住用住宅の貸付けが新規に追加された。

(2) 平成6年（村山内閣）の消費税法改正

平成5年（1993年）7月の衆議院総選挙において，自民党は改選議席を維持したが，過半数を回復できず，宮沢喜一内閣は崩壊した。新生党，日本社会党，公明党，日本新党，民社党，新党さきがけ，社会民主連合および民主改革連合によって，日本新党の細川護煕を首班とする連立内閣が樹立されている。

平成6年（1994年）2月2日に細川首相は，消費税の廃止と「国民福祉税（仮

145

称）」の創設を主内容とする「税制改革草案」を発表した。この草案では，高齢化社会において活力ある豊かな生活を享受できる社会を構築するための経費に充てるために，税率7％の国民福祉税（仮称）を平成9年（1997年）4月1日から実施し，所得税・個人住民税等について6兆円規模の減税を先行実施するとともに，簡易課税制度の再修正・仕入税額控除に関する請求書等の保存義務が提案されていた。

しかし，国民福祉税（仮称）の発表があまりに唐突であり，かつ，当該草案作成が密室的であるとの批判に晒され，その実施は見送られ，細川首相は辞任した。

短命政権に終わった羽田孜内閣を経て，自民・社会・新党さきがけの3党により，日本社会党の村山富市を首班とする新連立内閣が発足した。村山富市内閣は，平成6年（1994年）10月に「税制改革大綱」を閣議決定し，これに基づく「所得税法及び消費税法の一部を改正する法律案」を含む税制改革関連法案を国会に提出した。これらの法案は可決され，同年12月2日に公布されている。

ただし，消費税に係る改正は平成9年（1997年）4月1日から実施されることとし，所得税・個人住民税の減税が平成7年（1995年）4月1日より先行実施された。

平成6年（1994年）の村山内閣による消費税法改正では，簡易課税制度の適用上限を4億から2億円に引き下げ，適用対象事業者をさらに狭めたが，税率は3％から4％に引き上げ，新たに消費税率1％に相当する「地方消費税」が創設された。地方消費税の徴収は，納税義務者の事務負担を軽減するために，国が地方公共団体に代わって執行している[24]。

なお，簡易課税制度において仕入税額控除の適用を受けるためには，原則として，帳簿の記録・保存に加え，課税仕入の事実を証する請求書・領収書・納品書等（以下，請求書等という）の書類の保存が要求された（消令30⑦）。

事業者の事務負担の軽減を図るために帳簿上の記録に基づく「帳簿方式」が採用されてきたが，平成6年（1994年）の改正で導入された「帳簿・請求書等保存方式」は，「帳簿または請求書等の保存」から「帳簿および請求書等の保

第4章　消費税法の再構築

存」を義務付けた。帳簿と請求書等の双方の保存義務は，従前よりも事務負担を大きくする結果になったと言わざるを得ない。

(3)　平成8年（橋本内閣）の消費税法改正

平成8年（1996年）の橋本龍太郎内閣による消費税法改正では，簡易課税制度における「みなし仕入率」が4区分から下記のように5区分に細分化された（消令57①）。

(a)　第一種事業（卸売業）：90％

(b)　第二種事業（小売業）：80％

(c)　第三種事業（製造業・農業・漁業・鉱業・建築業・電気業・ガス業・熱供給業・水道業）：70％

(d)　第四種事業（飲食店業・金融保険業等）：60％

(e)　第五種事業（サービス業・不動産業・運輸通信業）：50％

このみなし仕入率の改正は，平成6年（1994年）の消費税法改正と併せて，平成9年（1997年）4月1日以後に開始する課税期間から施行されることになった。

(4)　平成15年（小泉内閣）の消費税法改正

平成15年（2003年）の小泉純一郎内閣による消費税法改正においては，簡易課税制度の適用上限は再度2億円から5,000万円に引き下げられ（消法37①），平成16年（2004年）4月1日から実施され，今日に至っている。

なお，平成15年（2003年）の改正では，事業者の運用益阻止・国家歳入の平準化等を図るために設けられた「中間申告納付制度」も改正された。

直前の課税期間の確定消費税額が48万円（地方消費税込みで60万円）以下である事業者は中間申告を行う必要はないが，48万円を超え400万円（地方消費税込みで500万円）以下である事業者には年1回，400万円を超え4,800万円（地方消費税込みで6,000万円）以下である事業者には年3回，4,800万円を超える事業者には年11回の中間申告が必要である（消法42）。

147

中間申告納付制度における中間申告対象事業者の区分を増やすと同時に，申告・納付回数も増加している。これにより，運用益問題あるいは消費税滞納問題は，若干，解消されてきた。

　中間申告対象事業者とその申告・納付回数（確定申告1回を含む）を示せば，表4-2のとおりである。

表4-2　中間申告納税制度における適用対象事業者とその申告回数

適用対象事業者	申告・納付回数
直前課税期間の確定消費税額が48万円以下の事業者	年1回（中間申告不要）
直前課税期間の確定消費税額が48万円超・400万円以下の事業者	年2回（中間申告1回）
直前課税期間の確定消費税額が400万円超・4,800万円以下の事業者	年4回（中間申告3回）
直前課税期間の確定消費税額が4,800万円を超える事業者	年12回（中間申告11回）

　さらに，平成15年の消費税法改正では，初めて免税事業者の免税点が3,000万円から1,000万円に引き下げられた（消法9①）。諸外国と比較して異常に高く設定されていた免税点水準が，平成16年（2004年）4月1日から低く抑えられることになった。

(5)　平成25年～28年（安倍内閣）の消費税法改正

　安倍晋三内閣による平成25年度税制改正において，税率を平成26年4月1日から8％，平成27年10月1日から10％に引き上げられることが法定された。

　平成26年度税制改正では，それまで第四種事業に区分されていた金融・保険業を第五種事業に，それまで第五種事業に区分されていた不動産業を新規の第六種事業に変更し，第六種事業の「みなし仕入れ率」を40％とした。

　表4-3は，わが国の簡易課税制度における適用対象事業者の範囲，業種区分およびそのみなし仕入率の改正経緯を示している。

　安倍内閣は，選挙・世論等を斟酌して，平成27年度税制改正において，10％

第4章 消費税法の再構築

表4-3 簡易課税制度の適用要件・内容の改正経緯

改正（制定）年	施行年月日	適用対象事業者	業種区分	みなし仕入率
昭和63年（制定年）	平成元年4月1日	課税売上高が5億円以下の事業者（免税事業者を除く	卸売業	90%
			卸売業以外の事業	80%
平成3年	平成3年10月1日	課税売上高が4億円以下の事業者（免税事業者を除く）	小売業	90%
			卸売業	80%
			製造業等	70%
			その他の事業	60%
平成6年平成8年	平成9年4月1日	課税売上高が2億円以下の事業者（免税事業者を除く）	小売業	90%
			卸売業	80%
			製造業等	70%
			その他の事業	60%
			サービス業等	50%
平成15年	平成16年4月1日	課税売上高が5,000万円以下の事業者（免税事業者を除く）	小売業	90%
			卸売業	80%
			製造業等	70%
			その他の事業	60%
			サービス業等	50%
平成26年	平成27年4月1日	課税売上高が5,000万円以下の事業者（免税事業者を除く）	小売業	90%
			卸売業	80%
			製造業等	70%
			その他の事業	60%
			サービス業等	50%
			不動産業	40%

の税率引上げ変更を平成29年4月1日に延期したが，さらに平成28年度税制改正では，税率引上げを平成31年10月1日からに再変更した。その際，軽減税率が導入される予定である。軽減税率には現行税率の8％が採用されると考えら

れるが，標準税率10％に対して８％では，軽減税率であるとは言い難い。

Ⅲ　現行消費税法における現状と課題

1　事業者免税点制度の現状と課題

　消費税の納税義務者は，国内取引（国内取引で事業者が行った資産譲渡等）については課税資産の譲渡等を行った事業者（国・地方公共団体・公共法人・公益法人・人格のない社団等，非居住者，外国法人を含む）であり，輸入取引（保税地域から引き取られる外国貨物）については保税地域から課税貨物を引き取った者（事業者に限らず，消費者である個人も含む）である（消法5①・②）。

　納税義務者によって納付された消費税額は，物品・サービスの価格に算入され，最終的には消費者（担税者）により負担される「租税の転嫁」を予定している租税であり，納税義務者（租税支払義務を負う者）と担税者（租税を実質的に負担する者）が一致しない間接税である。

　前述したように，小規模零細事業者に消費税導入に伴う新しい納税事務負担を軽減・回避させるために，「事業者免税点制度」が採用された。

　課税期間の基準期間における課税売上高（輸出売上高を含む（税抜き））が1,000万円以下である事業者については，その課税期間中に国内において行った課税資産の譲渡等（国内取引）のみに納税義務が免除される（消法2①・②）。消費税の導入時には免税点は3,000万円であったが，平成16年4月1日以降，1,000万円に引き下げられた。

　本来，消費一般に広く薄く課税する消費税の創設趣旨，経済的中立性の確保を実現するためには，免税事業者の設定は回避されるべきである。

　事業者免税点制度導入の最大の理由は，小規模零細事業者の納税事務負担の軽減にあったが，野口悠紀雄教授の指摘を待つまでもなく，青色申告事業者・法人である限り，正規の簿記による記帳，正しい帳簿書類等の備え付け・整理

150

保存が義務付けられているのであるから，これは奇妙な論理・政治的配慮であるとしか言いようがない[25]）。

　わが国の消費税法は，政治的妥協の産物として，消費税の最終負担者（担税者）である消費者よりも，政治的圧力団体である事業者（納税義務者）の立場に立って制定されたと言える。

　また，事業者免税点制度における免税点も，1,000万円に引き下げられたにもかかわらず，まだEU諸国と比べて高く設定されている。2015年における免税点は，たとえば，ギリシャでは10,000ユーロ（2018年5月現在，1ユーロ＝130円），オーストリアでは30,000ユーロ，ルクセンブルクでは25,000ユーロ，オランダでは1,345ユーロ，ポルトガルでは12,500ユーロ，フィンランドでは8,500ユーロ，ベルギーでは15.000ユーロ，デンマークでは6,700ユーロ，ドイツでは17,500ユーロであり，日本の免税点水準よりもかなり低い。しかも，スペインとスウェーデンには免税点がない[26]）。免税点も，EU諸国と比べて高く設定されているので，免税点をさらに引き下げる必要があるかもしれない。

　免税事業者であっても，前段階から転嫁されてきた消費税（仕入税額）を価格に算入して販売することができるが，仕入税額を超えて過大転嫁すれば，そこには「益税」が生じる。逆に，仕入税額を価格に含めて転嫁できない場合には，「損税」が発生する。金子宏教授も述べられるように，「事業者免税点制度」には，仕入税額を超えて必要以上に転嫁する過大転嫁・便乗値上げ問題，逆に，仕入税額の全体または一部を価格に含めて転嫁できない過少転嫁問題を招く可能性が少なくない[27]）。

　実際問題として，免税事業者が8％の価格引上げを行っても，課税事業者との競争条件は変わらないので，仕入税額を超えて価格引上げを行う可能性は大きい。すなわち，便乗値上げによる益税が横行していると言っても過言ではない。免税事業者が売値に税率を乗じた金額を消費税として上乗せするのは，便乗値上げによる益税である。

　免税事業者であっても，仕入段階では消費税相当額を負担しているので，これを価格に転嫁することはできるが，前段階の消費税相当額（仕入税額）の測

151

定には困難性が伴う。

　過少転嫁または過大転嫁の問題が生じるため，本体価格に税率を乗じた金額を上乗せすることも容認されているが，最終的には租税負担者である消費者にとっては益税に映る。

　また，免税事業者が中間取引段階に介在する場合，わが国で利用されている「帳簿方式」では，仕入に含まれる消費税額（前段階の消費税額）を示すインボイスが発行されていないため，当該事業者が課税事業者であるのか免税事業者であるのかが判明しない。

　課税事業者から購入するのと同じ価格で免税事業者から購入した場合，中間取引段階の免税事業者には益税が生じている。

　このような益税問題の対抗措置としては，野口悠紀雄教授が提案されているように，税務署が課税事業者に対して「課税事業者証明書」を発行すれば，この証明書の貼布・表示のない店舗・事業者は免税事業者であることが分かり，消費者は課税事業者の店舗より安い価格を要求することができる[28]。

　ただし，免税事業者は課税期間の基準期間（個人事業者には前々年，法人には前々事業年度）における課税売上高によって決められるので，免税事業者あるいは課税事業者の判定は毎年固定化するものではない。税務署は，毎年，新規の課税事業者に「課税事業者証明書」を発行し，免税事業者への変更者からは当該証明書を取り戻さなければならない。

　消費税のように，事業者が既にいったん徴収した租税を納付するシステムの下では，事業者の手許に消費税の全部または一部を留保する「益税」は，国庫に納付しない脱税に等しい。消費税の課税逃れを図るために，課税売上高が1,000万円に届かないように分社化したケースもある。

　小規模零細事業者であっても，消費者から預った消費税は，源泉徴収税と同様に，国庫に納めなければならない。消費税の課税逃れを防止し，課税公平に資するためには，「免税事業者」の存在は直ちに抹消し，「事業者免税点制度」は完璧に撤廃されるべきである。

2　簡易課税制度の現状と課題

　わが国の消費税法における消費税は，EU型付加価値税と同様に，複数の取引段階で課税される多段階一般消費税である。その際，事業者が納付する消費税額に対しては，租税負担の累積を避けるために，前段階の取引で課税された消費税額を控除する「前段階税額控除方式」が採用されている。

　ある課税期間における売上高（課税標準）に税率を乗じた消費税額（売上税額という）から，その課税期間に行った課税仕入に係る消費税額（仕入税額という）を控除した差額が納付税額として算定される。

　　納付税額＝売上税額＊－仕入税額＊＊

　　　＊　売上税額＝課税売上高×税率

　　＊＊　仕入税額＝仕入高×$\dfrac{税率}{1+税率}$

　原則として，上記算式で示されるように，仕入税額控除は「実額による控除」に基づく。

　ただし，特例として，基準期間における課税売上高が5,000万円以下である事業者（免税事業者を除く）には，「概算額による控除」が認められている。つまり，課税売上高に対する消費税額（売上税額）に「みなし仕入率」を乗じた金額を仕入税額とみなして控除することができる。

　この特例措置は「簡易課税制度」と呼ばれ，この制度の適用を受けるためには，その旨の届出書を所轄税務署長に提出しなければならない（消法37①）。

　中小事業者にとって実額による仕入税額の計算や納税事務処理が過剰負担になると想定されたので，「簡易課税制度」（simplified tax system）は消費税導入時から採用されている。

　下記算式から判明するように，課税売上高（つまり売上税額）さえ分かれば，消費税の納付税額は概算額によって計算可能となる。

　　納付税額＝売上税額－売上税額×みなし仕入率

153

現行消費税法では，前記表4－2から判明できるように，課税売上高が5,000万円以下である事業者に適用対象範囲は限定され，「みなし仕入率」として第一種事業（卸売業）には90％，第二種事業（小売業）には80％，第三種事業（農業，林業，漁業，鉱業，建設業，製造業，電気・ガス・熱供給・水道業）には70％，第四種事業（飲食店業）には60％，第五種事業（金融業，保険業，運輸通信業，サービス業）には50％，第六種事業（不動産業）には40％が適用される（消令57①）。

中小事業者に対しては，実額による仕入高の計算を省いて，課税売上高（課税標準）から概算額によって仕入税額を算出する簡易な計算方法が容認されたのである。前述したように，課税売上高さえ分かれば，消費税の納付税額は計算可能となる。

たとえば，小売業を営む事業者の課税売上高が4,000万円であり，税率を8％とした場合，売上税額は320万円（＝4,000万円×8％），簡易課税制度を採用した場合の仕入税額は256万円（＝320万円×80％）と計算され，最終的に概算額による納付税額は64万円（＝320万円－256万円）となる。

ところが，実際の仕入高が2,160万円であったと仮定した場合，実額による仕入税額は160万円（＝2,160万円×8／108）であり，本則課税で計算される納付税額は160万円（＝320万円－160万円）となる。

簡易課税制度を選択した場合，納付税額が96万円（＝160万円－64万円）少なくなるから，消費者が負担した消費税額のうち，96万円は国庫に入らず，益税として中小事業者の懐に残る。

簡易課税制度は選択適用できる制度であるので，実際には，本則課税で計算した納付税額と簡易課税で計算した納付税額を比較して，有利となる方法で申告するという本来の趣旨とは異なった適用例が見受けられる[29]。平成31年10月1日から税率が10％に引き上げられる予定になっているが，それに伴い益税はますます拡大する。

小室直樹氏の言葉を借りれば，「簡易課税制度。この制度こそ，消費税における象徴的な脱税の温床である。」[30] ということになる。そして，「消費税が，史上最悪の税金，ネコババ税となった」[31] と酷評される。

第4章　消費税法の再構築

　消費税のように，事業者が既にいったん徴収した租税を納付するシステムの下では，事業者の手許に消費税の一部を残す「益税」は，国庫に納税しない脱税または盗税とみなされても仕方ないであろう。つまり，簡易課税制度は「脱税の培養基」[32)] に陥ったと言わざるを得ない。

　益税は不法行為ではないが，法の不備が招いた「盗税」であることは否定できない。経済の犯罪者集団が定常化し，その行為が正当化されている。消費者が支払った消費税を事業者の手許に残し，国庫に納税しない犯罪行為を法律的に許容してきた簡易課税制度は，健全な経済社会の構築にとっては悪性の癌細胞にほかならない。

　「益税」という美名を借りた「盗税」が国家レベルで公認されるような「簡易課税制度」は，即刻，廃止すべきである。

3　帳簿方式の現状と課題

　中曽根内閣の「売上税法案」では，租税負担の累積を排除する仕入税額控除のために，仕入先から回ってくるインボイスに記載された仕入税額を控除する「インボイス方式」の採用が提案されていたが，竹下内閣の「消費税法」では，取引ごとに税額別記の伝票（インボイス）を作成・交換することに商工業者が猛反対した経緯を斟酌して，帳簿上の売上高・仕入高から消費税額（売上税額・仕入税額）を計算できる「帳簿方式」が導入された。

　わが国では，租税負担の累積を排除する仕入税額控除のために，EU諸国が利用しているインボイス方式ではなく，帳簿方式が採用されている。帳簿方式は，取引ごとに消費税額を個別計算・表示する税額票（インボイス）の作成・交換を必要としないで，帳簿上の記録に基づいて消費税額を計算・申告できるので，インボイス方式よりも事務負担を軽減することができると一般的には言われている。

　このように，帳簿方式はインボイス方式よりも事務負担を軽減することができるが，簡易課税制度と結び付けば事業者の操作（ドンブリ勘定）によって益

155

税を捻出しやすくする。再び小室直樹氏の言を借用すると，「脱税のためのエイズ・ウイルスたる帳簿方式に，簡易課税制度というカポシ肺炎菌が付着した」[33] 完璧な脱税システムを法制度として活用してきたことになる。

　平成6年（1994年）の税制改正において，消費税導入当初より批判されてきた中小事業者に対する特例措置が修正されるとともに，事業者の事務負担の軽減のために帳簿上の記録に基づく帳簿方式にも改正が加えられた。仕入税額控除を受けるためには，帳簿の記録・保存だけではなく，課税仕入の事実を証する請求書等の書類の保存も義務付けられた。

　消費税法第30条第9項によれば，仕入税額控除は，課税仕入に関する相手方の氏名・名称，年月日，資産・役務の内容，支出対価の額等を記載した帳簿のほかに，前段階の事業者から交付される請求書等（書類の作成者の氏名・名称，課税仕入に係る資産・用役の内容，課税資産の譲渡等の年月日・対価の額，書類の交付を受ける事業者の氏名・名称等を記載した請求書等）の保存を条件とする。この帳簿・請求書等保存方式は，平成9年（1997年）4月1日から実施されている。

　「帳簿・請求書等保存方式」によって，「帳簿または請求書等の保存」から「帳簿および請求書等の双方の保存」を要求するのは，金子宏教授が示唆されるように，EU型のインボイス方式に切り換えるための準備の意味を持っていると考えられる[34]。

　ただし，帳簿・請求書等の双方の保存義務は，従前よりは事務負担を大きくする結果となった。しかも，重要かつ実質的な弱点は，EU型のインボイスでは税額の記載が要求されるのに対し，わが国の請求書等には課税資産の譲渡等の対価の額が記載されるだけであり，税額の記載を要求しない点である。「帳簿・請求書等保存方式」であっても税額の明細を示すことができなければ，「帳簿方式」と大差はない。

　インボイス方式では，仕入に含まれる税額がインボイスに記載されるので，消費税の転嫁が明確となるとともに，譲渡者・購入者双方にとって税の意識が強まるものと思われる。

　たとえば，英国の付加価値税（VAT）のインボイスには，VAT登録番号，

インボイス番号，譲渡日，発行日，譲渡者の名称・住所，購入者の名称・住所，譲渡の種類，VAT支払前の税率と金額を含む記述，支払総額，現金割引の内容，各VAT税率ごとの税額・総税額（the total amount of VAT chargeable at each rate and the total VAT chargeable）に関する情報が記載されている。VAT登録番号を取得した課税事業者のみがVATインボイスを発行することができ，その保存が義務付けられている[35]。

　VATインボイス方式では，譲渡者と購入者の双方にVATの納税義務処理が均等に割り与えられるが，VAT登録番号のような事業者番号は，課税事業者と免税事業者を識別することができ，益税の解消にも貢献できる。

　また，インボイスには税額の記載が増えるだけであり，わが国の請求書等の内容とほとんど変わらない。請求書等に税額の表示欄を追加してインボイスに改良すれば，わが国でも「インボイス方式」は実践可能である。

　事業者の納税事務負担を軽減するという主たる理由から，「帳簿方式」は導入されたが，この方式でも帳簿と請求書等の記録・保存は必要であり，「インボイス方式」が「帳簿・請求書等保存方式」（帳簿方式）と比べて事務処理を煩雑にするとは言い難い。

　インボイス方式の導入が実現されるならば，たとえば「事業者免税点制度」における免税点の引下げなどは問題にされることもなくなるであろう。インボイス方式では，消費税登録番号を取得した課税事業者のみがインボイスを発行することができ，その保存が義務付けられる一方，免税事業者はインボイスを発行できないので，免税事業者からの仕入税額は明らかにならず，控除できない。

　したがって，免税事業者からの仕入は不利に働き，免税事業者は中間取引から排除される可能性があり，課税事業者に変更することを選択せざるを得ない。あるいはまた，「簡易課税制度」における「みなし仕入率」の採用も放棄されてもよいであろう。

　インボイスに記載された税額を集計して，実額による仕入税額控除を計算することは，益税を招く「みなし仕入率」を乗じた概算額による仕入税額控除の

算出よりも，正確かつ健全な納税額の算定に貢献できる。

わが国においても，平成35年（2023年）10月１日から「インボイス方式」が導入される予定となったが，「帳簿方式」における弊害の解消が期待される。それにしても，「インボイス方式」の採用に35年間も要したことになる。

4　単一税率の現状と課題

現在，消費税は，課税標準に８％（厳密には，消費税率6.3％と地方消費税率1.7％）の単一税率を乗じて計算されている。

単一税率で課される消費税は，異なる物品・サービス間の選択に関する中立性に優れた租税であると言われている。ここに「課税の中立性」（neutrality of taxation）とは，個人または法人の経済活動（ここでは消費活動）に干渉しないことをいう。すべての物品・サービスの消費を課税対象にして，単一の税率で課税されるならば，消費者にとっては利用可能な物品・サービス間の相対価格を変化させないので，異なる物品・サービス間の選択に関して中立的であり，消費選択の阻害要因にならない。

しかしながら，消費税にはその本質的欠陥として「逆進性」が内在する。消費税は本来的に「逆進税」（regressive tax）である。

各国では，逆進性の緩和策として非課税措置，軽減税率の設定等が利用されてきた。消費税は広く薄く負担を求めるものであるから，基本的には，非課税対象はできるだけ制限されるべきである。

前述したように，わが国においても，社会政策的な配慮等によって医療・福祉・教育等の一部の消費行為に対して非課税措置が講じられている。

ただし，非課税取引では，課税売上高に係る売上税額が非課税となるだけであり，前段階の仕入税額はコストとして残留する。

その点，免税取引（tax exemption transaction）は，非課税取引とは異なり，前段階の仕入税額を控除できるが，この免税取引と同じ効果を得る方法として，ゼロ税率が英国やカナダで使用されている。課税売上にゼロ税率を適用すると

第4章　消費税法の再構築

いうことは，売上税額がない点では非課税取引の場合と同じであるが，前段階の仕入税額を控除できる点で異なる。

英国では，標準税率（standard rate）として20％，軽減税率（lower rate）として５％が適用されるが，そのほかにゼロ税率グループ（zero-rated groups）として食料品（贅沢食品，レストランで提供される食品を除く），上下水道サービス，書籍・新聞・雑誌等（文房具を除く），盲人用の書籍録音テープ・ラジオ等，移動住宅・ボートハウス，銀行小切手，医薬品等，輸出品，免税品，チャリティによる販売品，子供用衣料品が認められている[36]。

カナダの消費税は，「物品・サービス税」（以下：good and services tax：GSTと略す）と呼ばれている。1924年から，単段階消費税の一種である製造業者売上税（manufacturer's sales tax）が世界に先駆けて採用されていたが，1991年にEU型付加価値税のGSTが創設された[37]。カナダにおいても，７％（現在，５％）の税率のほかに，ゼロ税率が処方薬，医療機器，農水産物品，基礎食料品（アルコール飲料，外食品等を除く）に適用される[38]。

英・加両国とも，食料品・医薬品等の生活必需品に対してゼロ税率を適用することにより，消費税に内在する逆進性の緩和を試みている。このように，逆進的負担の緩和は低額所得者のために行使すべきであるので，ゼロ税率の適用対象は生活必需品に限定されるべきであろう。

わが国の10大消費項目は，食料品，住居，光熱・水道，家具・家事用品，被服・履物，保健医療，交通通信，教育，教養娯楽となっているが，住宅家賃・保健医療費・教育費は既に非課税の対象であるので，それ以外の消費項目がゼロ税率の適用対象となるであろう。

ただし，家具・家事用品，被服・履物，交通通信，教養娯楽は個人の事情・嗜好・射倖・生活環境等によって異なる選択可能・代替可能な消費であるので，基本的には生活必需品的な食料と光熱・水道にゼロ税率の適用は限定されるべきである。

なお，ゼロ税率適用による減収を担保するためにも，逆進性緩和を促進するためにも，高額所得者が購入・消費するような高級品・奢侈品等には割増税率

159

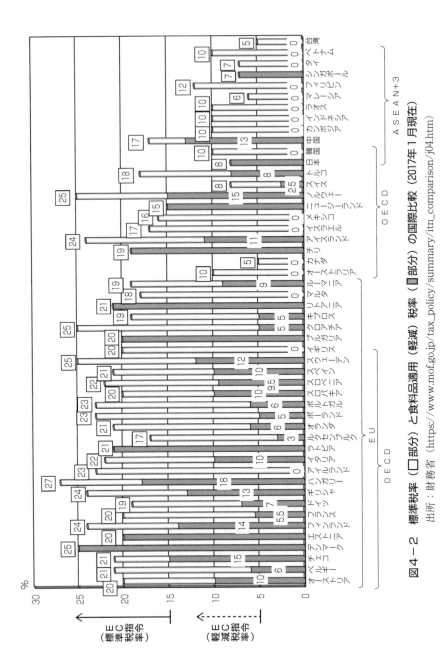

図4−2 標準税率（□部分）と食料品適用（軽減）税率（■部分）の国際比較（2017年1月現在）

出所：財務省（https://www.mof.go.jp/tax_policy/summary/itn_comparison/j04.htm）

として10％の税率を設定する必要があるかもしれない。0％，5％および10％の複数税率で消費税を課すことによって，単一税率に起因する逆進性は多少なりとも緩和される。

OECD加盟国の中では，デンマーク，スウェーデン等の標準税率が最高の25％であるのに対し，日本の（単一）税率は最低の5％（現在，8％）であった[39]。しかも，標準税率が高く設定されているために，図4－2が示すように，大多数の国では，消費税の逆進性を緩和するために，食料品に対する軽減税率（ゼロ税率を含む）が利用されている。

近い将来，消費税の税率引上げが予定されているが，ゼロ税率・軽減税率（または割増税率）を含めた複数税率制の導入により，逆進性緩和が図られるべきである。所得税の累進税率と同じように，複数税率による累進構造の採用は，消費税の逆進性を大幅に緩和することができる。基本的には，生活必需品的な食料品や光熱・水道にはゼロ税率，高額所得者が購入するような高級品・奢侈品等には割増税率が設定されるべきであろう。

その場合，安部忠氏が提案されるように，複数税率化を消費者に明示するためには，すべての物品・サービスに星印を貼付・表示する方法（スリースター貼付制）の新設が必要である[40]。

すべての課税物品は，バーコードのような一つ星マーク貼付のゼロ税率物品，二つ星マーク貼付の5％税率物品，三つ星マーク貼付の10％税率物品に区分・表示され，税率表示が消費者・事業者にとって一目瞭然の状態にしておく。このことにより，事業者の事務処理も簡便化できる。

また，橋本恭之教授の指摘を待つまでもなく，複数税率の導入を可能にするためには，帳簿方式からインボイス方式への移行が不可欠である[41]。

前述したように，カナダでは複数税率が適用されているが，さらに，逆進性を緩和するために，低額所得者等に対して消費税額の一定額を小切手で還付するGST控除制度が設けられている[42]。

消費税は，所得額と関連なく消費額に応じて負担を求めてくるが，複数税率の適用や非課税措置によって，ある程度は逆進性の緩和を実現することができ

る。経済的弱者である低額所得者の逆進的負担を完全に回避させる方策として，カナダのGST控除のような還付税（refund tax）の制度が導入されてもよいのではなかろうか。

最低生活費を下回るような低額の所得者・年金受給者に対して，生活必需品のゼロ税率適用および標準・軽減税率適用物品の消費税の還付が併用されるならば，逆進性は完璧な形で緩和されることになるであろう。

5　納税回数（運用益・未納）の現状と課題

わが国の消費税の課税期間は，諸外国に比べて長く設定されていたため，事業者が消費者から預っている消費税相当額を納期限までに投資資金・事業資金として運用することができた。投資資金として定期預金・有価証券購入等に利用すれば，利子・配当等の運用益を稼得できる。

反対に，資金繰りに困っている事業者の中には，事業資金として流用し，最終的に消費税を滞納・未納している。消費税の未納は，益税と同様に，消費者が負担した消費税額を事業者の懐に残した「盗税」に等しい。

このような消費税の運用益・未納問題を解消するためには，消費税の納付回数を増加し，消費税の滞納期間を短縮すればよい。

表4－2で示したように，平成15年（2003年）の消費税法改正において，直前課税期間の確定消費税額が4,800万円（地方消費税込みでは6,000万円）を超える事業者には年12回の申告・納付回数が要求された。ただし，48万円（地方消費税込みでは60万円）以下の事業者には年1回の申告・納付で済む。

少額の確定消費税額であっても，消費税の滞納・未納問題に対処するためには，所得の源泉徴収税のように年12回（毎月1回）の申告・納付が必要であろう。

消費税の運用益・未納の解決のためには，事業者の手許に残る滞留期間を短くしなければならない。すなわち，源泉徴収税のように中間申告・納付を毎月行う。

第4章　消費税法の再構築

6　地方消費税の現状と課題

　平成6年（1994年）の消費税法改正で消費税の税率が3％から4％に引き上げられるとともに，「地方消費税」（local consumption tax）が創設された。

　地方消費税の課税標準は消費税額であり（地法72の77），その税率は消費税額の25％である（地法72の83）。したがって，消費税率（4％）と地方消費税率（1％）を併せれば，合計で5％（＝4％＋4％×25％）となる。地方消費税は，高齢化社会における地域福祉と地方分権の推進のために自主財源を充実する必要から平成9年（1997年）4月1日より実施された。

　平成25年税制改正により，平成26年4月1日から税率が引き上げられたことにより，地方消費税の税率は1％から1.7％に上昇した。

　「消費税」を国，「地方消費税」を都道府県に申告・納付する事務処理は二重手間であり，納税義務者に負担がかかるので，地方消費税を消費税の付加税（surtax）として，納税事務を国に委託している。そのため都道府県は，国に徴収取扱費を支払わなければならない（地法72の113）。

　各都道府県は，その区域内の税務署・税関から払い込まれた地方消費税（徴収取扱費控除後）を，自らを含む都道府県ごとの消費に相当する額に応じて按分し，按分額を都道府県に支払う（地法72の114）。

　その按分基準として，小売年間販売額，対個人事業収入合計額，人口，従業員等が利用される。なお，控除・精算後の地方消費税の2分の1は，人口・従業員数に按分して各市町村に交付する（地法72の115）。

　地方消費税の主な創設理由は，地方分権推進のための自主財源の充実化であった。国から地方への税源移譲の重要税目として，地方消費税が導入されたのである。ただし，税率5％（現在，8％）のうち，地方消費税率が1％（現在，1.7％）であるというのは少なすぎる。せめて半分の2.5％（現在，4％）にすべきではなかろうか。

　平成16年（2004年）8月24日の全国知事会において，1％から2.5％に地方消

163

費税率を引き上げた場合，3.6兆円の地方消費税が税源移譲されることが試算されている。地方消費税を地方の基幹税にするためにも，地方消費税率は引き上げるべきである。

なお，各都道府県がその区域内の各市町村に地方消費税の２分の１を按分する際，その按分基準は人口および従業員数に限定されていた。

按分基準として人口・従業員数を用いると，地方消費税の収入と消費地の人口・従業員数との間に不均衡が生じる可能性がある。

たとえば，京都・鎌倉などの観光地では，人口と観光収入（したがって地方消費税）との相関関係はないので，各都道府県に用いられた按分基準の一つである小売年間販売額も利用されるべきではなかろうか。

【注】
1) 前川邦生＝菊谷正人編著『租税法全説』同文舘，平成13年，6～7頁。
　　ほとんどの消費税は租税の転嫁を予定している間接税であるが，わが国では，課税物件たる消費行為を為す者が納税義務者となる「直接消費税」として，ゴルフ場利用税・入湯税が存在する。英国のカルドア（N.Kaldor）によって1955年に提案された「支出税」（expenditure tax）も，転嫁が想定できない個人納税（消費者納税）の直接税であった。「支出税」は，所得から貯蓄を控除した「消費」に課す直接税であり，一時インド・スリランカで導入されている。支出税は，直接税であるために累進税率・人的控除等を設定することができるが，所得の把握のほかに，資産登録・監視を伴うために税務執行上の難点が多く，現実の税制として遂行不可能に近いと言われている。なお，この支出税は，1942年に米国の財務省によっても提案されたが，議会により撤回された（J.A.Kay and M.A.King, *The British Tax System Fourth Edition*, Oxford University Press, 1986, p.90. 山本守之『租税法要論〔3訂版〕』税務経理協会，1998年，461～462頁。北野弘久編『現代税法講義（3訂版）』法律文化社，1999年，223頁。宮島　洋「消費課税の理論と課題」宮島洋編著『改訂版　消費課税の理論と課題』税務経理協会，平成12年，1頁。田辺栄治「税制改革－支出税の視点－」宮島洋，前掲編著，38～42頁）。
2) 金子　宏『租税法〔第三版〕』弘文堂，平成2年，14頁。
3) 一河秀洋「主要諸国の税制改革の動向－とくに日本とカナダの比較－」『経済学論纂』第29巻第5・6合併号，1988年，34頁。
　　金子　宏『租税法〔第四版〕』弘文堂，平成4年，388頁。
　　知念　裕「カナダの付加価値税」『経済研究』第40巻第2号，1995年，28頁。
4) OECD, *Consumption Tax Trends : VAT/GST, Excise and Environmental Taxes,*

OECD, 2001, pp. 9 and 77〜78.

　オーストラリアでは，物品の種類によって異なる税率を適用した卸売売上税に代えて，個人所得税の削減（cut in personal income tax）等を施すことを条件に，ほとんどの物品・サービスに10％の単一税率を課すGSTが2000年7月1日に導入された。

5)　米国では，アラスカ，デラウェア，ニューハンプシャー，モンタナ，オレゴンの5州を除く各州およびワシントンD.C.において，売上税（sales tax）が連邦税ではなく州税（および地方税）として徴収されている。売上税の担税者は消費者であるが，その徴収・申告・納付義務は販売者にある。販売者は，四半期ごとに翌月の最終日までに申告書を提出し，納付しなければならない。ただし，月間課税取引が17,000ドル以上である場合には，毎月の見積売上税額を翌月の最終日までに予納する必要がある。

6)　中村英雄『西ドイツ付加価値税の研究』千倉書房，1973年，2〜3頁。

　水野忠恒『消費税の制度と理論』弘文堂，1989年，13〜14頁。

　知念　裕「ヨーロッパ諸国における付加価値税の歴史」『岡山商大論叢』第30巻第2号，1994年，124頁。

　CCH, *German Tax & Business Law Guide*, CCH, 1999, p. 151102.

7)　知念　裕『付加価値税の理論と実際』税務経理協会，平成7年，84-85頁。

　水野　勝「わが国における一般的な消費課税の展開」碓井光明＝小早川光郎＝水野忠恒＝中里　実編『公法学の法と政策（上）』有斐閣，2000年，197-198頁。

8)　Jean P. Balladur and Antoine Coutire, "France" in : Henry J. Aaron（ed）, *VAT : Experiences of Some European Countries*, Kluwer Law and Taxation Publishers, 1982, p. 239.

9)　知念　裕，前掲書，92頁。

10)　大蔵省昭和財政史編集室編『昭和財政史　第5巻-租税-』東洋経済新報社，1957年，355頁。

　猪木正道『軍国日本の興亡』中央公論新社，1995年，251〜253頁。

11)　内山　昭『大型間接税の経済学-付加価値税の批判的研究-』大月書店，1986年，210〜211頁。

12)　武田昌輔『立法趣旨　法人税法の解釈〔五訂版〕』財経詳報社，平成5年，5頁。

13)　佐藤　進『付加価値税論』税務経理協会，1973年，153頁。

14)　佐藤　進＝宮島　洋『戦後税制史〔増補版〕』税務経理協会，昭和57年，8〜9頁。

15)　佐藤　進，前掲書，154頁。

　米原淳七郎＝矢野秀利『直接税対間接税』有斐閣，1989年，15頁。

　佐藤　進＝宮島　洋『戦後税制史〔第二増補版〕』税務経理協会，平成2年，9頁。

16)　金子　宏『租税法』弘文堂，昭和51年，63頁。

17)　同上書，64頁。

　知念　裕，前掲書，188頁。

18)　森信茂樹『日本の消費税　導入・改正の経緯と重要資料』納税協会連合会，平成12年，25頁。

19) 同上書，142～143頁。

20) 水野　勝，前掲稿，209～210頁。

21) 井堀利宏『要説：日本の財政・税制〔改訂版〕』税務経理協会，平成15年，164頁。

22) 尾崎　護『消費税法詳解〔改訂版〕』税務経理協会，1991年，72頁。

23) 金子　宏『租税法〔第八版〕』，弘文堂，平成13年，462～463頁。

24) 池田篤彦編『図説　日本の税制　平成12年度版』財経詳報社，2000年，220頁。

25) 野口悠紀雄『「超」税金学』新潮社，2003年，33頁。

26) 中島孝一「消費税の中小事業者に対する特例措置の改正と対策」『税経通信』第58巻第3号，平成15年，83頁。

　　　2015年におけるEU諸国の免税点は，国際税務研究機関として1938年にオランダ（アムステルダム）に設立されたIBFD（International Bureau of Fiscal Documentation）のホームページより入手した。

27) 金子　宏，前掲書，462頁。

28) 野口悠紀雄『税制改革のビジョン』日本経済新聞社，1994年，78頁。

29) 森信茂樹「消費課税の理論と展望」『租税研究』第614号，2000年，12頁。

30) 小室直樹『消費税の呪い　日本のデモクラシーが危ない』光文社，1989年，3頁。

31) 同上書，82頁。

32) 同上書，4頁。

33) 同上書，6頁。

34) 金子　宏『租税法〔第八版増補版〕』弘文堂，平成14年，481頁。

35) Anne Fairpo, *Taxation of Intellectual Property,* Tolley, 2002, pp. 212～213.
Alan Melville, *Taxation Eighth edition,* Prentice Hall, 2003, p. 497.

36) Alan Melville, *Taxation Finance Act 2013 Nineteenth edition,* Rearson Education Limited, 2014, pp. 459～460.

37) 一河秀洋「主要諸国の税制改革の動向－とくに日本とカナダの比較－」『経済学論纂』第29巻第5・6合併号，1988年，34頁。

38) CCH, *Canadian Master Tax Guide 56th Edition,* CCH, 2001, p. 1313.

39) OECD, *op. cit.,* p. 12.

40) 安部　忠『所得税廃止論　税制改革の読み方』光文社，1994年，83～85頁。

41) 橋本恭之『税制改革シミュレーション入門』税務経理協会，平成13年，57頁。

42) 山本守之『租税法要論〔3訂版〕』税務経理協会，1998年，554～555頁。

第4章 消費税法の再構築

補論　英国におけるインボイス方式の特徴

1　複数税率制度の導入

　わが国においても，平成35年（2023年）10月1日から「インボイス方式」が
導入される予定である。付加価値税（value added tax：以下，VATと略す）の先
進国であるEU諸国では，当初から「インボイス方式」は採用されていた。本
補論では，英国における「インボイス方式」の特徴を管見することによって，
わが国で導入される「インボイス方式」の参考資料としたい。

　英国は，1973年1月にEC（現在，EU）に加盟したことによって，EC指令に
従いVATが1973年4月1日から導入された。VAT導入時には，EC加盟への
加盟条件として標準税率（standard rate）は10％であったが，さらに，英国で
は食料品・書籍・子供服等の一定の物品・サービス（goods and services）にゼ
ロ税率（zero rate）が採用されている。1974年7月29日に標準税率は8％に引
き下げられたので，1974年11月18日には石油に25％の高率税率（higher rate）
が導入され，1975年5月1日以降には，その他の一定の物品にも適用されてい
る。1976年4月12日以降，高率税率は12.5％に引き下げられ，1979年6月18日
に標準税率が15％に引き上げられたのを契機にして，高率税率は廃止された。
標準税率は1991年4月1日に再び17.5％に引き上げられ，さらに，国内燃料等
の一定の物品・サービスには1993年12月1日から8％の軽減税率（reduced
rate）が採用され，1997年9月1日に5％に引き下げられている。2008年12月
1日から2009年12月31日までの13ヵ月間には標準税率は15％に引き下げられ，
再度，2010年1月1日から17.5％に戻され，2011年1月4日から現行の20％に
引き上げられた[1]。

　このように，英国のVAT制度では，標準税率・軽減税率・ゼロ税率の複数

167

税率制が採択され，標準税率が頻繁に改定されているいう点に大きな特徴がある。現在，英国におけるVATの標準税率は20％に設定され，かなりの高税率であるが，低所得者層への配慮等，社会的・政策的観点から，VATにおける累進性・公益性の充実を図るために，5％の軽減税率項目・ゼロ税率項目が設けられている。

2　インボイス方式の具体的内容

この複数税率制度を支える方式として，「インボイス方式」（invoice method）が採用される。つまり，付加価値税を算定するための「仕入税額控除法」（前段階税額控除法）として，仕入に含まれる付加価値税を税額票（tax invoice）または請求書等に明記することを条件に仕入税額控除を認める「インボイス方式」が利用されている。わが国の消費税の場合には，会計帳簿等に記載された売上高・仕入高に基づいて「仕入税額控除」を認める「帳簿方式」（account method）が適用されている。

「インボイス方式」を採用する英国では，課税事業者（taxable person）は，インボイスの発行を義務づけられている。インボイス発行の目的は取引証拠を文書（税額票等）によって提示することであり，下記事項（①～⑧）を記載したインボイスの発行によって，供給に係る仕入税額の返還請求が課税事業者に認められる[2]。

① インボイス番号，日付，課税時点
② 名前，住所，供給者のインボイス番号
③ 顧客の名前，住所
④ 各インボイス品目，供給された物品・サービスの説明
⑤ 物品数，サービスの程度，1単位当たりの価格，VAT課税前支払額，VAT率
⑥ VAT課税前の合計金額
⑦ 現金割引率

168

第4章　消費税法の再構築

⑧　VAT課税対象総額

　なお，取引相手が課税事業者ではなく，免税事業者である場合には，インボイスの発行有無は事業者の判断に委ねられ，インボイスを発行する場合の記載事項は下記(a)から(e)の内容で足りる。

　(a)　名前，住所，小売業者のVAT番号

　(b)　課税点

　(c)　供給された物品・サービスの説明

　(d)　顧客から支払われた合計金額（VAT額を含む）

　(e)　VAT率，支払総額，適用VAT率

　わが国の消費税法と同様に，英国の付加価値税法（Value Added Tax Act）においても，帳簿の保存義務が規定されており，すべての課税事業者は，「内国歳入関税庁」（Her Majesty Revenue and Custums：以下，HMRCと略す）の指定する下記①から⑤のような会計記録（accounting records）を6年間（HMRCの認容がある場合には6年以下の期間）保存しなければならない。HMRCは，これらすべての帳簿記録に関するVAT記録の提示・取引証書の調査を課税事業者に対して要求することができる3）。

　①　取引・会計記録（注文書，配達記録，取引通知，購買帳簿，現金帳簿，その他会計帳簿，領収書，銀行取引明細，入金伝票，年間財務諸表）

　②　VAT帳簿

　③　発行インボイスのコピー

　④　電話通話，駐車料金，自動販売機での購入に関して，支払金額が25ポンド以下であればインボイスの発行は要求されていないが，全ての受取インボイス

　⑤　輸出入に関する記録

　ただし，インボイスがなくても，その代替的文書が保存されているとHMRCが認める場合には，仕入税額控除が認められる。この代替的文書とは，具体的にどのようなものを示すのかについて明確にされていないため，HMRCの判断如何によって仕入税額控除の可否が決定されることになる。

169

VAT納付義務が課される課税事業者は，課税対象取引を行う際にHMRCに対して，売上税額（output tax）に係る帳簿を作成する必要があり，売上帳簿の提出をもって仕入税額（input tax）の返還請求を行うことができる。課税事業者でない者は，物品またはサービスの提供にVATを課すことはないため，仕入税額の返還請求も行うことができない4)。売上税額が仕入税額を上回る場合にはVAT不足額をHMRCに納付し，仕入税額が売上税額を上回る場合にはHMRCから還付を受けることになるため，登録事業者はHMRCに対して，仕入税額・売上税額の金額を記載した申告書を定期的に提出する必要があり，VATの申告期限は課税年度末から1月以内とされる。

3 中古品に対する粗利課税法

原則的に，取引物品が新品であるか中古品であるかにかかわらず，VATは売上物品の価格に対して課される。しかし，VAT最終負担者である消費者が一端購入した物品等が再び他の消費者の販売された場合には，同じ物品に対してVATが二重に課されることになる。そのため，課税事業者が中古品を売却する場合には，「粗利益課税法」（margin scheme）を採用することにより，粗利益のみにVATが課される。粗利益課税法は，下記要件を満たす場合に適用される5)。

① VATは物品の仕入価格と売上価格との差額である売手側の粗利益にのみ課される。

② 売手側の粗利益はVAT込みの金額で算定されるため，課税金額は当該粗利益にVAT割合を乗じた金額となる。粗利益を算出する際，売手によって支払われた費用（たとえば，修復・修繕・予備部分に係る費用等）は考慮されない。

③ 物品購入者は課税事業者であったとしても，仕入税額の返還請求はできない。

粗利益課税法は，主として，中古商品取扱業者に対して設けられた対策であ

る。この適用に当たり満たされるべき要件は，関連物品が中古品であり，
VATが課されない（つまり，公共機関や非登録事業者からの）供給により購入さ
れるか，粗利益課税法によって物品を売却する者から購入されていることであ
る。

　売上インボイスは仕入税額が関連物品に関する売手によって返還請求されて
ないこと（あるいは返還請求され得ないこと）についての申告が含まれなければ
ならない。たとえば，骨董業者が公共機関から2,000ポンドでテーブルを購入
し，500ポンドの修復費を投じた後，当該テーブルを5,000ポンドで売却したと
想定する。「粗利益課税法」において，骨董業者の修復費用は考慮されないた
め，当該供給による粗利益は3,000（＝5,000－2,000）ポンドとなり，売上税は
3,000ポンドにVAT割合1/6を乗じて算出された500ポンドとなる[6]。

【注】

1)　Tony Jones, *Taxation Simplified 2011-2012*, Management Books 2000 Ltd, 2011,
　　p.130.
　　Antony Seely, *Briefing Paper No.2683 : European law on VAT rates*, House of
　　Commons Library, 2016, p.4.
　　Walter Sinclair with Barry Lipkin, *Tax Guide 20013-2014*, Palgrave Macmillan,
　　2013, p.373.
2)　Alan Melville, *Taxation Finance Act 2010 Sixteenth edition*, Prentice Hall, 2011,
　　pp.487.
　　小売業者は供給に係る対価が250ポンドを超えない限り，インボイス発行義務が生
　　じない。EU型のインボイス例として，フランスの場合には，英国よりも要求される
　　インボイス記載内容が少なく，①買主の名称・所在地，②税抜価格，③税率，④付
　　加価値税額，⑤納税事実に関する選択の5項目となっている。オーストリアの場合
　　には，英国の記載内容とほぼ同じである（多田雄司「EU型インボイス方式と日本へ
　　の導入上の問題点」『税理』第39巻第15号，1996年，10〜11頁）。
3)　Alan Melville, *op. cit.,* p.488.
4)　*Ibid.,* p.470.
5)　Alan Melville, *Taxation Finance Act 2013 Nineteenth edition*, Pearson Education
　　Limited, 2013, pp.487〜479..
6)　*Ibid.,* p.479.

第4章補章

簡易課税制度における事業区分の課題
—歯科技工業に関する判決を素材として—

Ⅰ はじめに

　簡易課税制度を適用対象事業者が選択適用した場合，業種区分に応じた「み
なし仕入率」を利用しなければならないが，当該事業者がどの業種区分に該当
するのかの判断の違いによって，みなし仕入率が異なり，納付税額は相違する。
このみなし仕入率（すなわち業種区分）の適用について争訟された事例がある。

　歯科技工業が，簡易課税制度における業種区分のうち，製造業であるのか
サービス業であるのかについて争われた。平成17年6月29日に名古屋地裁（加
藤幸雄裁判長）は，「歯科技工士は，印象採得，咬合採得，試適，装着等，患者
と直接接することが禁止され，まして，歯科技工士が患者と対面することも考
えられない歯科技工所で営まれる本件事業は，原材料を基に患者の歯に適合す
るように成形した補てつ物を納入し，これの対価として一定の金員を受け取る
という内容であり，有形物を給付の内容とすることが明らかであるから，本件
事業が製造業に当たると解するのが相当である」[1]という判決を下した。第
一審では，製造業のみなし仕入率（70%）を採用した納税者の主張が認められ
ている。

　しかし，控訴審判決では，歯科技工業は，サービス業に当たると判断され，
納税者は逆転敗訴した。平成18年2月9日に名古屋高裁（田中由子裁判長）は，
歯科技工業について「歯科医師の指示書に従って，歯科補てつ物を作成し，歯

科医師に納品することを業務内容としており，歯科医療行為の一端を担う事業である性質を有すること，また，1企業当たり平均の課税仕入れ（最大見込額）及び構成比に照らしても，みなし仕入率を100分の50とすることには合理性があること及び税負担の公平性，相当性等をも考慮すると，本件事業は，消費税法施行令57条5項4号ハ所定の『第五種事業』中の『サービス業』に該当するものと判断するのが相当である[2]」と判決した。控訴審判決では，サービス業のみなし仕入率（50％）を採用し，納税者が主張した事業区分（製造業）におけるみなし仕入率（70％）を否認した。

　本補章では，本判例の事実関係・争点（簡易課税の業種区分の判定の問題）を検討するとともに，その解決案も提言する。

II　事件の内容

1　事実の概要

　歯科技工業を営むX社（原告，被控訴人，上告人）は，消費税の簡易課税制度を適法に選択していた。

　X社が営んでいた「歯科技工業」の具体的内容は，①X社が自ら原材料を仕入れ，歯科医師の指示書に従って，患者の歯の石膏型に適合する歯科医療用の補綴物等（以下，「歯科補綴物等」という）を製作し，歯科医師に納品する行為および②一度納品された歯科補綴物等に対して出される歯科医師の指示に従って行う当該歯科補綴物等の修正または作り直しである。

　これらの行為は，あくまでX社と各歯科医師との間に締結された歯科補綴物等の製作納入契約に基づいて行われるものであり，X社と患者との間には何ら契約関係は存在しない。

　X社は，消費税および地方消費税（以下，「消費税」という）の確定申告に際して，歯科技工業を消費税法施行令第57条第5項第3号へに規定する「第三種

事業」の「製造業」に該当するものと判断し，概算額による消費税の計算を行い，確定申告した。

　これに対してY税務署長（被告，控訴人，被上告人）は，歯科技工業を上記規定第4号ハに規定する「第五種事業」の「サービス業」に該当するものとして更正処分を行った。

　X社が当該更正処分の取消しを求めて出訴したのが，本事件の発端となる。

2　争　　点

　直接的な争点は，上記歯科技工業が「製造業」に該当するのか「サービス業」に該当するのかという問題に帰着するが，その前提として，①税法における用語の解釈のあり方および②消費税簡易課税制度における事業区分の判定に関する通達（消費税法基本通達13-2-4）の合理性が争われた。

(1)　税法における用語の解釈のあり方

　X社の主張によれば，税法における用語の解釈は，まず，法文自体から用語の意味が明確に解釈できるかどうか，すなわち，当該用語の意味が法文上明確に定義されているか，他の法律等からの借用概念であるといえるかを検討すべきであり，次に，当該用語の明確な定義が存在せず，他の法律等からの借用概念といえない場合に，言葉の通常の用法に従って解釈できるか（文理解釈）を検討すべきである。さらに，このような検討を経てもなお，法文自体から用語の意味を明確に解釈できない場合に初めて，立法の目的，経緯，法を適用した結果の公平性，相当性等の実質的な事情を検討した上で，用語の意味を解釈すべきである（目的論的解釈）とX社は主張した。

　かかる前提に立脚して，X社は，法文の文理解釈により，「製造業」を「有体物を製造，販売する事業」または「原料に加工して製品を作り出す生産業」，「サービス業」を「無体の役務を提供する事業」であると明確に解釈することが可能であると認識した。

174

第4章補章　簡易課税制度における事業区分の課題

これに対して，Ｙ税務署長は，「製造業」および「サービス業」の内容はいずれも法文上不明であるとともに，上記二つの用語はいずれも多義的であることから，文理解釈により当該用語の内容を明らかにすることはできないので，立法の目的，経緯等を検討した上で，用語の意味を解釈すべきであると反論した。

(2)　事業区分の判定に関する通達の合理性

Ｘ社は，立法の目的，経緯等を実質的に検討してみても「日本標準産業分類」を消費税簡易課税制度の事業区分の判定根拠とすることには合理性がないと力説する。すなわち，「日本標準産業分類」は，統計の正確性と客観性を保持し，統計の相互比較性と利用の向上を図ることを目的として統計調査の基準の一つとして設定されたものであり，消費税の簡易課税制度における事業分類に用いられることを前提にして定められたものではない「日本標準産業分類」に依拠することは合理性を欠く。

これに対して，Ｙ税務署長は，①平成８年の消費税法施行令の改正に先立つ実態調査が「日本標準産業分類」を事業区分の基準として実施されたこと，②「日本標準産業分類」の分類に一般性・普遍性が保持されていることに着目すれば，他により合理的な基準は見出せないことを理由に，通達が事業区分の判定に当たり「日本標準産業分類」によることには合理性が認められると主張した。

(3)　歯科技工業の業種区分の判定

Ｘ社の主張では，有体物である歯科補綴物等の製作・納入という，自ら営んでいる歯科技工業の実態に即して事業区分を判定するならば，当該事業は「製造業」に該当する。

これに対して，Ｙ税務署長は次のように反論する。すなわち，歯科技工業が「日本標準産業分類」において「サービス業」である医療，福祉に分類したのは，①生産される財貨または提供されるサービスの種類，②財貨生産または

175

サービス提供の方法，③原材料の種類および性質，サービスの対象および取り扱われるものの種類等に基づき分類した結果であるとともに，しかも，歯科技工業が，単にサービス業である「歯科医療」に付随する事業であり，それ自体，単独で成立する事業ではない。したがって，統計上，「サービス業」に分類するのが妥当であるとの判断だけで分類されたわけではない。

3　裁判所の判断

(1)　第一審判決の要点

　名古屋地裁は，税法中の用語の解釈については，当該法令ないし他の国法によって定義が与えられている場合には，これによるべきことは当然であるが，そうでない場合には，原則として，日本語の通常の用語例による意味内容が与えられるべきであるとした。この立場から，「製造業」を「有機又は無機の物質に物理的，化学的変化を加えて新製品を製造し，これを卸売又は小売する事業」と解し，「サービス業」を「無形の役務を提供する事業（不動産業，運輸通信業及び飲食店業に該当するものを除く。）」と解した。

　消費税簡易課税制度の事業区分の基準としての「日本標準産業分類」の合理性については，「日本標準産業分類」が単なる統計上の分類にとどまり，消費税法上の事業区分とは目的を異にするものであるが，それ自体は，一定の基準に基づく体系的な産業分類であり，これ以上に普遍的・合理的な産業分類基準は現状では見受けられないことも認めている。

　そこで，名古屋地裁は「日本標準産業分類」における歯科技工業の分類の合理性について検討に入る。判決は，歯科技工業に「歯科医療行為に付随するサービス提供事業」の特質が存在し，歯科技工士が歯科医師の補助者的な地位にあることを認めている。しかし，第四種事業に分類される飲食店に料理等を製造・納入する事業が第四種事業であるとはいえないことを例に挙げ，補助者の事業が補助を受ける事業と同様の性質を有するとは限らないことを指摘している。その結果，歯科技工業が歯科医師の補助的事業であることをもってサー

176

第4章補章　簡易課税制度における事業区分の課題

ビス業としての性格を有する医療業と分類することに合理性があるとはいえないとして，歯科技工業に関して，「日本標準産業分類」に従って「第三種事業」と「第五種事業」とを事業区分する本通達の合理性を否定した。

　以上の論点を前提にして本件の歯科技工業の事業内容について検討すると，当該事業は原材料を基に患者の歯に適合するように成形した補綴物等を納入し，これの対価として一定の金員を受け取るという事業内容であり，有形物を給付の内容とすることが明らかであるから，「製造業」に該当すると判示した。

(2)　控訴審判決の要点

　税法中の用語の解釈については，名古屋高裁も第一審と同様の見解に立脚しているが，「製造業」および「サービス業」の意義に関する具体的な検討においては，第一審判決とは異なり，いずれも必ずしも一義的に解釈することが可能なほど明確な概念とまではいえないと判断している。

　そこで，控訴審判決は，本件歯科技工業が「製造業」または「サービス業」のいずれに該当するかを判断するに当たっては，消費税法，特に消費税簡易課税制度の目的，立法経緯等についても検討の必要性を認めている。

　「日本標準産業分類」については，それが，本来，統計上の分類の必要から定められたものではあるが，日本における標準産業を体系的に分類しており，他にこれに代わり得る普遍的・合理的な産業分類基準は見当たらないことから，これに基づくことに関する合理性を認めた。

　要するに，控訴審判決では，①歯科技工業が歯科医療行為の一端を担う事業である性質を有することおよび②歯科技工業における課税仕入の純売上高に占める構成比に関する統計指標（TKC経営指標）との符合（42％）を理由にして，歯科技工業が「サービス業」に該当すると判断した。

　なお，本件は上告されたが，最高裁は，平成18年6月29日に上告不受理決定を下した。最高裁は，本件に関して実質的な判断を下していないが，事実上，控訴審の判断を支持したものと推測される[3]。

177

Ⅲ　歯科技工業に関する判決の検討

1　事業区分判定の検討

　前述したように，歯科技工業の事業区分判定に関する第一審判決と控訴審判決は正反対の結論に至った。その結論が分かれた最も大きな原因は，消費税簡易課税制度における事業区分の分類基準としての「日本標準産業分類」に対する合理性判断の違いであろう。

　第一審判決は，「製造業」および「サービス業」に文理解釈を施し，それぞれの概念の内容を確定することにより，Ｘ社が行っている「歯科技工業」の具体的事業内容に当てはめを行い，本件事業が「製造業」に該当するという結論を導いている。

　この思考プロセスには，「日本標準産業分類」に従い「第三種事業」と「第五種事業」を区分する通達の合理性を検討する余地はない。ただし，本判決は，被告Ｙ税務署長の主張に応える形で本件通達の合理性を検討したが，歯科技工業との関係ではこれを否定している。「日本標準産業分類」は，統計上の分類にとどまるものであり，山本守之氏も述べられているように，消費税法における簡易課税制度の事業分類とは目的が異なる[4]。

　しかし，第一審判決も認めているとおり，一定の基準に基づく体系的な産業分類であり，この分類以上に普遍的・合理的な産業分類基準は他に見受けられない。特に，分類に際しては，①生産される財貨または提供されるサービスの種類（用途，機能など），②財貨生産またはサービス提供の方法（設備，技術など），③原材料の種類および性質，サービスの対象および取り扱われるもの（商品など）の種類に着目して区分した上で，体系的な配列が施されている。上記三つの観点は，「みなし仕入率」の違いによる事業区分の判定にも参考になる。

　ただし，「日本標準産業分類」おいては，個別の事業をいずれの大分類に位

置付けるかについて，上記三つの観点を厳密に適用しているわけではなく，財貨やサービスの種類・性質よりも大分類との関連性を重視して，関連性のより強い大分類に位置付けている場合も存在する。

たとえば，本来，サービス業に位置付けられるべき「農業サービス業（013）」や「園芸サービス業（014）」が「農業（大分類Ａ）」に，「林業サービス業（024）」が「林業（大分類Ｂ）」に位置付けられている。

また，「サービス業（他に分類されないもの）（大分類Ｑ）」のうち「他に分類されない生活関連サービス業（839）」の中に「食品賃加工業（8391）」が位置付けられている。「食品賃加工業」とは，家庭消費用として原料個人持ちの粉および穀類などを賃加工する事業をいう。これに対して，主として商業者，ホテル，レストランなどから委託を受けて，精穀，製粉など穀類の賃加工を行う事業は，「製造業（大分類Ｆ）」の「精穀・製粉業（096）」に分類される。つまり，業態が同じであっても，サービス提供の相手により分類が変わることもあり得る。

さらに，「不動産業（大分類Ｌ）」の中の「不動産取引業（中分類68）」には，「不動産代理業・仲介業（682）」とともに「建物売買業，土地売買業（681）」が含まれている。

このように，ある事業については，「日本標準産業分類」の分類に従って簡易課税制度の事業区分を判定すると，その分類の妥当性を欠く場合が出てくる。この場合には，あくまでも当該事業の実態を十分に検討することにより，事業区分の判定を行うべきである。

本事件の歯科技工業も，その事業実態について，十分に検討を要する事業であったということができる。

2　歯科技工業の実態と付随サービス性の検討

歯科技工業は，「日本標準産業分類」の「医療，福祉（大分類Ｎ）」において「医療業（中分類73）」の中の「医療に附帯するサービス業（736）」に位置付

けられている。

「歯科技工」とは，歯科技工士（または歯科医師）が，歯科医師の指示に基づいて，特定人に対する歯科医療の用に供する補綴物，充填物または矯正装置を作成し，修理し，または加工することをいう。「歯科技工所」とは，歯科技工士（または歯科医師）が業として歯科技工を行う場所をいう（歯科技工士法2，18）。

前述したとおり，本事件のX社のような歯科技工所の経営者は，歯科医師との間に歯科補綴物等の製作納入契約を締結しており，患者との間には何ら契約が締結されることはない。個別の歯科補綴物等の製作に際しては，歯科医師の指示に従うことが必要である。このように，歯科技工業は，歯科医師による歯科医療サービスとの関連性が強いことから，「日本標準産業分類」において「医療に附帯するサービス業」に分類されているものと思われる。

しかしながら，歯科医療機関の約9割が歯科補綴物等の製作を歯科技工所に外注しており，歯科技工業は歯科補綴物等の供給上大きな役割を果たしている。今日の歯科医療において，その位置付けは極めて重要である[5]。このような状況のもとで，歯科技工所の事業実態も多様であり得る。主要な形態として，次の場合が考えられる。

① 歯科技工所が材料を自ら仕入れて，その材料に加工を加えて歯科補綴物等を製作する場合

この場合は，歯科技工所の事業の典型的な形態であるということができる。歯科補綴物等の製作納入契約では，材料代を含めたところで歯科補綴物等の値段が設定されている。これは通常の製造業と異なるところはないので，消費税の簡易課税においても「製造業」として「第三種事業」に該当する。

本事件の事実認定によると，X社はこの形態で歯科技工業を営んでいたと認められる。

② 上記①と歯科補綴物等の製作納入の状況は同じであるが，歯科補綴物等の値段設定上，金属等の材料代と技工料とに区分し，材料代は仕入値と同

第4章補章　簡易課税制度における事業区分の課題

額とする場合

　この形態によると，材料代が実費で精算されるため，付加価値は技工料にしか認められない。歯科医師は，この業務形態を利用することにより，金属等の材料代が値下がりした場合等に，歯科補綴物等の代金が割高になるのを防ぐことができる。

　この場合には，材料代と技工料が明確に区分されるため，材料の売上が「卸売業」として「第一種事業」，技工料収入が「サービス業」として「第五種事業」に該当する。

③　歯科医師から指示または委託を受けて購入した材料を使用して歯科補綴物等の製作を行う場合

　この形態では，材料の所有者は指示・委託を行った歯科医師となるので，歯科補綴物等の代金に含まれるのは技工料だけとなる。この場合には，他の者の材料に加工を施したことになるから，「賃加工業」として「第四種事業」に該当する。

④　歯科医師からの材料の提供を受けて，その材料に加工を加えて歯科補綴物等を製作する場合

　この形態は，典型的な「賃加工業」として「第四種事業」に該当する。

⑤　以前製作・納入した歯科補綴物等に修理・加工を施す場合

　この形態は，典型的な「サービス業」として「第五種事業』に該当する。

このように，歯科技工業の業務実態にも様々な形態が存在する。「日本標準産業分類」を形式的・一律的に適用するのではなく，当該事業の実態に即して事業区分は判定されるべきである。

その判定に従えば，消費税法基本通達13－2－4にいう「第三種事業」と「第五種事業」の範囲は「おおむね日本標準産業分類　（総務省）の大分類に掲げる分類を基礎として判定する」という規定における「おおむね」の意味は，当該事業の実態が「日本標準産業分類」の分類から乖離しているような場合には，それに従わなくてもよいというように理解するのが妥当である。

この点で，本件の控訴審判決は，歯科技工業の付随サービス性を重視しすぎ

181

たあまり，その事業実態の検討が不十分であった。以上の考察から，第一審が「製造業」に該当すると下した判決に賛同したい。

Ⅳ　簡易課税制度の撤廃 ─ むすびに代えて ─

　わが国の消費税法では，一定の事業規模以下の中小事業者に対しては，実額による前段階消費税額（仕入税額）の計算・事務処理が過重負担となるので，実額による仕入税額控除に代えて「みなし仕入率」を乗じた概算額による仕入税額控除が特例措置として認められている。

　その場合，「みなし仕入率」は大雑把に6種類に区分されているので，その業種区分に見合う「みなし仕入率」を適用しなければならない。わが国の簡易課税制度における業種区分（したがって，みなし仕入率）は，多様・広範囲な業種を6種類のみに限定している。本補章で取り上げた歯科技工業のような複合的業種に対しては，現行の業種区分だけでは実態とかけ離れた「みなし仕入率」が適用されるかもしれない。このような弊害を排除するためには，前述したように，業種の実態に即して「みなし仕入率」（業種区分）を判定することが必要である。

　ただし，多様・広範な業種形態の存在に対して，6種類の「みなし仕入率」だけで充分であろうか。実際の仕入率とあまりにかけ離れた「みなし仕入率」が採用されれば，消費者が負担した消費税は国庫に入らず，中小事業者の手許に「益税」として残る。ドイツでは約60業種について簡易課税の平均控除率が制定されているが，わが国の簡易課税制度下においても，多様な業種の実態に即して判定できるような多種類の業種区分・みなし仕入率が設定されるべきであろう。実態と乖離しない程度の「みなし仕入率」であれば，多少なりとも「益税」は解消されるかもしれない。

　しかし，実態に即した課税の観点から多種類の業種区分の設定が要請されるとしても，業種区分が多くなると，かえって事務処理の過重負担を招きかねな

第4章補章　簡易課税制度における事業区分の課題

い。現在の6種類の区分のうち，「第三種事業」および「第五種事業」をそれ
ぞれきめ細かく分類し直すことにより，実態に即した課税と簡易課税制度の目
的との間に調和を図ることが必要とされよう。

　しかしながら，現実には，簡易課税制度は選択適用できる制度であるので，
本則課税で計算した実額による納付税額と簡易課税で計算した概算額による納
付税額を比較して，有利となる方法で申告するという適用例も見受けられる[6]。
益税を捻出するために，本則課税計算と簡易課税計算の有利選択が行われてい
る。

　本則課税計算と簡易課税計算の有利選択による「益税」を減少させるために
は，簡易課税制度の適用上限額を現在の5,000万円からさらに引き下げること
も必要である。ただし，有利選択による「益税」の根本的な解消は，最終的に
は「簡易課税制度」の廃止によらなければ実現しないであろう[7]。

【注】
1)　名古屋地裁平成16年（行ウ）第56号平成17年6月29日判決　D1-Law.com　第一法
　　規法情報総合データベース，判例ID 28110243（https://www.dl-law.com/dlw 2.
　　portal/index.html）
2)　名古屋高裁平成17年（行コ）第45号平成18年2月9日判決　同上判例ID
　　28110413。
3)　原木規江「最新税務判例」『税と経営』No. 1592，平成18年，10頁。
4)　山本守之「簡易課税の業種区分と租税法律主義」『税経通信』第61巻第4号，2006
　　年，146頁。
5)　社団法人　日本歯科技工士会ホームページ（http://www.nichigi.or.jp/）。
6)　森信茂樹「消費課税の理論と展望」『租税研究』第614号，2000年，12頁。
7)　菊谷正人「消費税の益税解消策および逆進性緩和策」『税経通信』第61巻第1号，
　　平成18年，209頁。
　　　菊谷正人「消費税法における問題点」『経営志林』第43巻第1号，2006年，49頁お
　　よび52～53頁。

第5章

財産保有課税の新展開

― 金融資産税加税論と富裕税再導入論 ―

I　資産課税の概念・分類の問題点

　序章で述べたように，担税力の標識をどの税源に求めるかによって，収得税，消費税および財産税に分類される。収得税と消費税は収入・支出に担税力を求めるキャッシュ・フロー課税であるのに対し，財産税は財産の保有に基づくストック課税である。

　前述したように，財産の取得・保有・譲渡に対する課税は「資産課税」と総称されるが，財産の取得・移転に係る「流通税」に属する税目であっても，財産の取得または譲渡には支出または収入が伴うので，キャッシュ・フロー課税（収得税と消費税）に帰属すると言えるのではなかろうか。

　たとえば，「不動産取得税」は，取得者にとっては支出が伴うので，本書では「消費税」の範疇に属した。つまり，流通税は最終的には収得税または消費税に変換する。

　このような観点から，キャッシュ・インフローによる収得税，キャッシュ・アウトフローによる消費税，財産ストックによる財産税を厳密に区分すれば，財産の保有に基づく「財産税」は，地価税（土地の価額に課される国税であり，現

在，課税は停止されている），自動車重量税（検査自動車の車検および届出自動車の車両番号指定に課される国税），自動車税（自動車の保有に課される道府県税），鉱区税（鉱業権のある鉱区の面積に対して課される道府県税），固定資産税（土地・建物・償却資産の保有に課される市町村税），軽自動車税（オートバイや軽自動車等の保有に課される市町村税），特別土地保有税（一定規模以上の土地を取得したときまたは保有しているときに課される市町村税で，保有分），事業所税（特定の都市で一定規模以上の事業所を設けて事業を営むとき等に課される市町村税，資産割），都市計画税（市街化区域における土地・建物の保有に課される市町村税）などに限定される。

したがって，鉱産税（鉱物の採掘事業に対し，その鉱物の価格を課税標準として鉱業者に課される市町村税）などは「収得税」，登録免許税（不動産・船舶等の登記・登録・認可等に課される国税），不動産取得税（土地・家屋・立木等の不動産を取得したときに課される道府県税），自動車取得税（自動車を取得したときに課される道府県税）などは「消費税」に該当する。

国税庁の統計数値による資産課税等の中の「財産税」の税収構成比は，下方修正されなければならない。

なお，表5－1では，従来の資産課税の税目を再分類し，本書で言う「財産税」を収得税・消費税と比較・区分している。

表5－1　資産課税税目の再分類

税　源	税　　　　　　　目
財産（保有）税	地価税，自動車重量税，自動車税，鉱区税，固定資産税，軽自動車税，特別土地保有税（保有分），事業所税（資産割），都市計画税
収　得　税	鉱産税
消　費　税	登録免許税，不動産取得税，自動車取得税

本章では，序章で提案した「収得税・消費税減税と財産税増税」の視座から，資産課税の現状と問題点を指摘し，金融資産税の追加課税（金融資産税加税）または富裕税の再導入を提唱する。

Ⅱ　資産課税の現状と問題点

　財産の代表的な取得形態には，購入，贈与，相続がある。序章で主張したように，相続財産および贈与財産は「みなし収入」であり，相続税および贈与税は概念的には「収得税」として捉えるべきである。

　資産を購入する場合には，通常は，消費税法における「消費税」が課税される。ところが，不動産の購入には「不動産取得税」や「登録免許税」が課せられている。

　自動車を購入する場合には，消費税込みの車両本体価格のほかに，資産課税として「自動車取得税」，「自動車重量税」，「自動車税」の納付が必要である。

　たとえば，本体価格2,700,000円のトヨタ・マークX 250 Gを神奈川県で購入（4月登録）するに際しては，216,000円（＝2,700,000円×8％）の消費税（厳密には，消費税法による消費税と地方税法による地方消費税）のほかに，自動車取得税（道路の建設・整備の費用に充てる道府県税の目的税）が76,300円，自動車重量税（いわゆる車検に課される国税）が49,200円，自動車税（自動車の所有者に課される道府県税）が41,200円かかる。

　「自動車税」と「自動車重量税」は有形固定資産（自動車）の保有に課される「財産税」であるが，「自動車取得税」は自動車の購入取得に対する消費税である。自動車の購入に際して，消費税法・地方税法の消費税が課された上に，自動車取得税も課されるのであれば，「二重課税」が行われたことになる。

　ただし，「自動車取得税」は，課税権者（租税を賦課・徴収する課税者の主体である国または地方団体）がその租税収入を特別会計に組み入れて特定の経費に充てる目的で例外的に課す「目的税」（earmarked tax）であるので，一般会計に組み入れて一般経費に充てる「普通税」（general tax）とは異なる例外的租税であると観念すれば，「二重課税」も正当化されないこともない。

　とは言っても，納税義務者側にとっては，過重な二重課税であることには変

わりはない。国税・地方税の「消費税」・「地方消費税」とともに地方税の「自動車取得税」を課すのは，租税の二重取りに外ならない。

　元来，国または地方公共団体は，道路・公園・港湾・上水道などの公共施設を整備したり，国防・治安維持・災害防止・社会保障・文化振興・教育などの公共サービスを提供するために，その資金を調達する手段として「国税」または「地方税」を徴収するのである。道路の建設・整備の費用に充てるために別個に使途特定の「自動車取得税」を例外的に設けるのは，本来の「租税の公益性」に抵触するのではなかろうか。

　道路の整備は目的税ではなく普通税によって図られるべきであり，しかも，二重課税となるような「自動車取得税」は課すべきではない。

　かつて昭和20年代には，当時としては高級品・贅沢品であった自転車・電話に自転車税・電話税が地方税として課されていたが，現在では生活必需品となったため廃止されている。今日のような車社会においては，自動車は生活必需品として一般化しているので，「自転車税」と同様に，自動車の保有に課税する「自動車税」は廃棄されるべきではなかろうか。

　ところが，同じ資産であっても，株式・公社債券等の有価証券の購入や保有に際しては，何の租税も課されていない。

　自動車には「消費税」や「自動車取得税」を課す一方，有価証券（金融資産）には「消費税」または「有価証券取得税」を課さない税務措置は，「課税の中立性」を破壊している。さらに，土地・建物等の有形固定資産の「保有」には「固定資産税」，「自動車税」，「軽自動車税」，「鉱区税」，「特別土地保有税」，「都市計画税」などが課されるのに対し，現金，預金，有価証券等の金融資産の「保有」には一切課税されない。貯蓄奨励策・証券市場活性化策の一環として，金融資産の保有は非課税の状態のままに放置され続けている。

　「非課税」（exclusion from taxation）は「課税除外」とも呼ばれるが，公益上の必要性・担税力の脆弱性等の理由により，課税対象または納税義務者から除外することである。前者を「物的非課税」，後者を「人的非課税」と言うが，物的非課税には，たとえば所得税法における少額公債の利子の非課税，相続税

法における非課税財産（墓所等）があり，人的非課税には，たとえば外交官等の所得税・公共法人等の法人税の非課税がある。非課税措置が講じられれば，納税義務は生じない。

非課税措置の趣旨を鑑みると，金融資産（またはその保有者）が公益上の必要性・担税力の脆弱性の観点から物的非課税（または人的非課税）の対象になり得るとは言い難い。

たとえば，10億円で土地を購入・保有した納税義務者には「固定資産税」の納税義務が生じるのに対し，同じ10億円で債券を購入・保有する納税義務者は無税で終了する。このような部分・局地的な課税は，「課税の不平等」に陥っていると言わざるを得ない。

しかも，金融資産は資産隠し・不正蓄財の手段として頻繁に悪用されている。たとえば，旧経団連の元会長の故Ｓ氏が生前に無記名の割引金融債（券面金額から利息相当分をあらかじめ差し引いて金融機関が発行・販売する１年満期の債券）の一部を隠して資産運用していたが，Ｓ氏の死亡後，Ｓ氏の長男は相続した無記名の割引債のうち一部だけを申告する「つまみ申告」の方法で十数億円を相続財産から除外し（これらの遺産を知人名義を使って銀行の貸金庫に隠し），東京国税局から相続税９億8,000万円の脱税の疑いで東京地検に告発された[1]。

割引債に対しては，その償還差益が「雑所得」として18％の特別税率で発行時に源泉分離課税されれば（措法41の12），その課税関係は完了し，財産税は課されない。これに比べて，土地・建物等の不動産の場合には，取得に際しては「不動産取得税」（real estate acquisition tax），不動産の貸付けによる地代・家賃には「不動産所得」として「所得税」（income tax），不動産そのものの保有には「固定資産税」（property tax）が課されている。

同じ資産所有者（資産家）であっても，不動産所有よりも金融資産所有の方が有利に働く「課税の遺漏状態」が存立している。このような弊害を回避し，「課税の公平」に資するためには，同じ資産の保有税（財産税）として「金融資産税」が追加課税されるべきである。

さらに注意を要することは，宝石，書画・骨董などの保有にも課税が行使さ

れていないという点である。生活用動産ではなく贅沢品である宝石等の財産の保有に課税しないで，生活必需品的な土地・建物・自動車等の保有には課税されている。

取得した資産の種類の相違によって，「課税対象資産」と「非課税対象資産」に分かれるのであれば，非課税対象資産の保有が選好されるであろう。このような「法の不備」を利用して，節税対策あるいは租税回避策として数億円・数十億円の書画・骨董，宝石が不要・無駄に購入・保有されているかもしれない。たとえば，高額資産家が土地・建物等の有形固定資産を全く所有せず，数億円・数十億円の宝石・絵画等の保有に変更すれば，資産保有税としての「固定資産税」は回避することができる。

序章で示した算式(3)（全体収入＝全体支出＋財産）における右辺の「財産」は，左辺の「全体収入」から招来したものであり，同じ全体収入（キャッシュ・インフロー）に帰因する財産であるので，保有資産の種類如何によって課税・非課税の区分を設けることは課税公平上適当ではない。

理念的には，同じ全体収入から形成されたすべての「財産」は平等に課税されるべきである。したがって，当該贅沢品にも「財産税」（資産保有税）が課されなければならない。

Ⅲ　金融資産税の課税要件

1　金融資産税の納税義務者

金融資産税の納税義務者は，金融資産を保有している個人または法人とする。ただし，所得税法・法人税法の規定との整合性により，非居住者，公共法人，公益法人等に対しては非課税となる。

また，資産課税は「富の集中」およびそれに伴う「社会不安」（最終的には政治革命）を排除する目的により行われるのであるから，低額所有の金融資産

家・法人にまで納税義務を負わせる必要はない。一定の基礎控除額を設け，高額資産家・法人から金融資産税を徴収すればよい。

たとえば，個人の場合における基礎控除額として，資産課税法である「地価税法」（租税特別措置法第71条により平成10年（1998年）以降その適用が停止されている）における基礎控除額（定額控除）の15億円が参考になるであろう。法人の場合には，地価税法における基礎控除額が10億円（資本金1億円超の大法人）または15億円（資本金1億円以下の中小法人）であるので，金融資産税の基礎控除額は10億円程度となるであろう。

つまり，一定の免税点を設けることによって，一定額以上の金融資産の保有者のみが金融資産税の納税義務を負うことになる。

2　金融資産税の対象資産（課税物件）と捕捉システム

金融資産税の対象資産（課税物件）は，原則として，すべての金融資産である。株式・公社債券・証券投資信託の受益証券・コマーシャルペーパー等の有価証券をはじめとして，銀行その他金融機関の預金・貯金・貯蓄金・預託金・貯蓄性掛金，さらには手許現金（個人の場合には，いわゆるタンス預金）までも課税対象となる。

安部忠氏が提案されるように，預貯金・有価証券に対する金融資産税の捕捉・徴収システムとして，「金融資産税申告制度」の創設が必要であろう。

この金融資産税申告制度の下では，あらかじめ国から徴収の代行業務の営業許可を受けた金融機関が，一旦，すべての預金口座・顧客コードに対して「源泉徴収金融資産税」を天引きする。一定額以上の金融資産保有者（金融資産税の納税義務者）は，金融機関発行の源泉徴収票に基づいて「金融資産税申告」を行い，金融資産税の免税者は「還付申告」によって金融資産税の還付を受けることになる[2]。

このシステムによって，金融資産税の捕捉・徴収が完全網羅的にスムーズ・割安に行われるとともに，確定申告の手続を定期的に行うことにより，納税者

191

の納税意識が高まるという付随的な効果も期待できる。

このような捕捉・徴収システムの信用を保証するためには，「納税者番号制度」（taxpayer identification number system）の確立が必要不可欠な前提条件となる。納税者番号制度は，すべての納税義務者に対して固有の納税者番号（国民総背番号ではない）を付番し，納税義務者の所得・資産の正確な捕捉，徴収の効率化を図ろうとするシステムである。この制度は，既にアメリカ，カナダ，イタリア，オーストラリア，スウェーデン，デンマーク，ノルウェー等で導入されている。

わが国では，平成 9 年（1997年）から「年金番号」が制度化されたが，納税者番号制の導入は北米方式の「年金番号活用方式」（税務をはじめ広く行政分野に既存の社会保険番号を利用する方式）によって可能となるであろう。あるいは，北欧方式の「出生番号方式」（出生時に国民に番号を付番し，税務をはじめ広く行政分野に利用する方式），イタリア・オーストラリア方式の「税務限定番号方式」（税務行政に限定した番号を利用する方式），「資産取引者番号方式」（すべての資産取引のみに資産取引番号者番号の登録を義務づけ，当該資産取引には利用するが，所得等の税務行政には利用しない方式）などが設定されている[3]。

ただし，「年金番号活用方式」，「出生番号方式」（あるいは「住民基本台帳方式」）では個人納税者に限定されてしまうので，法人納税者には「税務限定番号方式」，「資産取引者番号方式」を適用する必要があるかもしれない。

わが国では，「行政手続における特定の個人を識別するための番号の利用等に関する法律」（「番号法」と通称されている）が平成25年 5 月 1 日に公布され，平成28年 1 月から施行されている。「番号法」は，個人番号には「住民基本台帳方式」，法人番号には「税務限定番号方式」を採用した。

納税者番号の不正利用を防ぐためには，厳重に管理された「税務限定の納税者番号制度」が構築されるべきである。「番号法」に基づく「マイナンバー制度」については，後章で詳説される。

ここで提案している「金融資産税源泉徴収制度」における「納税者番号制度」は，納税義務者に対しては預金口座等の開設に際して住所・氏名・納税者

番号を金融機関に告知することを義務づけ，また，金融機関に対しては納税義務者の氏名・住所・納税者番号・当該金額等を記載した「情報申告書」を税務当局に提出するシステムである。

金子宏教授も指摘されるように，脱税所得は，結局は，不動産・金融資産等に流れ込むと考えられるので，「納税者番号制度」が採用されれば，脱税所得の発見も現在よりははるかに容易になる[4]。

コンピュータ・コピー装置の発達あるいはAI（人工知能）の展開により，膨大な量の情報収集・保存処理が可能となった現在，「納税者番号制度」の導入は，財産税のみならず収得税・消費税の正確な捕捉・徴収，ひいては適正・公平な課税の実現に多大に貢献することができる。

しかし，「納税者番号制度」には納税者の個人的・経済的秘密の漏洩・悪用が懸念される。現行法においては，個人情報保護法，公務員法による公務員の守秘義務等によって納税者の個人的・経済的秘密が保護されているが，プライバシー保護問題を完璧にクリアーするためには，たとえば「国税通則法」の中で納税者情報の門外不出原則や罰則等，納税義務者の秘密保護に関する本格的な法令を設ける必要がある[5]。

米国では1988年に「コンピュータ照合・プライバシー保護法」が制定され，コンピュータによるデータ照合が個人の権利を侵害できないように，(i)参加機関のデータ保全委員会による事前の合意文書承認，(ii)プログラムに関する報告書の連邦議会と行政管理予算局（OMB）への提出，(iii)OMBによる官報での公表，(iv)申請者・受益者に対するコンピュータ照合の通知，(v)参加機関による実施機関データベースへの直接アクセスの禁止（磁気テープまたは電子媒体の利用），(vi)受益者の不利な発見があった場合，当該受益者への30日間の抗議期間供与，(vii)データ照合プログラムの手続遵守状況・プライバシー保護状況に関するOMBによる監督・監視および2年ごとの議会への報告書提出といった事項が定められている[6]。

また，1997年には「納税情報の不正閲覧防止法」が設けられ，(i)連邦職員・州職員による納税申告書・申告情報の故意の閲覧が禁止され，(ii)違法閲覧者に

193

は5,000ドル以下の罰金もしくは5年以下の懲役，および免職または解雇が科されている[7]。

「納税者番号制度」を先行的に導入した諸外国では，個人情報保護・不正閲覧防止・罰則規定が既に設けられ，運用されている。

当該制度に反対する理由（主として個人情報保護と不正利用）が法的に排除されるならば，財産税・消費税・収得税の正確な徴収捕捉および課税公平の実現のために「納税者番号」の付番は採択されるべきである。わが国の「番号法」も，個人番号の安全確保措置を義務付けるとともに，不正利用・不当行為に対して罰則規定を設けている。

3　金融資産税の課税標準

金融資産税の課税標準は，金融資産の価額とする。金融資産の価額は税額に影響を及ぼすので，その財産評価は税務計算上きわめて重要である。

相続税法第22条によれば，相続財産の価額はその財産の取得のとき（相続時または贈与時）における「時価」による。財産の一般的評価基準として時価評価が基本的に採択されているとするならば，金融資産税の課税標準は，その財産の保有時（実務上は年末あるいは事業年度末）における時価でなければならない。

ちなみに「時価」とは，課税時期（賦課期日）において不特定多数の独立当事者間における自由な取引で通常成立する交換価値である。

金子宏教授も開陳されているように，財産の時価を客観的に評価することは必ずしも容易ではなく，納税者間で財産の評価が相違することは課税公平の観点から好ましくない[8]。

そこで「相続税法」（第23条〜第26条の2）は，評価困難な財産（地上権，永小作権，定期金に関する権利，生命保険契約に関する権利および立木）に対しては法定評価としてそれぞれの時価を一義的に規定している。

ただし，「その他の財産」の評価は，納税者の便宜，評価の統一による納税者間の公平，徴税費の節約等を図るために設定された「財産評価基本通達」に

第5章　財産保有課税の新展開

従って行われている9)。金融資産の評価は，この「財産評価基本通達」によることになる。

たとえば，上場株式については「取引価格法」が利用される。この方法は，原則として，課税時期の最終価格によって評価するが，それが課税時期の属する月以前3か月間の毎日の最終価格の各月平均値のうち最も低い価格を超えない場合には，その最も低い価格によって評価する（評基通169(1)）。

取引相場のない株式は，会社の規模（大会社，中会社，小会社）に応じて類似業種比準法，純資産価額法，両者の併用方式のいずれかの方法で評価した金額とする（評基通179(1)(2)(3)）。

預貯金の評価については，預入高と，現在において解約するとした場合の既経過利子から源泉徴収所得税額を控除した金額の合計額とする（評基通203）。

現金は，手許有高で評価されなければならないが，脱税のために，預貯金・有価証券を換金して現金の隠匿（たとえば，土中に埋めるとか知人に預けるといった「現ナマ隠し」）が当初は横行するかもしれない。

しかし，土中に埋めた現金は隠匿者が死ねば放置されたままであり，他人に預ければ秘密はいずれは漏れる危険性が高い。脱税犯として検挙されたり，死後に不名誉の謗りを受けるよりは，正直に申告するか，預貯金・有価証券の形態のままで保有して金融資産税を納付する方が賢明であると納税義務者は次第に判断するようになるであろう。

高額資産家・高額資産保有法人は，経済的強者（必ずしも精神的強者であるとは限らない）として，国家・社会に貢献できる金融資産税を喜捨したと認識できれば，精神的にも裕福になれると言えるであろう。

4　金融資産税の税率

土地，家屋および償却資産（自動車・軽自動車を除く）の総称である「固定資産」に対し，当該固定資産所在の市町村において「固定資産税」が課せられている。固定資産税の標準税率は1.4％である（地法350）。

195

固定資産も金融資産も，序章で示した算式(2)（全体収入－全体支出＝財産）における右辺の「財産」としては同等であり，財産税として同様の税率で課税されるべきであろう。すなわち，現行税法の規定を前提にすれば，金融資産税の標準税率は1.4％となる。

日本の「貸借対照表」によれば，民間部門の金融資産は約4,012兆円（平成15年度末現在）であるが，基礎控除額（すなわち免税者）を考慮に入れないで単純に計算すれば，金融資産税は約56兆円に達する。

財務省が平成28年8月10日に明らかにしたように，平成28年6月末現在における国の負債（国債，借入金，政府短期証券）は1,053兆4,676億円に上る。

「課税の公平」を標榜することは勿論であるが，国・地方団体の負債返済の財源としても「金融資産税の追加課税」（「金融資産税加税」）は有効・有力な手段となり得る。

「金融資産税」の早期導入が，課税公平の実現ばかりではなく，国家財政の健全化のためにも，現行税制の喫緊的課題として要請される。

Ⅳ　富裕税の再導入

現行税法では，保有している資産の種類の違いによって，課税対象資産と非課税対象資産とに分かれている。

有形固定資産の保有には多様な財産税が課される一方，金融資産の保有には全く課税されていない。貯蓄奨励・金融市場活性化の美名を借りて，金融資産の保有に対する課税が排除され続けてきた。「財産の保有」という共通項がありながら，金融資産には租税優遇措置が施されている。

このような法の不備を濫用して，租税回避行為が平然と行われ，しかも，脱税所得の温床として金融資産が悪用されてきた現実は無視できない。

前述したように，「金融資産税加税」は，理論的・実践的にも適正な方策であり，緊急を要する。

第5章　財産保有課税の新展開

　しかし，特定種類の財産のみを課税対象とする「個別財産税」（たとえば，固定資産税，金融資産税）を利用しただけでは，すべての「財産」を課税対象にできるとは限らない。

　とりわけ宝石・貴金属，書画・骨董等が課税対象から漏れる欠陥を露呈する。これを防ぐためには，所有財産の全部または純財産（＝資産−負債）を課税対象とする「一般財産税」で対応しなければならないかもしれない。

　一般財産税には，昭和21年（1946年）に臨時的に課された「財産税」，昭和25年（1950年）から28年（1953年）にかけて採用された「富裕税」がある[10]。

　敗戦直後の税制改革の一つとして，「財産税法」（昭和21年法律第52号）が昭和21年（1946年）11月12日に公布され，その後の土地税制に大きな影響を与えることとなった。

　「財産税」の納税義務者は，昭和21年3月3日午前零時（以下「調査時期」という）における居住者等であり，課税物件はその財産の全部であった（ただし，戦後の一時的な臨時措置であり，1回限りの課税であった）。

　課税標準は，調査時期における財産の価額から債務を控除した金額（純財産額）であり，免税点は課税標準で10万円である。財産の価額は，原則として，調査時期における時価により測定されるが，土地または家屋の価額は，その賃貸価額（地租法および家屋税法による）に一定の倍数を乗じた金額である。具体的には，財務局長が状況の類似する地域ごとに定めた一定倍数を乗じて算出した金額により画一的に評価する方法が採択されていた。税率は，25％（10万円を超える金額に）から90％（1,500万円を超える金額に）とする累進税率であった[11]。

　「富裕税」（net worth tax）は1944年にルクセンブルクで導入され，デンマーク，オーストリア，フィンランド，スイス等の諸外国でも採用されている[12]。

　わが国では，『シャウプ勧告』の影響を受けた昭和25年（1950年）度税制改革により，所得税の最高税率の大幅引下げ（85％から55％）に応じる形で，「富裕税」が所得税の補完税として導入された。高額所得者層への優遇を是正・補完する目的で新設された富裕税の機能は，(i)所得税の累進性を確保すること，(ii)

197

生産と投資に対する阻害的影響を小さくすること，(iii)課税標準から脱落しやすい資産所得を元本で捕捉すること，(iv)富の集中を阻止することであった[13]。

その富裕税の課税標準は，すべての資産合計から負債を控除した「純財産」であり，税率は0.5％（500万円超），1％（1,000万円超），2％（2,000万円超）および3％（5,000万円超）の4段階の低い累進税率である。ただし，隠匿されやすい動産等に対する課税の税務行政上の困難を主な理由として，昭和28年（1953年）度税制改正により「富裕税」は廃止されている[14]。

富裕税の課税時期は毎年12月31日であり，翌年の2月1日から2月末までに申告納税することになっていた。「富裕税」は，昭和21年の「財産税」と同様に，課税標準に「純資産」，税率に「累進税率」を適用し，免税点を設けていた。

ここで注目しなければならない点は，「富裕税法」では，①貴金属，宝石，象牙等および同製品，②書画・骨董，美術工芸品，③趣味，嗜好，娯楽のために所有する動産および運動用具のうち，一定額を超えるものは課税対象となっていたということである。富裕税は，すべての所有財産を課税対象とする「一般財産税」であるので，特定の財産を非課税対象資産とする必要がない。

「個別財産税」には，資産保有選択を歪曲したり，租税回避を助長するリスクが大きいのに対し，「一般財産税」である富裕税は基本的に非課税対象資産を設けない。土地・建物等の不動産を課税対象とする「固定資産税」は廃止され，「富裕税」に包摂されることになる。

石倉文雄教授は，旧富裕税法で列挙されていた貴金属・宝石・書画・骨董等も課税対象とすることに「課税の公平からも踏襲すべきである」[15]と主張されている。

保有している資産全般を課税対象とした「富裕税」は，主として，隠匿されている不表現資産の把握の困難，資産評価の困難，割高な徴収コスト等，税務行政の執行上の難点により廃止されたが，これらの諸点を克服できれば，再導入され得る[16]。

「納税者番号制度」，「金融資産税申告制度」，「資産取引者番号制度」などの

確立により金融資産・動産の保有状況が完全に捕捉され，当該資産の評価基準が整備されるならば，「富裕税」の再導入は不可能ではない。

富裕税の再導入が技術的に拒否される場合であっても，最低限，金融資産税の追加課税とともに，貴金属・宝石・書画・骨董等を対象とする個別財産税の創設が「富の再分配（富の格差是正ひいては経済・社会の安定化）」のために必要不可欠である。

なお，「富裕税法」（および「財産税法」）については，次章で詳説される。

【注】

1) 割引債は原則無記名であったために，故金丸信・元自民党副総裁の脱税事件，暴力団山口組旧五菱会系のヤミ金融事件等，不正蓄財に使われていた（朝日新聞，2004年11月30日）。

2) 安部　忠『所得税廃止論　税制改革の読み方』光文社，1994年，40頁および55頁。

3) 首藤重幸「キャピタル・ゲイン課税を巡る諸問題」水野正一編著『資産課税の理論と課題』税務経理協会，平成7年，137頁。
   金子　宏『所得課税の法と政策』有斐閣，1996年，196〜197頁。

4) 同上書，118〜120頁。

5) 同上書，120頁。

6) 小森園浩人＝石井梨紗子「納税者番号制度とプライバシー保護−米国及びオーストラリアの事例からの考察−」『税経通信』第61巻第4号，平成18年，14頁。

7) 同上稿，15頁。

8) 金子　宏『租税法』弘文堂，昭和51年，263頁。

9) 金子宏教授の主張によれば，財産の評価は納税者の利害に影響するところが大きく，しかも多種多様な財産を対象として継続的・規則的に評価する必要があることに鑑み，法令ではない通達よりはむしろ政令または省令で規定されるべきである（金子　宏『租税法〔第十版〕』弘文堂，平成17年，481頁）。

10) 金子　宏『租税法〔第十二版〕』弘文堂，平成19年，13頁および59頁。

11) 佐藤和男『土地と課税　歴史的変遷からみた今日的課題』日本評論社，2005年，81〜82頁。

12) 石倉文雄「富裕税創設の是非と効果」水野正一編著，前掲書，248頁。

13) 佐藤　進＝宮島　洋『戦後税制史（第二増補版）』税務経理協会，平成3年，13〜15頁および41〜43頁。

14) 佐藤和男，前掲書，92頁，98頁および101頁。

15) 石倉文雄，前掲稿，252〜253頁。

16) 同上稿，249〜250頁。

第6章

「富裕税法」再導入論

― 極端な経済格差の解消・是正 ―

Ⅰ　開　　題

　わが国では，バブル経済崩壊後，景気低迷が続いてきたが，個人間における富（または所得）の格差も深刻化している。正社員と非正規労働者（派遣社員）との給与格差，業種間・大中小法人間の労働者賃金の格差，子供貧困率（16%）と高齢者貧困率（29%）の上昇[1]，高額所得者・高額資産家の脱税・租税回避（パナマ文書）等が社会問題化している。「富の集中」（または権力・権威の集中）およびそれに伴う「社会不安」は，歴史的必然性として，政治的な不安定要因（最終的には血を伴う政治革命）となる危険性が高い[2]。

　現在，消費税の増税が予定されているが，低額所得者に対して逆進的効果を及ぼす消費税の増税は，ますます「社会不安」を助長し，景気低迷に拍車をかけることになる。序章で主張したように，わが国における税収構成比の観点から，将来の税制グランド・デザインとして収得税には大幅減税，消費税には小幅減税，財産保有税には大幅増税が要請されるべきである。とりわけ，財産保有税には課税対象資産が土地・建物等の有形固定資産に限定されているので，資産隠し・不正蓄財の手段として頻繁に悪用されてきた金融資産の所有に対し

201

て「金融資産税」の新規追加課税を提案していた。

しかし，特定種類の財産保有のみを課税対象とする「個別財産税」（たとえば，固定資産税，自動車税，金融資産税等）を利用しただけでは，すべての財産保有を課税対象にはできない。高額所得者・高額資産家が所有しているであろう宝石・貴金属，書画・骨董，贅沢品・奢侈品等の保有が，課税対象から除外されている。この弊害を防ぐためには，すべての財産または純資産の金額を課税標準とする「一般財産税」の導入が必要である。

わが国では，過去２回にわたり一般財産税法が制定されていた。昭和21年（1946年）11月12日公布の「財産税法」（昭和21年法律第52号）と昭和25年（1950年）５月11日公布の「富裕税法」（昭和25年法律第174号）がすべての財産（厳密に言えば，純資産）に対して一般財産税を課した。一定の納税義務者が所有する資産を再評価し，当該再評価額に一定の税率を乗じて一般財産税が課税されている。前者が臨時的・一時的立法として定められたのに対し，後者は恒常的法律として制定されていたが，両法において，その立法趣旨，納税義務者，課税物件，課税価格の算定方法等に関する税務処理は相当に類似している。

本章では，両法の相違点・類似点を明らかにするとともに，将来における一般財産税法（「富裕税法」）の再導入，その際に求められる課税要件・財産再評価等に関する税務処理について，具体的・実質的な提言を行う。

II 「財産税法」の特徴

1 沿　　革

昭和20年（1945年）８月15日の大東亜戦争の敗戦により，日本経済は混乱を呈し，卸売物価指数は同年末までの４ヵ月間に約２倍になり，翌21年２月には約３倍になるという驚異的な騰貴をみせた[3]。昭和21年に入ってもインフレの進行は止まらなかったために，２月に実施された金融緊急措置では，金融機

関の預金封鎖とともに，旧円が新円に切り替えられた。これは，購買力の抑制というインフレ対策と預金状況把握による財産税賦課の準備であった[4]。

　財産税については，すでに敗戦前から大蔵省（現在，財務省）内部で検討が進められ，戦争の勝敗に関係なく，戦後の財政再建には財産税による財源調達が必要であるとする主税局構想がまとめられていた。昭和20年11月16日には，連合国軍最高司令官総司令部（GHQ）から覚書「戦時利得の排除及び国家財政の再建に関する件」が出され，「戦争によって何者も利得を得てはならない」という思想の下で，戦時利得の回収と累進課税の強化が指示された。ただし，大蔵省の構想とGHQの指示（命令に近い指示）には，若干の食い違いがあった。たとえば，大蔵省が法人の戦時利得を課税対象とするのに対し，GHQの覚書では法人のすべての利潤を課税対象としていた。昭和21年7月22日に，GHQ最高司令官のダグラス・マッカーサー（Douglass MacArthur）元帥の裁断で法人の財産増加による「戦時補償打切り[5]」が決定したので，大蔵省の財産税案はGHQにより排除された。最終的には，法人財産課税は外され，個人財産だけに課税されることが決まり，財産税関係法案は9月に国会に提出された。昭和21年11月12日に「財産税法」が公布され，同年11月20日に施行されている[6]。

　マッカーサー・レジューム下では，前述したように，「戦争によって何者も利得を得てはならない」との厳命によって，皇族の財産上の特権・歳費支給は停止されるとともに，多額の財産税も課された。たとえば，梨本宮家では，財産税を納付するために河口湖畔・熱海伊豆山の別荘を処分し，東京・青山の邸宅を切り売りしている。財産税によって，皇族の一家である宮家を経済的に困窮させ，臣籍降下させることがGHQの狙いであった[7]。

　GHQの占領下において，一回限りの臨時的な財産税の課税ではあったが，戦時利得回収・累進課税強化の目的のほかに，宮家の臣籍降下を実現するために財産略奪的・没収的課税が施行されたと言える。

2 財産税の課税要件

(1) 財産税の課税対象者（納税義務者）

財産税を納める義務がある納税義務者は，(a)調査時期（昭和21年3月3日午前零時をいう）において日本国に住所を有する個人，または1年以上居所を有していた個人，(b)前記(a)に該当しない個人で，調査時期において日本国にある財産を有していた個人，(c)上記に該当しない個人で，戸籍法の適用を受け，調査時期後2年内に，日本国に住所を有する個人，または1年以上居所を有することとなる個人である（財法1）。

財産税の納税義務者は，調査時期あるいは調査時期後2年内に日本国に財産を所有するすべての個人である。日本国に住所または1年以上の居所を有する「居住者」ばかりではなく，日本国に住所または1年以上の居所を有しない「非居住者」に対しても，調査時期あるいは調査時期後2年内における財産所有者である限り，財産税を納める義務を負う。なお，民法第1051条に規定される「相続財団」も，個人とみなされ，財産税の納税義務者となる（財法3）。

ただし，命令で定める外国人には財産税は課されない（財法2）。つまり，日本国籍を有するすべての個人および相続財団は財産税の納税義務者になる。財産税の免税点は10万円である（財法22①）ので，10万円8）を超える財産を所有する個人が財産税を納税しなければならなかった。

(2) 財産税の対象資産（課税物件）

財産税の納税義務者に該当する者のうち，前記(a)「調査時期（昭和21年3月3日午前零時）において日本国に住所または1年以上の居所を有し，戸籍法の適用を受ける個人」については，調査時期に所有していた財産の全部に対し財産税が課される（財法4①）。

前記(b)「前記(a)に該当しない個人で，調査時期において日本国にある財産を有していた個人」については，調査時期において日本国に所有していた財産の

全部に対し財産税が課される（財法4②）。

前記(c)「上記(a)に該当しない個人で，戸籍法の適用を受けるが，調査時期後2年内に日本国に住所または1年以上の居所を有することとなる個人」については，調査時期において所有していた財産の全部に対し財産税が課される（財法4③）。

調査時期（昭和21年3月3日）後，本法施行（昭和20年11月20日）前に相続の開始があった場合，被相続人が調査時期に所有していた財産に対しては，被相続人または相続財団に財産税が課される（財法4④）。

財産税の課税物件である課税財産（および所在）は，次のとおりである（財法5・一～六）。

(1) 動産または不動産・不動産上に存する権利（その動産または不動産の所在。ただし，船舶については船籍の所在）

(2) 鉱業権または砂鉱権（鉱区の所在）

(3) 漁業権，または入漁権または漁業権を目的とする権利（漁場に最も近い沿の属する市町村またはこれに相当する行政区画）

(4) 金融機関に対する預金・貯金・積金または政令で定める寄託金（その預金・貯金・積金または寄託金の受入を行った営業所または事業所の所在）

(5) 合同運用信託に関する権利（その信託の引受を行った営業所の所在）

(6) 前記財産を除き，営業所または事業所を有する個人の当該営業所または事業所に係る営業上または事業上の権利（その営業所または事業所の所在）

財産税の対象資産としては，動産・不動産の有形固定資産，鉱業権・砂鉱権・漁業権・入漁権の無形固定資産，預・貯金等の金融資産といった財産が課税対象となっている。財産税は，すべての財産を課税対象とする「一般財産税」であるので，特定の財産を非課税対象とする必要がなかった。

ただし，次のような財産は「非課税財産」として財産税の課税価格に算入されない（財法10・一～六）。

(1) 生活に通常必要な家具，什器，衣服その他の動産（ただし，大蔵省令で定

めるもの)

(2) 墓所・霊廟

(3) 簡易保険契約に関する権利

(4) 「厚生年金保険法」と「船員保険法」に規定する年金または一時金に関する権利および共済組合が支給する年金または一時金に関する権利

(5) 戦争または災害に起因する死亡，傷痍または疾病により支給される増加恩給その他これの準ずる年金で，命令で定めるものに関する権利

(6) その他命令で定めるもの

敗戦直後であったため，国民感情・社会政策等を考慮して生活必需品（通常必要な家具・什器・衣服・その他の動産），戦争に起因する死亡・傷痍・疾病により支給される増加恩給等が「非課税財産」となっている。

なお，昭和20年11月15日以後調査時期（昭和21年3月3日）前に，贈与の契約とその履行があった場合または財産を留保する家督相続があった場合，その贈与財産または相続財産には，調査時期において贈与者または被相続人が当該財産を所有していたものとみなして，財産税が課される（財法8①）。

ただし，公共団体に対する贈与，贈与財産の価額が3,000円以下である贈与，相続財産の価額が1万円以下である相続の場合には，財産税は課されない（財法8②）。相続財産または贈与財産に対しては，別個に基礎控除額が設けられていた。

(3) 財産税の課税価格（課税標準）

財産税の納税義務者のうち，前記(a)「調査時期（昭和21年3月3日午前零時）において日本国に住所または1年以上の居所を有し，戸籍法の適用を受ける個人」および前記(c)「上記(a)に該当しない個人で，戸籍法の適用を受けるが，調査時期後2年内に日本国に住所または1年以上の居所を有することとなる個人」に対しては，調査時期において所有していた財産の価値から，調査時期において現に所有していた債務（公租公課を含む）の金額を控除した金額が「財産税の課税価格」となる（財法12①）。

第6章　「富裕税法」再導入論

　この場合，同居家族のうちに，債務の金額が財産の価額を超過する者がある
ときは，政令の定めにより，その超過額を他の一人または数人の同居家族の財
産の価額から控除し，その同居家族の課税価額を算定する（財法12②）。ここに
「同居家族」とは，戸主および戸主と同居する家族または戸主と別居して同居
する二人以上の家族をいう（財法11②）。

　なお，前記(b)「(a)に該当しない個人で，調査時期において日本国にある財産
を有していた個人」は，「制限納税義務者」として，調査時期において日本国
に所有していた財産の価額から，調査時期において現に存する下記債務を控除
した金額について「財産税」を課せられる（財法13）。

(イ)　日本国において納付すべき当該財産に係る公租公課

(ロ)　当該財産を目的とする留置権，特別の先取特権，質権または抵当権で担
　　保される債務

(ハ)　前記(ロ)の債務を除き，当該財産の取得，維持または管理のために生じた
　　債務

(ニ)　当該財産に関する贈与の義務

(ホ)　前記(ニ)の義務を除き，調査時期において日本国に営業所または事業所を
　　有していた法人に対する債務で，当該営業所または事業所との間で生じた
　　営業上または事業上の債務

　財産税の課税価格を計算する場合に「控除すべき債務」は，確実と認められ
る債務に限られる（財法14）。また，「財産税の課税価格」の計算上，控除すべ
き債務の金額には，①不動産所得，乙種の配当利子所得，甲種または乙種の事
業所得，乙種の勤労所得，山林の所得，乙種の退職所得または清算取引所得に
対する昭和21年分の分類所得税額，昭和21年分の総合所得税額および昭和21年
分の臨時利得税額，②戦時補償特別税額（「戦時補償特別措置法」の規定を受ける
税額を除く），③「戦時補償特別措置法」（法律第38号）の規定により求償に応じ
て履行すべき債務の金額が含まれる（財法16）。

　このように，「財産税の課税価格」は，すべての財産の価値からすべての債
務（公租公課を含む）の金額を控除した「純資産額」である。「財産税」は，財

207

産の所有に基づくストック課税であり，すべての財産を課税対象とする一般財産税であるが，課税標準には「純資産額」が採用されている。

(4) 財産税の免税点および税率

前述したように，財産税の免税点は10万円であり，同居家族の財産も財産税の課税価格に合算され，その総額について財産税が課される。ただし，制限納税義務者（前記(b)の納税義務者）には，同居家族の財産の合算は適用されない（財法22②）。

財産税の税率は，下記に示すように，極めて高い14段階の超過累進税率であった（財法23①）。なお，課税標準額である10万円は平成28年3月には5,000万円，1,500万円は7億5,000万円に相当する。

10万円を超える金額：25％	30万円を超える金額：60％
11万円を超える金額：30％	50万円を超える金額：65％
12万円を超える金額：35％	100万円を超える金額：70％
13万円を超える金額：40％	150万円を超える金額：75％
15万円を超える金額：45％	300万円を超える金額：80％
17万円を超える金額：50％	500万円を超える金額：85％
20万円を超える金額：55％	1,500万円を超える金額：90％

同居家族については，課税価格を合算し，その総額について算出した金額をそれぞれの課税価格に按分し，それぞれの税額が算定される（財法23②）。

前述したように，GHQ占領下において臨時的・一時的に「財産税法」が制定されたが，極めて高い累進税率による財産略奪的・没収的課税が施行されている。GHQの意向により，昭和天皇も納税義務者となり，一番多額の財産税を納付されている。当時の記録によると，財産再評価額は37億円，財産税の納税額は33億円（平成28年3月現在，おおよそ1兆6,500億円に相当する金額）である。もっとも，「現金納付」ではなく，ほとんどが赤坂離宮や成田空港のある三里塚の土地等の「物納」であった[9]。

3 財産の評価

　日本国にある土地または家屋の価額は，原則として，「地租法」第8条または「家屋税法」第6条に規定する「賃貸価格」に一定の倍数を乗じて算出した金額（命令で定める場合には，命令で定める金額を加算した金額）による（財法25①）。「一定の倍数」は，命令で定める区域ごとに，標準となる土地または家屋の取引価額を参酌して決められている（財法26①）。つまり，土地または家屋の資産再評価基準としては，一定の地域別倍数を適用した「修正価格主義」が採択されていると言えるであろう。

　借地権の価額は，その目的となっている土地の「賃貸価格」に一定の倍数を乗じて算出した金額による（財法25②）。「一定の倍数」は，区域ごとに，標準となる借地権の取引価額を参酌して決められる（財法26②）。なお，土地・家屋または借地権に関する倍数は，政府が「不動産評価委員会」に諮問して定められている（財法26③）。地上権（借地権を除く）および永小作権の価額は，その目的となっている土地の価額に命令で定める倍数を乗じて算出した金額による（財法28）。借地権・地上権・永小作権の資産再評価基準に対しても，土地・家屋と同様に，地域ごとの倍数を適用した「修正価格主義」が採用されている。

　金融機関に対する預金・貯金・積金その他これに準ずるものの価額は，調査時期における預金額・貯金額・積金の掛金額等による（財法29）。

　公債（外貨債と借入金を除く）の価額は，その発行価格による（財法30①）。社債その他これに準ずる財産の価額は，命令で定めるところにより，その発行価格，当該法人の資産・収益等を参酌して決められる（財法30②）。株式その他の出資の価額は，命令で定めるところにより，その取引価額，当該法人の資産・収益，類似法人の株式その他の出資の取引価額等を参酌して決められる（財法30③）。公債と株式等の価額は，政府が「株式等評価委員会」に諮問して定められている（財法26④）。有価証券も，命令あるいは政府諮問委員会による評価基準で算定されている。

調査時期において現に存する定期金の給付の契約で，その時までに定期金の給付事由が発生していたものに関する権利の価額は，下記のとおりに評価される（財法31①）。

(イ) 有期期定期金については，その残存期間に応じ，その残存期間に受けるべき給付金額に，命令で定める割合を乗じて算出した金額（ただし，1年間に受けるべき金額の20倍を超えることができない）

(ロ) 無期定期金については，その1年間に受けるべき金額の20倍に相当する金額

(ハ) 終身定期金については，その目的とされた者の年令に応じ，1年間に受けるべき金額に，命令で定める倍数を乗じて算出した金額（ただし，1年間に受けるべき金額の20倍を超えることができない）

定期金に関する権利も，命令で定める割合・倍数を乗じて評価される。ただし，土地または家屋の価額とは異なり，命令で定める区域ごとではなく全国一律に，命令で定める割合・倍数が利用されている。

調査時期において現に存し，①その時までに年金支払事由が発生していなかった郵便年金契約および②その時までに保険事故が発生していなかった生命保険契約に関する権利の価額は，調査時期までに払い込まれた掛金または保険料の合計金額に，命令で定める割合を乗じて算出した金額による（財法32）。

調査時期に日本国外にあった財産その他命令で定める財産・債務の価額について，その算定ができなかった際には，諸般の事情を勘案して，命令でその算定方法が定められる（財法34）。

このように，土地・家屋，借地権・地上権・永小作権，有価証券，定期金に関する権利，郵便年金契約・生命保険契約に関する権利，国外財産等が，賃貸価格あるいは発行価格・給付金額等に一定の割合・倍数を乗じて算出した金額等で評価されている。

ただし，上記以外の財産に対しては，原則として，調査時期における財産の価額は，その時における「時価」により，調査時期における財産の価額から控除すべき債務の金額は，その時の現況による（財法35）。すなわち，上記以外の

財産の価額には，資産再評価基準として「時価主義」が採択されている。

　なお，調査時期における財産のうち，家庭用動産以外の財産の価額から債務を控除した金額（これを「一般財産の価額」という）が50万円（同居家族には一般財産の価額の合計額が50万円）以下である者については，家庭用動産の価額は，「一般財産の価額」に命令で定める割合を乗じて算出した金額によることもできる（財法36①）。ただし，家庭用動産の価額が，「一般財産の価額」に命令で定める割合を乗じて算出した金額を1万円以上超過する場合には，家庭用動産の価額は「時価」で評価されなければならない（財法36②）。

4　申告および納付

(1)　財産税の申告

　財産税の納税義務者（命令で定める外国人を除く）は，課税価格が10万円を超える場合（同居家族については，その合計額が10万円を超える場合を含む）には，命令で定める日（以下，「第37条の申告期限」という）までに，課税価格その他命令で定める必要事項を記載した申告書を政府に提出しなければならない（財法37①）。財産税に対しては，自らの課税標準を計算し，その税額を算出し，これを申告・納付する「申告納税制度」（self-assessment system）が採択されている。

　申告納税は昭和19年から一部の大法人により採用されていたが，全面的に「申告納税制度」が所得税・法人税等の直接国税に導入されることになったのは昭和22年度（昭和22年4月1日）からである[10]。それ以前には，原則として，税務当局が納税義務者・納税額を確定し，納税義務者に納税額を告知する「賦課課税制度」（official-assessment system）が採られていた。したがって，財産税に対しては，所得税・法人税等の国税に先駆けて申告納税が制度的に実施されたことになる。

　なお，当該申告書には，調査時期において現に所有していた債務（公租公課を含む）の金額に関する明細書を添付しなければならない（財法37②）。国外財産・債務の価額を算定できなかった場合には，命令で定める計算方法で算定で

きるまで，当該国外財産・債務を除外して「財産税の課税価格」は算定される（財法37③）。

「第37条の申告期限」までに申告書を政府に提出しなかった者について，当該申告期限後，①国外財産・債務の価額を算定できなかったこと，②戸籍法の適用を受け，調査時期後2年内に，日本国に住所または1年以上の居所を有することとなる個人に該当しなくなったことの事由により，課税価格が10万円を超える場合（同居家族については，その合計額が10万円を超える場合を含む）には，財産税の納税義務者（前記(a)・(b)・(c)で，命令で定める外国人を除く）は，命令で定める日（以下，「第38条の申告期限」という）までに，課税価格その他命令で定める必要事項を記載した申告書を政府に提出しなければならない（財法38①）。

第37条の申告期限後または第38条の申告期限後に課税価格が増加した場合には，命令で定める日（以下，「第39条第1項の修正期限」という）までに，政府に申し出て当該申告書を修正しなければならない（財法39①）。

当該申告書・修正申告書を政府に提出した場合に，申告・修正申告に係る課税価格が政府調査の課税価格と異なるときは，政府は「財産調査委員会」に諮問して，その課税価格を更正する（財法46①）。申告書を提出しなかった場合にも，政府は「財産調査委員会」に諮問して，その課税価格を決定する（財法46③）。

なお，当該申告に係る課税価格・財産税額または当該修正申告により増加した課税価格・財産税額が過大であることを納税義務者が発見した場合には，当該申告書の提出期限または当該修正申告書を提出した日から1ヵ月以内に限り，政府に対し，その課税価格の更正を請求することができる（財法48①）。「更正の請求」があった場合においても，政府は税金の徴収を猶予しない（財法48②）。

(2) 財産税の納付

「第37条の申告期限」または「第38条の申告期限」までに提出しなければならない申告書に記載された課税価格に対する財産税は，当該申告書の申告期限後1ヵ月以内に納付する必要がある（財法40一，三）。「第39条第1項の修正期

第6章　「富裕税法」再導入論

限」までに増額修正した税額に相当する財産税は，当該申告書の修正期限後
1ヵ月以内に納付しなければならない（財法40四）。

相続人または相続財団に財産税が課される場合において，その相続が戸主の
死亡以外の原因による家督相続であるときは，被相続人は，相続人の納付すべ
き財産税について連帯納付の責任を負う（財法41①）。

昭和20年11月15日以後昭和21年3月3日前に，贈与の契約とその履行があっ
た場合または財産を留保する家督相続があった場合には，受贈者または相続人
は，贈与者または被相続人の納付すべき財産税額のうち，「財産税の課税価
格」における贈与財産または相続財産の価額が占める割合に応じて按分した金
額に相当する財産税について，連帯納付の責任を負う（財法43①）。さらに，贈
与者または被相続人が財産税を納付したときは，受贈者または相続人は，その
納付すべき財産税額のうち，「財産税の課税価格」における贈与財産または相
続財産の価額が占める割合に応じて按分した金額を，受贈者または相続人に対
して請求することができる（財法43②）。

調査時期における財産のうち，「金融機関経理応急処置法」（法律第6号）に
より金融機関の旧勘定に属する預金・貯金その他の債権で，命令で定めるもの
（以下，旧勘定預金等という）に相当する財産（以下，旧勘定財産という）がある場
合には，納税義務者は，その納付すべき財産税額と，「財産税の課税価格」か
ら旧勘定財産の価額を控除した金額により計算した財産税額との差額に相当す
る税額について，旧勘定預金等による納付を請求することができる（財法55①）。

ただし，その納付すべき財産税額のうち，金銭で納付することが困難である
場合には，納税義務者は「物納」（旧勘定預金等による納付を除く）を請求するこ
とができる（財法56①）。

財産税の納付には，「金銭納付」が原則適用されているが，「物納」も選択的
に適用可能であった。しかも，財産税の「物納」を困難とする特別の事由があ
るときは，物納を困難とする金額を限度として，担保を提供し，その延納を請
求することができる（財法57①）。

さらに，納税義務者が災害により著しく資力を喪失して納税困難である場合

213

には，政府は，財産税の軽減または免除を行うことができる（財法60）。

多額の財産税に対する納税困難性を鑑み，「物納」をはじめとして，「延納」，「租税軽減・免除」が一定の条件下で認められている。

Ⅲ 「富裕税法」の特徴

1 沿 革

昭和23年（1948年）7月にGHQから経済10原則の内示があり，内閣も一応の手続きを取ったが，その実施には積極性を欠き，GHQも強い監督・指示を行わなかった。しかし，11月の賃金3原則（赤字融資不可，赤字補給金不可，価格引上否認）では経済安定への強い指示があり，ドッジ公使の来日が知らされた12月には，経済安定の基本条件である「経済9原則」（予算の均衡（経費節減），徴税の強化促進，信用拡張の制限，賃金の安定，物価統制の強化，外国為替統制の強化，資材割当による輸出増加策の実施，重要国産原料・工業製品の増加促進，食糧集荷の促進）が発表され，吉田茂内閣はその実施を義務づけられた。GHQの経済顧問公使として昭和24年（1949年）2月に来日したジョセフ・ドッジ（Joseff Dodge）は，財政収支の総合的な安定の実施および単一為替レートの設定を行った[11]。

昭和24年度にドッジ・ラインに基づく超均衡予算が編成され，それによってインフレは急速に収束したが，その際に税制の全面的改正の必要性が強く認識された。GHQの要請により，「シャウプ使節団」が昭和24年5月10日に来日し，9月15日に『シャウプ勧告』を発表した[12]。『シャウプ勧告』では，所得税の補完税としての富裕税（net worth tax）の導入といった画期的な内容も提案され，『シャウプ勧告』を取り入れた昭和25年度税制改正により，所得税の最高税率の大幅引下げ（85％から55％）に応じる形で，「富裕税」が所得税の補完税として創設された。

つまり，所得税の最高税率を85％から55％に引き下げることによって，その

税収減を相殺するために「純資産税」（後に，「富裕税」と名付けられた）が導入されたが，富裕税（純資産税）は，たとえば5,000万円以上の純資産を所有する個人について5,000万円を超える部分の資産に対し0.5%から３％の税率で課されている。所得税減税と純資産税導入の組み合わせは，投資と企業家的努力に対する抑制要因を減ずる効果があるものとして正当化された[13]。

高額所得者への優遇を是正・補完する目的で経常的一般財産税として導入された「富裕税」の機能は，(1)所得税の累進性を確保すること，(2)生産と投資に対する阻害的影響を小さくすること，(3)課税標準から脱落しやすい資産所得を元本で捕捉すること，(4)富の集中を阻止することなどであった[14]。

所得税の補完税として「富裕税」を組み合わせる場合，所得税のみを課す場合に比べて，(a)労働に対する刺激および生産と投資に対する影響が小さい点，(b)不当な経済的集中の発生を防止する手段として優れている点が強調される。とりわけ，富の集中を積極的に防ぐことが「富裕税」の主要な立法趣旨であった[15]。

しかしながら，所有している資産全般を課税対象とした「富裕税」は，隠匿されやすい動産等の把握困難性，資産の評価困難性，割高な徴収コスト，税務執行上の難点等を主な理由として，昭和28年（1953年）に廃止された[16]。また，「富裕税」の税収は，昭和25年度に５億1,600万円，昭和26年度に９億6,200万円，昭和27年度に22億3,300万円であり，国税税収の0.1%，0.2%，0.3%程度を占めるに過ぎず，税収全体からみると取るに足らぬものであったし，預金等の不表現財産に対する適用困難性とともに，表現財産に対する固定資産税との二重課税も指摘されたこと等の理由により，「富裕税法」はわずか３年で廃棄されている[17]。

2 富裕税の課税要件

(1) 富裕税の課税対象者（納税義務者）

富裕税法第１条の規定によれば，富裕税の納税義務者は，(d)課税時期（毎年

12月31日午後12時をいう）において日本国に住所を有する個人，または1年以上居所を有する個人，(e)前記(d)に該当しない個人で，課税時期において日本国にある財産を有する個人である。

　富裕税を納める義務がある納税義務者は，課税時期において日本国に財産を有するすべての個人である。日本国に住所または1年以上の居所を有する「居住者」ばかりではなく，日本国に住所または1年以上の居所を有しない「非居住者」に対しても，課税時期における財産所有者（個人に限定される）である限り，富裕税を納める義務を負うことになる。

　ただし，富裕税法第10条第1項の規定によれば，富裕税の免税点は500万円であるので，500万円[18]を超える財産を所有する個人が富裕税の納税義務者となる。この場合，同居親族が所有する財産も合算し，その総額について課税価格を計算することになる（富法10②）。したがって，同居親族を含む納税義務者の財産の総額が500万円を超える場合に，富裕税が課される。

　なお，ここに「同居親族」とは，課税時期において生計を一にする親族であり，(イ)夫婦，(ロ)親（または養親）と未成年の子（その子に配偶者または子のない場合に限る）および(ハ)祖父母と未成年の孫（その孫に配偶者または子のない場合であり，その孫に親（または養親）のない場合またはその孫と親（または養親）が生計を一にしていない場合に限る）の関係にある者をいう（富法6①～②）。

(2) 富裕税の対象資産（課税物件）

　富裕税の納税義務者に該当する者については，その有する財産の全部に対し，富裕税が課される（富法2①）。

　富裕税の課税物件である課税財産（および所在）は，次のとおりである（富法3①～②）。

- (1) 動産または不動産・不動産上に存する権利（その動産または不動産の所在。ただし，船舶については船籍の所在）
- (2) 鉱業権または砂鉱権（鉱区または砂鉱区の所在）
- (3) 漁業権または入漁権（漁場に最も近い沿岸の属する市町村またはこれに

第6章 「富裕税法」再導入論

相する行政区画）

(4) 金融機関に対する預金・貯金・積金または政令で定める寄託金（その預金・貯金・積金または寄託金の受入を行った営業所または事業所の所在）

(5) 合同運用信託に関する権利（その信託の引受を行った営業所の所在）

(6) 特許権，実用新案権，意匠権または商標権（その登録を行った機関の所在）

(7) 前記財産を除き，営業所または事業所を有する者の当該営業所または事業所に係る営業上または事業上の権利（その営業所または事業所の所在）

(8) 上記財産以外の財産（権利者の住所。ただし，住所を有せず，1年以上居所を有する者については，当該居所）

富裕税の対象資産としては，有形・無形固定資産，金融資産のすべての財産が課税対象となっている。預・貯金，工業所有権（特許権，実用新案権，意匠権および商標権）のほかに，たとえば，①貴金属，宝石，象牙等および同製品，②書画・骨董，美術工芸品，③趣味，娯楽，嗜好のために所有する動産および運動用具のうち，一定額を超えるものは富裕税の課税対象となっていた。富裕税は，すべての財産を課税対象とする「一般財産税」であるので，特定の財産を非課税対象とする必要がなかった。

ただし，財産の種類や性格，国民感情や社会政策を考慮した場合に課税対象にすることが好ましくないと考えられる財産もあり，次のような財産は「非課税財産」として「富裕税の課税価格」に算入されない（富法9①）。

(1) 「皇室経済法」（昭和22年法律第4号）の規定により皇位とともに皇嗣が受ける物

(2) 国または地方公共団体（政令で定めるその他の公共団体を含む）において公用または公共の用に供する土地，家屋および物件

(3) 墓所・霊廟・祭具およびこれらに準ずるもの

(4) 「国宝保存法」（昭和4年法律17号）または「史跡名勝天然記念物保存法」（大正8年法律44号）の規定により国宝，史跡，名勝または天然記念物として指定されたもの，「重要美術品等の保存に関する法律」（昭和8年法律第

217

43号）の規定により認定された重要美術品

(5)　もっぱら学術の研究の用に供する書籍，標本および機械器具

(6)　生活に通常必要な家具，什器，衣服その他の動産（ただし，大蔵省令で定めるもの）

　なお，前記(2)，(4)または(5)に該当する財産が，その所有者において当該財産から所得その他の経済的利益を得ているものである場合（その利益が著しく少ない場合を除く）には，富裕税の課税価格の計算上，当該財産の価額は財産の価額に算入される（富法9②）。しかも，前記(4)（上記の所得その他の経済的利益を得ているものを除く）については，同一人の有するこれらの財産の価額の合計額（同居親族については，その有するこれらの財産の価額の合計額）が100万円を超える場合には，その100万円を超える部分の価額は，富裕税の課税価格の計算上，財産の価額に算入される（富法9③）。

　「非課税財産」に該当する財産であっても，経済的利益が生じた場合または定額（100万円）を超える場合の一部の財産には，富裕税が課された。ただし，昭和21年公布の「財産税法」では非課税対象ではなかったが，昭和22年に制定された「皇室経済法」により「皇嗣が受ける物」は非課税財産となっている。

(3)　富裕税の課税価格（課税標準）

　「富裕税の課税価格」は，(d)課税時期において日本国に住所または1年以上の居所を有する個人，(e)前記(d)に該当しない個人で，課税時期において日本国にある財産を有する個人である納税義務者ごとに異なる。

　前記(d)に該当する個人に対しては，課税時期において有する財産の価値から，課税時期において現に有する債務（公租公課を含む）の金額を控除した金額が「富裕税の課税価格」となる（富法7①）。

　上記(d)に該当し，日本国籍を有しない個人に対しては，課税時期において有する日本国にある財産の価額から，課税時期において現に存する下記債務を控除した金額が「富裕税の課税価格」である（富法7②）。

(イ)　日本国において納付すべき公租公課

第6章 「富裕税法」再導入論

(ロ)　課税時期において日本国にある財産を目的とする留置権，特別の先取特
　　　権，質権または抵当権で担保される債務

(ハ)　前記(ロ)の債務を除き，課税時期において日本国にある財産の取得，維持
　　　または管理のために生じた債務

(ニ)　前記(ハ)の債務を除き，その者が課税時期において日本国に営業所または
　　　事業所を有している場合は，当該営業所または事業所に係る営業上または
　　　事業上の債務

(ホ)　前記(ニ)の債務を除き，①課税時期において日本国に住所または居所を有
　　　する個人に対する債務，②課税時期において日本国に営業所または事業所
　　　を有する法人に対する債務で，当該営業所または事業所との間に生じた債
　　　務

　この場合，「同居親族」のうち，その債務の金額がその財産の価額を超過す
る者があるときは，政令の定めにより，その超過額を他の一人または数人の同
居親族の財産の価額から控除し，その控除後の金額がそれぞれの同居親族の課
税価額となる（富法7③）。

　なお，上記(e)に該当する者については，課税時期において日本国に有する財
産の価額から，課税時期において現に存する下記債務を控除した金額が「富裕
税の課税価額」である（富法7④）。

(1)　課税時期において日本国にある財産に係る公租公課

(2)　前記(ロ)・(ハ)・(ニ)の債務

「富裕税の課税価格」を計算する場合に「控除すべき債務」は，「財産税法」
と同様に，確実と認められる債務に限られる（富法8①）。また，「控除すべき
公租公課」には，当該課税時期（昭和25年3月31日）を含む年における所得，相
続，附加価値等につき「所得税法」（昭和22年法律第27号），「相続税法」（昭和25
年法律第73号），「資産再評価法」（昭和25年法律第110号），「砂糖消費税法」（明治
34年法律第13号），「骨牌税法」（明治35年法律第44号），「酒税法」（昭和15年法律第
35号），「物品税法」（昭和15年法律第40号），「揮発油税法」（昭和24年法律第44号）
または「地方税法」（昭和25年法律第226号）の規定により課せられるべき税額で，

219

政令で定めるものも含まれる（富法8②）。

このように，「富裕税の課税価格」（課税標準）は，財産税と同様に，すべての財産の価値から債務（公租公課を含む）の金額を控除した「純資産額」である。

(4) 富裕税の免税点および税率

前述したように，富裕税の免税点は500万円（平成28年3月現在，おおよそ3億5,000万円に相当する金額）であり，同居親族の財産も富裕税の課税価格に合算され，その総額について富裕税が課される（富法10）。

富裕税の税率は，0.5％（500万円超），1％（1,000万円超），2％（2,000万円超）および3％（5,000万円超）の超過累進税率である（富法11①）。14段階の高率の超過累進税率であった「財産税」と比較して，「富裕税」の税率は4段階の極めて低い税率である。財産税が略奪的・没収的課税であったのに対し，富裕税は主として富の再分配効果を目論む租税であった。

なお，同居親族については，その課税価格を合算し，その総額について算出した金額をそれぞれの課税価格に按分して，それぞれの税額が算定される（富法11②）。

3 財産の評価

課税時期における財産の価額は，その時における「時価」により，課税時期における財産の価額から控除すべき債務の金額は，その時の現況による（富法12）。原則として，財産は時価で評価され，債務の金額はその時の現況の金額による。つまり，「時価に基づく純資産の価額」が富裕税の課税標準となっている。ただし，たとえば下記のような財産の時価には，特定の評価基準が設けられている。

① 地上権・永小作権の評価

地上権・永小作権の価額は，その残存期間に応じ，その目的となっている土地の課税時期における権利が設定されていない場合の時価に，下記割

合を乗じて算出した金額による（富法13）。

残存期間が10年以下のもの	5％
残存期間が10年を超え，15年以下のもの	10％
残存期間が15年を超え，20年以下のもの	20％
残存期間が20年を超え，25年以下のもの	30％
残存期間が25年を超え，30年以下のもの	
および地上権で存続期間の定めのないもの	40％
残存期間が30年を超え，35年以下のもの	50％
残存期間が35年を超え，40年以下のもの	60％
残存期間が40年を超え，45年以下のもの	70％
残存期間が45年を超え，50年以下のもの	80％
残存期間が50年を超えるもの	90％

② 有価証券の評価

「証券取引法」（昭和23年法律第25号）第2条第1項と第2項に規定する有価証券の価額は，証券取引所に上場されている有価証券については，同法第102条第2項の規定により公表されたその年12月中の毎日の最終価格の平均額による（富法14）。

③ 定期金に関する権利の評価

1） 課税時期において現に存する郵便年金契約その他の定期金給付契約で，その時までに定期金給付事由が発生している権利の価額は，次のとおりである（富法15①）。

(イ) 有期定期金については，その残存期間に応じ，その残存期間に受けるべき給付金額の総額に，下記割合を乗じて算出した金額（ただし，1年間に受けるべき金額の15倍を超えることができない）

残存期間が5年以下のもの	70％
残存期間が5年を超え，10年以下のもの	60％
残存期間が10年を超え，15年以下のもの	50％
残存期間が15年を超え，25年以下のもの	40％

残存期間が25年を超え，35年以下のもの	30%
残存期間が35年を超えるもの	20%

(ロ) 無期定期金については，その1年間に受けるべき金額の15倍に相当する金額

(ハ) 終身定期金については，その目的とされた者の課税時期における年令に応じ，1年間に受けるべき金額に下記倍数を乗じて算出した金額

25歳以下の者	11倍
25歳を超え，40歳以下の者	8倍
40歳を超え，50歳以下の者	6倍
50歳を超え，60歳以下の者	4倍
60歳を超え，70歳以下の者	2倍
70歳を超える者	1倍

2） 課税時期において現に存する郵便年金契約その他の定期金給付契約で，その時までに定期金給付事由が発生していない権利の価額は，その掛金の払込開始時から課税時期までの経過期間に応じ，課税時期までに払い込まれた掛金の合計金額に下記割合を乗じて算出した金額による（富法16）。

経過期間が5年以下のもの	90%
経過期間が5年を超え，10年以下のもの	100%
経過期間が10年を超え，15年以下のも	100%
経過期間が15年を超えるのもの	120%

④ 生命保険契約に関する権利の評価

課税時期において現に存する生命保険契約で，その時までに保険事故が発生していないものに関する権利の価額は，課税時期までに払い込まれた保険料の合計金額（課税時期までに保険料の払込期日の到来していない部分を除く）に70%を乗じた金額から，保険金額に2%を乗じた金額を控除した金額による。ただし，保険料の全額が一時に払い込まれた生命保険契約に関する権利の価額は，払込保険料の全額に相当する金額による（富法17）。

第6章 「富裕税法」再導入論

このように，原則として，財産は時価で評価されるが，①地上権・永小作権，②有価証券，③定期金に関する権利，④生命保険契約に関する権利に対しては，時価等に一定割合・倍数を乗じて算出した金額あるいは平均時価が適用されている。

4 申告および納付

(1) 富裕税の申告

富裕税の納税義務者（課税時期に日本国に住所または一年以上の居所を有する個人，課税時期に日本国にある財産を有する個人）は，課税価格が500万円を超える場合（同居親族については，その課税値格を合算した金額が500万円を超える場合）には，翌年2月1日から同月末日までに，課税価格，富裕税額その他政令で定める事項を記載した申告書を所轄税務署長に提出しなければならない（富法18①）。富裕税に対しても，自らの課税標準を計算し，その税額を算出し，これを申告・納付する「申告納税制度」が採択されている。

なお，当該納税義務者が課税時期後・申告書提出前に死亡した場合には，その相続人は，その相続の開始があったことを知った日の翌日から4ヵ月以内に，被相続人に係る富裕税の申告書を被相続人の納税地の所轄税務署長に提出しなければならない（富法18④）。この場合における申告書も，「期限内申告書」と認められる（富法18⑩）。

通信，交通その他やむを得ない事由により，「期限内申告書」の提出期限内に提出することができない者については，政令の定めるところにより，国税庁長官または税務署長は，その期限を延長することができる（富法18⑦）。

富裕税の納税義務者または相続人は，「期限内申告書」の提出期限後においても，「決定の通知」があるまでは，納税地または被相続人の納税地の所轄税務署長に申告書を提出することができる（富法18⑨）。この場合における申告書を「期限後申告書」という（富法18⑩）。

「期限内申告書」または「期限後申告書」を提出した者は，当該申告に係る

223

課税価格または富裕税額に不足額があるときは,「更正の通知」があるまでは,当該申告に係る課税価格または富裕税額について修正すべき事項その他政令で定める事項を記載した申告書（これを「修正申告書」という）を「修正申告」として所轄税務署長に提出することができる（富法19①）。

「期限内申告書」または当該申告書に係る「修正申告書」を提出した者は,当該申告に係る課税価格・富裕税額または当該修正申告により増加した課税価格・富裕税額が過大であることを知った場合には,当該申告書の提出期限または当該修正申告書を提出した日から1ヵ月以内に限り,当該申告書または修正申告書を提出した税務署長に対し,その課税価格・富裕税額につき「更正の請求」を行うことができる（富法20①）。

「期限内申告書」を提出した者が当該申告書を提出した後に,当該申告書に係る課税時期を含む年に相続の開始があったことを知り,かつ,当該相続により課税価格・富裕税額が過大となった場合には,当該相続の開始があったことを知った日の翌日から4ヵ月以内に限り,当該申告書を提出した税務署長に対し「更正の請求」を行うことができる（富法20②）。

税務署長は,「更正の請求」があった場合においても,税金の徴収を猶予しないが,「相当の事由」があると認められる場合には,税金の全部または一部の徴収を猶予することができる（富法20⑥）。

(2) 富裕税の納付

「期限内申告書」を提出した者は,当該申告書に記載した富裕税額に相当する富裕税を提出期限までに国に納付しなければならない（富法21①）。

「期限後申告書」を提出した者は,富裕税額に相当する富裕税を当該申告書提出日に国に納付しなければならない（富法21②）。

「修正申告書」を提出した者は,当該修正申告書により増加した富裕税額に相当する富裕税を当該修正申告書提出日に国に納付しなければならない（富法21③）。

相続人が二人以上である場合には,納付すべき富裕税額は,相続により各相

第6章 「富裕税法」再導入論

続人が受ける利益の価額に按分して計算した額である（富法21④）。

　富裕税を納付すべき者が納期限または納付日に富裕税を完納しなかった場合には，税務署長は「国税徴収法」（明治30年法律第21号）第9条の規定によりこれを督促する（富法21⑤）。

　なお，同居親族は，お互いに他の同居親族の納付すべき富裕税について連帯納付の義務を負う（富法22①）。

　「財産税法」と異なり，「富裕税法」では「物納」の規定は設けられていなかった。

　表6−1では，「財産税法」と「富裕税法」における主要な内容の相違点が比較されている。

表6−1　財産税法と富裕税法における主要内容の相違点比較

事　　　項	財　産　税　法	富　裕　税　法
制 定 目 的 （立法趣旨）	富の再分配・戦時利得の回収・累進課税の強化（宮家の臣籍降下）	主として富の再分配（所得税の補完）
課税対象資産	動産・不動産の有形固定資産，鉱業権・砂鉱権・漁業権・入漁権の無形固定資産，預・貯金等の金融資産，国外財産	左記の外に，工業所有権（特許権・実用新案権・意匠権・商標権）
納税義務者	調査時期（昭和21年3月3日午前零時）に財産を所有するすべての個人（命令で定める外国人を除く）	課税時期（（毎年12月31日午後12時））に財産を所有するすべての個人
財産再評価の時期	昭和21年3月3日午前零時	昭和25年・26年・27年（毎年12月31日午後12時）の3回
財産再評価額の算定方法	賃貸価格等に一定の倍数等を乗じた金額または時価	時価，時価等に一定の倍数等を乗じた金額または平均時価
免 税 点	10万円（平成28年3月現在，5,000万円相当額）	500万円（平成28年3月現在，3億5,000万円相当額）
税 率	25％から90％の14段階による超過累進税率	0.5％から3％の4段階による超過累進税率
納 付 方 法	金銭納付（物納の容認）	金銭納付

225

Ⅳ 「富裕税法」再導入に対する提言的結論
　ーむすびに代えてー

1　富裕税の税率案

　前述したように，貧富の極端な格差は社会の不安定要因となり，社会荒廃の危険性を胚胎することになるが，社会崩壊する前に，税制の面においても「富の再分配」を図る対策が講じられるべきである。低額所得者に対して租税負担を相対的に重くする逆進的租税である「消費税」の増税案は断念・廃棄し，高額の財産所有者に対して，金融資産等も含む財産一般について低率の「一般財産税」の課税を行い，穏健・健全な社会構築のために緩やかな「富の再分配」が図られるべきである。

　「財産税法」も「富裕税法」も富の集中を防ぐために立法化され，課税標準には「純資産額」を採用している点では共通するが，富裕税が所得税の補完税として低い累進税率で課税され，免税点も比較的に高かったのに対し，敗戦直後のGHQ占領下に制定された「財産税法」では，極めて高い累進税率による財産略奪的・没収的課税が行われている。高額財産所有者までも経済的困窮に陥るような「一般財産税」も，また，社会混乱・不安定要因となり，「急性アノミー現象」19) あるいは「伝統・文化破壊現象」を来すことになる。穏健な社会・文化を構築するためには，高額の財産所有者であっても「一般財産税」には軽い負担で済ませるべきであろう。

　現行の地方税法第350条によれば，固定資産税の標準税率は1.4％であるので，同じ財産一般には同じ税率を課すと思量するならば，「一般財産税」の税率も1.4％とすべきであろう。社会混乱を来す過酷な財産没収的税率（たとえば，「財産税法」で適用されたような90％）の設定は，健全・穏健な経済・社会・文化の運営のためには避けられなければならない。しかも，固定資産税・自動車税等

226

のような個別財産税には単一の税率が適用されているので，「一般財産税」に対しても「単一税率」が採用されてもよいであろう。すなわち，納税義務者の純資産額に対して一律に1.4％の「一般財産税」（「富裕税」）が課されることになる。

　この場合，固定資産税の課税物件である土地，家屋および償却資産（自動車・軽自動車を除く）に「一般財産税」を課すとなると，「二重課税」の問題が起こる。この二重課税を回避するためには，土地・家屋等の不動産を課税対象とする「固定資産税」は廃止し，「一般財産税」に包摂することが考えられる。金融資産等も含む財産すべてに課税する「一般財産税」に対しては，消費税の徴税制度と同様に，国が徴収し，半額を地方団体に按分・交付すればよい。あるいはまた，現行どおりに固定資産税は市町村により賦課・徴収されるが，それ以外の財産（預金・貯金・有価証券等の金融資産，工業所有権等の無形資産，国外財産等）には新規の国税として「一般財産税」（富裕税）が申告・納税されることになるかもしれない。

　いずれにしても，一部の財産のみに課税する跛行的な税務措置ではなく，「課税公平」の観点からも，すべての財産に同じ税率による「一般財産税」が課せられるべきである。その際には，課税対象が拡大するので，「歳入中立性の原則」（principle of revenue-neutrality）の観点から，1.4％よりも低い税率（たとえば，半分の0.7％）の設定も考えられる。平成4年4月1日に施行され，「租税特別措置法」（昭和32年法律第26号）第71条により平成10年以降の課税時期から停止されている「地価税法」（平成3年法律第69号）における税率は，「固定資産税」との二重課税であったために，0.3％と極めて低かった。たとえば，固定資産税には現行どおりに市町村税として1.4％（または0.7％）で賦課・徴収すると想定した場合，財産一般に対する「一般財産税」には0.3％の税率設定も考えられる。もし仮に富裕税（純資産額を課税標準とする一般財産税）の再導入を断念せざるを得なくなった場合であっても，最低限の税務措置として，固定資産税と同様の1.4％の税率による「金融資産税」の新規導入は実現されるべきである。

227

2 財産の再評価案

　さらに，「一般財産税」を課すに当たり不可欠となる課題の一つは，課税標準の計算要因である財産の再評価である。財産評価基準が不統一であれば，税額に影響を及ぼすので，財産再評価は極めて重要である。

　「富裕税法」では，原則として，財産は時価で評価されていたが，特定の財産に対しては，時価等に一定割合・倍数を乗じて算出した金額あるいは平均時価が適用されていた。課税の形式的・法的公平あるいは税務行政・計算技術上の理由からは，全国一律の再評価倍数を利用する方が簡単ではある。ただし，土地の価額（地価）は大都市部と地方部・農村部では大きく乖離しているので，土地に関しては個別の時価が採用されるべきである。その際，課税庁サイドと納税者サイドとの間で時価を巡って意見の対立・相違が生じることも考えられるので，中立・公正な第三者機関として「財産評価諮問委員会」の設置が望まれる。なお，減価償却資産等に対しては，税務行政上，形式的・法的な課税の公平を担保するために，全国画一的に統一した再評価倍数が代替的に利用されてもよいであろう。

3 富裕税の免税点案

　一般財産税（富裕税）は「富の集中」およびそれに伴う「社会不安」を排除する目的で課されるわけであるから，低額財産所有者にまで課税する必要はない。したがって，一定の免税点を設けなければならない。

　「富裕税法」では，500万円（現在，3億5,000万円相当額）であった。土地に対する適正かつ公正な租税負担を図りつつ土地政策に資するために創設された「地価税法」における個人の基礎控除額（定額控除額）は，15億円である。したがって，3億5,000万円から15億円までに該当する免税点が妥当であるかもしれない。

228

その他の課税要件である納税義務者・課税財産（および非課税財産），課税時期，納付方法等は，「富裕税法」の規定に準拠してもよいであろう。

4　富裕税の徴収システムの構築

前述したように，純資産を課税標準とする「富裕税」は，隠匿され易い金融資産等の把握困難性，資産再評価の困難性等によって廃止となった。とりわけ，純資産が容易に把握される不動産所得者に純資産税（富裕税）はホコ先が向けられ，その他の人はある程度逃れられるので，不公平であるとの批判が強かった[20]。さらに，所得税・富裕税の実質的有効性を保証するために，『シャウプ勧告』で提案されていた「高額所得者の資産申告制度」や「株式の強制登録制度」などが断念または骨抜きにされ，税務行政面においても執行上の課題があった[21]。したがって，これらの難点を解消できるならば，「富裕税」の再導入は不可能ではない。

社会保障制度と租税制度を一体化し，社会保障の充実・社会保障制度の効率化および所得税の公平性の担保・正しい所得把握体制の整備に資するための「社会保障・税共通の番号制度」を導入するために，平成25年5月31日に「行政手続における特定の個人を識別するための番号の利用等に関する法律（平成25年法律第27号：以下，「番号法」と略す）が公布され，平成28年1月1日に施行されている。また，平成24年税制改正では，その年の12月31日において有する国外財産の価額が5,000万円を超える居住者に対し，翌年の3月15日までに「国外財産調書」を所轄税務署長に提出する「国外財産調書制度」が創設されている[22]。

個人番号制度（マイナンバー制度と通称されている）や「国外財産調書制度」を活用することによって，純資産税（富裕税）は正確に捕捉・徴収できるはずである。コンピュータ・コピー機・AIの発達により，膨大な量の情報収集・保存処理が可能となった現在，「番号法」の創設・施行や「国外財産調書制度」の導入は，財産税のみならず収得税・消費税の適切な捕捉・徴収，ひいては公

平な課税の実現に大いに貢献することができる。個人番号制度は，一般財産税（富裕税）の捕捉・徴収の信用性確保にとって必要不可欠な前提条件であり，さらに，「高額所得者の資産申告制度」の導入が実現されるならば，富裕税の捕捉・徴収の税務執行を補強できるかもしれない。

表6－2では，将来に導入されるべき「一般財産税」（富裕税）の主要な内容に対する提案（卑見）が示されている。

表6－2　富裕税の再導入に対する私案

納 税 義 務 者	課税時期（毎年12月31日午後12時）に財産を所有するすべての個人（「富裕税法」と同じ）
課 税 対 象 資 産	すべての財産（「富裕税法」と同じ）
非 課 税 財 産	生活用必要動産，学術研究書籍・機械器具等，墓所・祭具等，皇嗣が受ける物等（「富裕税法」と同じ）
課 税 標 準	純資産額（「富裕税法」と同じ）
財産再評価額の算 定 方 法	原則として，時価評価。ただし，減価償却資産等には，代替的に物価指数による再評価倍数に基づく修正原価。
免 税 点	3億5,000万円（「富裕税法」の500万円相当額），5億円または15億円（地価税法の基礎控除額）
税 率	1.4％（または0.7％，固定資産税を残置する場合には0.3％）の単一税率
納 付 方 法	金銭納付（「富裕税法」と同じ）
納 税 期 間	2月1日から2月末日（「富裕税法」と同じ）または2月16日から3月15日（所得税の確定申告期間）
税 務 行 政	個人番号制度・国外財産調書制度の活用，財産評価諮問委員会の設置，高額所得者の資産申告制度の創設

【注】
1) 貧困者とは，平成28年現在，月額で生活保護受給額（東京都では，月額128,000円）程度の収入しか得られない生活困窮者をいう。近年，若いワーキング・プアとともに，離婚・死別による片親（特に，母親）に育てられている子供の貧困率上昇，少額の年金しか受給できない高齢者の貧困化（下流老人化）が社会問題化している。
2) 歴史的事実として，権力（武力），財力（富）と権威が一点集中した独裁国家では

社会が不安定（instability）となり，いずれ政治的に崩壊していくが，三つの力が分散している国家では比較的に安定した社会が形成されている。たとえば，わが国の江戸時代には，政治的武力（political and military power）は徳川家，経済力（economic power）は全国の豪商，宗教的・文化的権威（religious and cultural authority）は天皇家に分散していたので，政治的・社会的混乱は極めて少なかった（T, E. Cooke and M. Kikuya, *Financial Reporting in Japan : Regulation, Practice and Environment,* Blackwell, 1992, pp. 152～153.）

3）　大蔵省大臣官房調査課編『図解　日本の財政（昭和30年度版）』東洋経済新報社，昭和30年，292頁。

4）　大蔵省財政金融研究所財政史室『大蔵省史－明治・大正・昭和－第３巻』大蔵財務協会，平成10年，14頁。

5）　昭和21年における「戦時補償特別措置法」（法律第38号）の制定によって，国の財政負担を軽減するために，政府に対する軍需産業会社等の戦時補償請求権に対して100％の税率で課税を行い，実質的に戦時補償が打ち切られた。なお，日華事変（現在，日中戦争と称されている）により収益が減少した企業に対する「営業収益税」（明治29年に創設された「営業税」は外形標準課税であったが，その代わりに営業純利益を課税標準として大正15年に導入された）の軽減措置，若干の鉱物に対する鉱物税の免除措置等を内容として昭和13年に公布されていた「臨時租税措置法」は廃止され，その後進的法律として昭和21年に「租税特別措置法」（法律第15号）が制定された（金子宏『租税法』弘文堂，昭和51年，56頁および51頁。

6）　大蔵省財政金融研究所財政史室，前掲書，17～19頁。
　　大蔵省の構想では，第一次大戦後の英国における議論，第二次大戦後のフランスで実施された財産税を参考にして，財産税の輪郭が作られていた。つまり，「財産税」と「個人財産増加税」によって，戦時補償を受ける人についても，その補償を財産評価に加えて課税し，戦時中に蓄積された潜在的購買力を吸収してインフレを抑制し，財政再建・健全化を図ろうとする構想であった（同上書，17頁）。

7）　歴史ミステリー研究学会編『終戦直後の日本』彩図社，平成27年，156～157頁。
　　多額の財産税を課せられて逼迫した宮家は次々と土地等の財産を処分し，11の宮家が皇籍を離脱することになった。昭和天皇の第一皇女の成子内親王は東久邇宮家に嫁がれたが，財産のほとんどがなくなったため，内職して生計を立て，配給品をもらうために庶民と一緒に並んだと言われている（同上書，157頁）。また，日本帝国陸軍・海軍の武装解除とともに，米国政府から日本経済の民主化のために「財閥解体」の方針が昭和20年９月に示されると，GHQのクレーマー経済科学局長は三井・三菱・住友・安田等の財閥の解体を指示した。昭和21年８月に「持株会社整理委員会」が設置され，四大財閥を含む83社を指定し，財閥解体を実行に移した（同上書，153～154頁）。財閥は，軍部に積極的に協力し，日本経済・資本を支配していたとみなされ，その弱体化を図るために，財閥本社の解体，財閥家族・関連会社役員の追放，株式の公開・売却が「財閥解体」の主要な目的であった。

8）　インターネット情報によれば，昭和21年は敗戦直後のインフレの年であり，物不

足で物価は日々上昇していたが，昭和21年8月頃の値段を平成26年5月の値段と比較すると次のとおりであり，おおむね500倍になっている。したがって，昭和21年8月頃の10万円は平成26年5月には5,000万円に相当する。

郵便切手：30銭→82円（273倍）　　　山手線初乗り：20銭→140円（700倍）
公衆浴場：70銭→460円（657倍）　　朝日新聞朝刊：25銭→150円（600倍）
国家公務員初任給：540円→181,200円（336倍）

9)　武田昌輔『東西税金ばなし　続　税金千一夜物語』清文社，平成9年，248頁。

10)　金子　宏，前掲書，56頁。

11)　大蔵省大臣官房調査課編，前掲書，57頁。

ドッジは，6,000万ドル程度のデトロイト銀行の資産額を10年ほどで5億5,000ドルまでに拡大させた敏腕の銀行家であった。昭和23年度には1,400億円の財政赤字があったが，ドッジ・ラインによって昭和24年度では1,500億円の黒字に転じている。しかし，失業・倒産が相次ぎ，「ドッジ不況」と称される深刻な不況に見舞われた。

12)　大蔵省大臣官房調査課編，前掲書，75頁。

金子　宏，前掲書，58～59頁。

13)　柴田弘文＝柴田愛子訳『シャウプの証言─シャウプ使節団の教訓─』税務経理協会，1988年，33～34頁。

14)　佐藤　進＝宮島　洋『戦後税制史（増補版）』税務経理協会，昭和57年，14頁。

15)　佐藤和男『土地と課税　歴史的変遷からみた今日的課題』日本評論社，2005年，92頁。

16)　石倉和男「富裕税創設の是非と効果」水野正一編著『資産課税の理論と課題』税務経理協会，平成7年，249～250頁。

17)　佐藤和男，前掲書，101頁。

18)　インターネット情報によれば，昭和25年における大卒者の銀行員の初任給は3,000円であった。平成28年の初任給を20万円と仮定した場合，約70倍になっているので，昭和25年において富裕税の免税点であった500万円は，平成28年在では，約3億5,000万円に相当する。

19)　「急性アノミー現象」とは，急激な社会変動（たとえば，敗戦に伴う占領，流血を伴う政治革命等）による従前の社会規範・価値観が崩壊・無規範化し，社会的価値観の逆転により急速に無秩序状態に陥る現象をいう。

20)　柴田弘文＝柴田愛子訳，前掲書，66頁。

21)　佐藤　進＝宮島　洋，前掲書，24頁。

22)　川田　剛『Ｑ＆Ａでわかる　国外財産調書制度』税務経理協会，平成24年，2頁。

川田　剛『国外財産調書制度の実務』大蔵財務協会，平成25年，4～8頁。

第7章

「資産再評価法」再導入論

―資産再評価による時価評価償却の実現―

はじめに

　わが国において，過去2回の資産評価に関する例外規定が時限立法として定められていた。昭和25年の「資産再評価法」と平成10年の「土地再評価法」が，取得原価主義における特別規定として公布された。ただし，両法において，その立法趣旨，再評価の対象資産・対象者・算定方法，再評価差額の税務処理は相当に異なる。本章では，両法の相違点を明らかにするとともに，将来における資産再評価および再評価差額の税務処理について，具体的・実質的な提言を行う。

I 「資産再評価法」の特徴

1 沿　　革

　昭和20年（1945年）8月15日の大東亜戦争の敗戦により，日本経済は混乱を

呈し，卸売物価は同年末までの4ヵ月間に約2倍になり，翌21年（1946年）2月には約3倍になるという驚異的な騰貴をみせた[1]。昭和21年に入ってもインフレの進行は止まらなかったために，2月に実施された金融緊急措置では，金融機関の預金封鎖とともに，旧円が新円に切り替えられた[2]。それにもかかわらず，卸売売価は翌22年（1947年）にはさらに3倍になっている。つまり，わずか2年間という短い間に卸売売価が9倍になるという激しさであった。

昭和22年下期には，紡績業界を中心にして「資産再評価」の要望の声が上がり，これに応える形で経団連が昭和23年（1948年）1月に資産再評価を提案した。さらに，関経連・金融界の団体（20日会）の声明に続いて，経済同友会も「資産再評価試案」を同年12月に公表している。これら一連の資産再評価要請を集約した「税制審議会中間答申」が昭和24年（1949年）1月29日に公表されたが，資産再評価が実施されるまでには至らなかった[3]。

連合国軍最高司令官総司令部（GHQ）の要請により，シャウプ使節団が昭和24年（1949年）5月10日に来日し，9月15日に『シャウプ勧告』を公表したが，その基本方針は，①公平な租税制度の確立，②租税行政の改善，③地方財政の強化の3点に要約されるが，資産の再評価（revaluation）も提案するなど，資本蓄積と経済復興に対しても配慮を加えている[4]。

資産再評価に関する『シャウプ勧告』の具体的提案は，次のようにまとめることができる[5]。

(1) 再評価の対象資産は，すべての減価償却資産と土地である。

(2) 再評価は強制的である。

(3) 再評価額は，取得価額から減価償却累計額を控除した帳簿価額に，取得時と昭和24年7月1日現在の一般物価指数（日銀卸売物価指数，土地には勧銀の市街地価格指数）との比率を乗じた金額とする。

(4) 再評価の時期は，昭和24年7月1日現在で再評価し，法人は25年9月1日までに再評価申告書を提出する。

(5) 再評価税として，一律，6％が課される。なお，法人は昭和25年度に納税額の2分の1，26年度と27年度にそれぞれ4分の1ずつを納付する。

234

(6) 再評価差額は,「特別資本金」として貸借対照表の負債の部に計上し,
　　5年間は配当または資本増加に充当することはできない。

　石　弘光教授の見解によれば,6％の再評価税が要請されたのは,①過大な
再評価益税の負担を阻止すること,②実質的に課税の公平を実現すること,③
財源として必要な税収額を確保することという苦心の産物であった6)。

　GHQ占領・統制（外圧）の下に,『シャウプ勧告』を基調にして作成された
「資産再評価法」（昭和25年法律第110号）が昭和25年（1950年）4月25日に公布
され,1回目の資産再評価が実施された。ただし,立法に際して『シャウプ勧
告』をそのまま受け入れるのではなく,「企業の体質強化」という視点から政
府による修正が加えられている。主な修正箇所は,次の3点である7)。

(1) 再評価は,強制適用ではなく任意適用とされた。

(2) 再評価税の納期が5年まで延期された。

(3) 再評価差額（再評価積立金）については,3年後に4分の3を資本金に
　　組み入れることが認められた。

　「資産再評価法」（第1条）は,資産の再評価を行うことにより,法人および
個人を通じて,適正な減価償却を可能にして企業経理の合理化を図り,資産譲
渡等の場合における課税上の特例を設けてその負担を適正にし,経済の正常な
運営に寄与することを制定目的としている。その後,昭和26年（1951年）4月
に「資産再評価法」は改正され,第二次再評価が実施されたが,再評価企業
（20万社以上あると言われた法人のうち,第一次再評価では30,336社,第二次再評価に
いたっては4,301社）は多くなかった8)。

　再評価に応じる企業が少なかった理由は,再評価が「強制適用」ではなく
「任意適用」であったからである。当時,インフレによる名目利益の増加に
よって黒字決算にこぎつけた企業であっても,再評価して減価償却費が増加す
ることによって,赤字決算に転落することを自主的に回避したためである。た
だし,昭和25年の朝鮮動乱に伴う特需による好況を迎え,第一次・第二次の再
評価を行いたくても見送らざるを得なかった企業の間から,再び加速化したイ
ンフレを理由にして資産再評価実施の声が高まり,昭和28年（1953年）8月に

第三次再評価の実施となった。

　第三次では，「無税・強制再評価」の意見が持ち上がったが，第一次・第二次との均衡を理由に拒否された。そのために，第三次においても実施企業（12,547社）もそれほど多くはなく，昭和29年（1954年）6月の「企業資本充実のための資産再評価等の特別措置」（以下，「資本充実法」と略す）によって，①資本金5,000万円以上の株式会社および②資本金3,000万円以上5,000万円未満で，再評価限度額が1億円を超える株式会社といった一部の大会社が強制再評価となった。昭和32年（1957年）には，再評価が遅れていた中小企業を対象に「中小企業の資産再評価の特例に関する法律」（昭和32年法律第7号）が公布・施行され，3,343社が再評価を行った[9]。

2　資産再評価の条件

(1)　資産再評価の対象資産

　「資産再評価法」において，資産再評価の対象資産は，事業の用に提供する資産のうち「減価償却資産」，土地・土地の上に存する権利（地上権，永小作権，地役権および借地権たる貸借権），株式および「その他の事業用資産」である（「資産再評価法」第17条～第22条）。なお，「事業」とは，商業，工業，金融業，農業，水産業，不動産貸付業，医業その他対価を得て行う継続的行為で政令で定めるものをいう（再評価法2⑤）。

　「減価償却資産」とは，「有形減価償却資産」および「無形減価償却資産」をいう。なお，「有形減価償却資産」とは，建物，機械器具その他の固定資産（無形減価償却資産を除く）であり，その償却額が法人税法（昭和22年法律第28号）または所得税法（昭和22年法律第27号）の規定による所得の計算上損金または必要経費に算入されるものをいう。「無形減価償却資産」とは，事業の用に提供する鉱業権（砂鉱権，土石を採掘または採取する権利等），漁業権（入漁権を含む），水利権，特許権，実用新案権，意匠権，商標権（これらに関する権利を含む），営業権（対価を支払って他から取得したもの，相続税または財産税の課税対象となったもの

に限る）および試験研究費（試験研究のために支出された費用で貸借対照表の資産の部に計上されたもの）をいう（再評価法2⑥〜⑧）。

なお，信託財産については，その受益者が当該財産を有するものとみなして，再評価の対象となる。ただし，合同運用信託（信託会社または信託業務を兼営する銀行が引き受けた金銭信託で，共同しない多数の委託者の信託財産を合同して運用する金銭信託）の信託財産は，再評価の対象にならない（再評価法4①）。

後述される「土地再評価法」が事業用土地に限定したのに対し，「資産再評価法」は，再評価の対象資産には，土地だけではなく，減価償却資産も含まれ，再評価額を基礎価額として減価償却を行うことができた。戦後の激しいインフレの中で古い取得価額を基礎にして減価償却すれば，企業資本は蚕食され，資産の再取得が困難になることから，「資産再評価法」は，資産を再評価することによって企業経営の健全性の回復を目的としていた[10]。

戦争と敗戦の10余年を通じて進行してきた未曾有のインフレーション，その間に行われた統制経済によって作り出された歪みを是正するために，事業用資産一般に再評価が容認されている。とりわけ，古く低い取得価額で計上されていた減価償却資産を再評価し，減価償却費を増額することによって，インフレ影響額の中和化が図られた。

(2) 再評価の対象者

「資産再評価法」第1条が明示しているように，資産再評価の対象者は法人および個人である。ただし，(1)都道府県，市町村，特別市，特別区，地方公共団体の組合および財産区，(2)法令による公団，(3)日本専売公社，(4)日本国有鉄道，(5)国民金融公庫，(6)復興金融公庫，(7)持株会社整理委員会，閉鎖機関整理委員会および船舶運営会，(8)土地改良区・同連合，普通水利組合・同連合，水害予防組合・同連合，北海道土功組合，耕地整理組合・同連合会および土地区画整理組合は，資産再評価の対象法人ではない（再評価法5）。

なお，第四次再評価として強制再評価を要求した「資本充実法」では，前述したように，昭和29年度における①資本金額が5,000万円以上の株式会社，②

資本金額が3,000万円以上5,000万円未満である株式会社のうち，再評価資産の再評価限度額が1億円以上である株式会社に限定されている。「資本充実法」は，強制的再評価を強いるために，一部の大会社を対象にしたと言える。

(3) 資産再評価の時期

昭和25年1月1日を「基準日」（資産再評価法第3条）として，その日現在に有する資産に対して再評価が行われる。「再評価日」とは，その日現在において再評価を行った日または再評価が行われたとみなされた日をいう（再評価法2④）。

前述したように，昭和25年に「資産再評価法」が公布・施行されたが，第二次として昭和26年，第三次として昭和28年に改正・施行され，さらに昭和29年（1954年）には関連法規として「資本充実法」，昭和32年（1957年）には「中小企業の資産評価の特例に関する法律」に基づいて五次にわたる資産再評価が行われた。再評価の時期は昭和25年から昭和32年にかけての7年間（五次）にわたり，第四次の「資本充実法」は一部の大会社に対して強制適用であった。

3 資産再評価の意義および再評価差額の税務処理

(1) 再評価の意義と算定方法

「資産再評価法」（第2条第2項，第3項）によれば，「再評価」とは，法人または個人が有する資産について，評価額を増額することであり，「再評価額」とは，再評価により法人または個人の有する資産の評価額が増額される場合における増額後の評価額をいう。「資産評価法」は，戦後の破局的インフレ（物価上昇）を前提にして立法化されており，デフレ（物価下落）を想定していない。さらに，資産の種類ごとに再評価額の算定方法（あるいは再評価倍数）が定められている。紙幅の都合上，本章では，法人に限定し，かつ，「減価償却資産」と「土地・土地の上に存する権利」に関する再評価の算定方法を解説する。

「有形減価償却資産」（鉱業用減価償却資産を除く）の再評価額は，当該資産の

取得価額にその取得の時期および耐用年数に応じて定められた「別表第一」の再評価倍数を乗じて算出した金額を超えることができない（再評価法17①）。「別表第一　有形減価償却資産及び非事業用家屋についての再評価倍数表」が示す再評価倍数としては，たとえば，明治43年取得・耐用年数80年の資産には110倍，耐用年数40年の資産には33倍，昭和21年3月取得・耐用年数80年の資産には15倍，耐用年数40年の資産には13倍が適用されている。

「無形減価償却資産」（鉱業権を除く）の再評価額は，当該資産の取得価額にその資産の種類および取得の時期に応じて定められた「別表第三」の倍数を乗じて算出した金額を超えることができない（再評価法18）。たとえば，「別表第三　無形減価償却資産についての再評価倍数表」によれば，昭和18年取得の水利権の再評価倍数は64倍である。

「鉱業用減価償却資産」および「鉱業権」の再評価額は，当該資産の取得時から昭和24年12月31日までの償却累計額を取得価額から控除した金額（帳簿価額）に，その取得の時期に応じて定められた「別表第二」の再評価倍数を乗じて算出した金額を超えることができない（再評価法19①）。「別表第二　鉱業用減価償却資産及びその他の事業用資産（法人）についての再評価倍数表」によれば，明治34年取得の場合における再評価倍数は432倍，昭和21年3月取得の場合には17倍である。

土地・土地の上に存する権利の再評価額は，取得価額にその取得の時期に応じて定められた「別表五」の再評価倍数を乗じて算出した金額を超えることができない（再評価法21①）。「別表五　土地及び土地の上に存する権利の再評価倍数表」に従えば，明治34年取得の土地には再評価倍数として112倍，昭和21年3月取得の土地には15倍が適用される。たとえば，明治34年に50万円で取得した土地は，取得価額（50万円）に再評価倍数（112倍）を乗じた5,600万円を限度として再評価することができた。資産再評価基準としては，「修正原価以下主義」が採択されている[11]。

(2) 再評価差額の税務処理

　再評価差額は，商法（明治32年法律第48号），「銀行等の債券発行等に関する法律」（昭和25年法律第40号）その他の法令における利益の処分に関する規定の適用については，利益とみなす（再評価法99）。ただし，『シャウプ勧告』が提案したとおり，6％の再評価税が課される。前記例の土地（明治34年に50万円で取得した土地）の再評価差額（5,550万円＝5,600万円－50万円）には，333万円（＝5,550万円×6％）の再評価税が課税された。

　再評価を行った法人は，再評価差額をもって，再評価日を含む事業年度開始の日における損失を填補することができる。損失填補の金額を控除した残額は，「再評価積立金」として積み立てなければならない（再評価法101①，102）。

　なお，下記の場合には，「再評価積立金」を取り崩さなければならない（再評価法103〜105，107）。

(a)　「再評価税」を納付した場合には，「再評価積立金」を貸借対照表の負債の部に計上している間は，納付日に納付税額に相当する金額の「再評価積立金」を取り崩さなければならない。

(b)　株式以外の資産を再評価日から昭和29年12月31日を含む事業年度の終了日までに譲渡または贈与を行った場合，当該資産の譲渡価額または贈与時の価額が譲渡時または贈与時における当該資産の帳簿価額に満たないときは，「再評価積立金」を貸借対照表の負債の部に計上している間は，譲渡日または贈与日において，その満たない金額に相当する金額の「再評価積立金」を取り崩さなければならない。

(c)　再評価を行った株式を再評価日から昭和29年12月31日を含む事業年度の終了日までに譲渡または贈与を行った場合に当該株式の譲渡価額または贈与時の価額が譲渡時または贈与時における当該株式の帳簿価額に満たないときは，「再評価積立金」を貸借対照表の負債の部に計上している間は，譲渡日または贈与日において，その満たない金額に相当する金額の「再評価積立金」を取り崩されなければならない。

(d)　昭和28年1月1日以後においては，同日における「再評価積立金」の額

の4分の3に相当する金額（当該法人がその納付すべき再評価税を完納した後には，その再評価積立金の全額）の範囲内に「再評価積立金」を資本に組み入れ，取り崩すことができる。

(e) 損失を填補する場合，「再評価積立金」を取り崩す。ただし，損失を填補する日に法人税法第16条に規定する積立金額（企業再建整備法第34条の4第1項の規定により留保し，または同条第4項の規定により積み立てた積立金を除く）がある場合には，その損失の金額から当該積立金額を控除した金額に相当する金額の損失を填補する場合に限る。

(f) 当該法人が解散した場合，「再評価積立金」は取り崩される。

「資産再評価法」では，商法等の例外・修正規定として，資産が再評価され，古い帳簿価額と新規の再評価額との「再評価差額」は「再評価積立金」として計上され，「再評価積立金」は資本金に組み入れることができる。なお，再評価差額には6％の「再評価税」が課されるが，新規の再評価額に基づいて減価償却を行うことができる。土地等の非償却資産の場合にも，再評価時に6％の再評価税が課されるが，譲渡時等には譲渡価額と新規の再評価額との譲渡益には法人税等または所得税が課されることになる。

Ⅱ 「土地再評価法」の特徴

1 沿　革

主要先進国の中央銀行がメンバーとなり，国際的金融決済・調整を行う国際決済銀行（Bank for International Settlement：以下，BISと略す）は，金融取引の国際化・取引手法の高度化に対処できる銀行経営の安定性・健全性の維持のために，BIS規制として，自己資本比率を8％以上にするように要求していた[12]。

BIS基準で定められた8％（国内業務だけの金融機関には4％）の自己資本比率（自己資本／総資産）の分母になる総資産を圧縮するために，貸付金の回収ま

たは貸渋りに終始・専念していた金融機関が，土地の含み益の45％相当額を補完項目（Tier II）として自己資本に組み入れることにより，自己資本比率を引き上げて貸渋りを緩和・解消できるようにするために，平成10年（1998年）3月31日に議員立法による「土地の再評価に関する法律」（以下，土地再評価法または旧法という）が2年間の時限立法として公布され，即日施行された。この法律案は，自民党の財政部会・資産再評価小委員会（委員長・大原一三衆議院議員）によって起草され，与党3党による共同提案の形で3月9日に国会に提出されている[13]。

土地再評価法では，固定資産の評価に関して取得原価主義を原則とする商法第34条第2項の特例として，事業用土地を時価で再評価し，再評価差額金（旧簿価と時価との差額）を貸借対照表上に計上できた。土地再評価法の目的は，法人が長期にわたって所有している事業用土地の再評価により，金融の円滑に資するとともに，企業経営の健全性の向上に寄与することである（土地再評価法1）。

土地再評価法の対象法人には，一般の事業会社も含まれるが，旧法の実質的な目的は，金融機関の事業用土地を再評価し，土地の含み益をBIS規制上の自己資本比率の補完項目に含ませ，自己資本比率を向上させることにあった。つまり，旧法の実質的な立法趣旨は，金融機関に対するBIS規制上の自己資本比率の改善，それに伴う貸渋りの緩和・解消にあった。平成10年3月決算では，大手都市銀行（東京三菱銀行，第一勧業銀行，住友銀行，三和銀行，富士銀行，さくら銀行，東海銀行，あさひ銀行，日本興業銀行等）や地銀（千葉銀行，常陽銀行，福岡銀行，琉球銀行等）がこの法律に基づいて土地の再評価を実施している[14]。

しかし，再評価差額金（土地の含み損益）は負債（または資産）として処理することになっており，一般の事業会社（商法上の大会社に限定されている）にとっては自己資本比率の引下げに作動するので，土地の再評価は敬遠された（東証二部上場の昭和ゴムが再評価を行っている）。旧法の下では，土地の再評価は金融機関の自己資本比率を改善するために活用されただけであり，一般事業会社には自己資本比率を悪化させる要因となるため，実践されなかったと言っても過

言ではない。事業用土地に時価主義を適用しながらも，再評価差額金が資本の部に計上されなかったために，土地再評価法は一般事業会社にとっては有効的に利用できる法律ではなかった[15]。

このような事態に対処するため，自民党の資産再評価小委員会（委員長・大原一三衆議員）によって起草された「土地の再評価に関する法律の一部を改正する法律」（以下，改正土地再評価法または改正法という）が平成11年3月31日に衆院本会議で可決・成立し，即日施行された。主な改正点は，(1)再評価実施期間を1年間延長すること，(2)平成11年（1999年）4月1日から税効果会計（当時の実効税率40％による）が強制適用されるのに伴い，再評価差額（旧法でいう再評価差額金）のうち「再評価に係る繰延税金負債」を負債の部に計上し，残りの額を「再評価差額金」として資本の部（現在，純資産の部）に計上すること（つまり，再評価差額の40％を負債計上し，60％を資本計上すること），(3)公開会社は，資本計上した再評価差額金の3分の2を上限に自己株式の取得・消却を行うことができることである。

平成11年の改正土地再評価法では，再評価差額の60％相当額を資本の部に計上することができるので，主に一般事業会社を念頭に置いた再評価対象法人の拡大が目論まれていた。改正法によって，土地再評価法の二つの目的である「金融の円滑化」と「企業経営の健全性の向上」が達成されることになる[16]。ただし，土地再評価に応じた一般事業会社の数は多くなかった。

2　再評価の条件

(1)　再評価の対象資産

再評価の対象資産は，事業用土地に限られる。「事業用土地」とは，日本国内にある土地で，販売を目的として所有するもの以外のものをいう（「改正土地再評価法」第2条第1項）。したがって，不動産会社等の営業用土地は適用外となる。また，販売を目的として所有する土地以外の土地であれば，事業の用に供していない遊休土地でも事業用土地に含まれる。

243

信託財産である事業用土地については，受益者（当該土地の所有権等が将来において帰属する者）がその事業用土地を実質的に所有するものとみなして，土地再評価法の規定を適用する（改正土地再評価法４）。

再評価の対象資産は事業用土地に制限されるが，再評価を行う場合には，事業用土地の「すべて」について行わなければならない（「改正土地再評価法」第３条第２項）。含み益のある事業用土地だけを再評価し，含み損のある事業用土地は再評価しないという措置は許されない。

前述したように，昭和25年公布の「資産再評価法」は，土地以外にも資産一般に対して再評価を容認している。とりわけ，機械，建物などの減価償却資産が再評価の対象資産の中心であった。

(2)　再評価の対象法人

土地再評価を行うことができる法人は，①商法監査特例法における大会社（資本金の額が５億円以上または負債の合計額が200億円以上の株式会社），②信用金庫・信用金庫連合会，③労働金庫・労働組合連合会，④信用協同組合・協同組合連合会，⑤農林中央金庫，⑥農業協同組合・農業協同組合連合会，⑦漁業協同組合・漁業協同組合連合会および⑧水産加工業協同組合・水産加工業協同組合連合会である（改正土地再評価法３①）。

再評価の対象法人には，株式公開・非公開あるいは業種を限定していないが，規模が制限されている。したがって，商法上の小会社・中会社および有限会社法の有限会社（現在，会社法の合同会社）の土地は，再評価の適用から除外される。金融機関以外の大会社は約8,000社に止まるといわれているので，これらの株式会社のみが再評価の対象会社となるに過ぎない。前述したように，「資産再評価法」（第１条）は，すべての法人および個人を再評価の対象主体にしていた。

(3)　再評価の時期

再評価実施期間は１年間延長されたので，平成10年３月31日から平成13年３

第7章 「資産再評価法」再導入論

月31日までとなった。また，再評価の時期は当該期間内のいずれかの１決算期である（第５条）。

つまり，事業用土地の再評価は，平成10年３月31日以後３年間に行われる３回の決算のうち，１度限りにおいて任意的に行うことができる。たとえば，３月31日を決算日とする法人では，平成10年３月31日，平成11年３月31日および平成12年３月31日のうち，いずれかの決算日に事業用土地の再評価が可能である。

再評価の時点は当該３年間における決算日の１回だけであり，しかも，再評価は法人の任意である。

3 再評価の意義および再評価差額の税務処理

(1) 再評価の意義と算定方法

「再評価」とは，事業用土地について「時価」による評価を行い，当該土地の帳簿価額を改定することである（改正土地再評価法２③）。再評価を行うことによって，事業用土地の旧帳簿価額を改定した後の新規帳簿価額が「再評価額」となる（改正土地再評価法２③）。

土地再評価法施行令（第２条）によれば，事業用土地の再評価額（時価）は，①地価公示法第６条による地価公示価格，②国土利用計画法施行令第９条第１項による基準地価，③地方税法第341条による固定資産税評価額，④国税庁が評価する相続税路線価のいずれかに合理的な調整を行って算定する方法または⑤不動産鑑定士もしくは不動産鑑定士補による鑑定評価の方法によって決定するものとする。事業用土地を再評価する場合，複数の時価から１つの時価が選択適用されることになり，わが国における「一物四価」といわれる土地評価システムを反映して，土地の時価における多様性がそのまま「土地再評価法」にも導入されている[17]。

245

(2) 再評価差額の税務処理

　旧法施行令（第3条）では，基本的には時価が旧簿価を上回る場合を想定して，再評価差額は「再評価差額金」として貸借対照表上の負債の部に計上しなければならなかった。再評価差額金は，損益計算書に計上することはできないし，欠損塡補等に使用することもできなかった。再評価差額金に相当する金額は，課税所得の計算上，益金の額に算入されない（法人税法第25条1項）。すなわち，再評価差額金は再評価時点では課税対象から除外されている。

　改正法では，時価が旧簿価を上回る場合，再評価差額金のうち，再評価差額に係る税金に相当する金額を「再評価に係る繰延税金負債」として負債の部に計上し，再評価差額から繰延税金負債を控除した残額を「再評価差額金」として「資本の部」（現在，「純資産の部」）に計上しなければならない（「改正土地再評価法」第7条第1項，第2項）。「繰延税金負債」とは，法人税その他の利益に関連する金額を課税標準とする税効果相当額であり，基本的に平成11年度以降の法人に対する実効税率（約40％）に見合う金額に等しい。したがって，再評価差額の40％相当額が「再評価に係る繰延税金負債」として負債計上され，60％相当額が「再評価差額金」として資本計上される。つまり，再評価時点では，再評価差額（土地の含み益）は負債と資本に二分割され，負債性・資本性を両有する性格を持つことになる[18]。

　税効果会計が適用されることになったので，再評価時に「再評価税」は課されないが，資産譲渡時等において再評価差額が実現する場合には，再評価差額には実効税率により「法人税等」または「所得税」が課税されることになる。昭和25年公布の「資産再評価法」では，再評価時に6％の「再評価税」が課され，増額した再評価額が新規の帳簿価額となり，資産譲渡時等には新規の再評価（帳簿価額）と譲渡価額との差額に「法人税」または「所得税」が課されることになる。

　表7-1では，「資産再評価法」（および改正法と関連法）と「（改正）土地再評価法」における主要な内容の相違点が比較されている。

第7章 「資産再評価法」再導入論

表7－1　資産再評価法と土地再評価法の内容比較

事　　項	資産再評価法	土地再評価法
制定目的 （立法趣旨）	適正な減価償却を通じた企業経理の合理化	金融の円滑化と企業経営の健全性の向上
再評価の対象資産	すべての資産（減価償却資産，土地・土地に存する権利，株式，その他の事業用資産）	事業用土地
再評価の対象者	法人および個人	一定規模の法人等
再評価の時期	昭和25年・26年・28年・29年・32年の5回	平成10年・11年・12年の3回
再評価の適用方法	任意適用。ただし，昭和29年の「資本充実法」では，一部の大会社に強制適用。	任意適用
再評価額の算定方法	物価指数に基づく再評価倍数×取得価額	複数の時価の選択適用
再評価差額の処理	「再評価積立金」として負債計上	「土地再評価差額金」として純資産計上
		税効果処理後，譲渡時に実効税率課税
再評価差額の課税	税率6％の再評価税	税効果会計適用

Ⅲ　資産再評価に対する提言的結論
－むすびに代えて－

1　再評価の対象と時期

　再評価の対象資産として，「土地再評価法」では，政治対策上，事業用土地に限定されていたが，「資産再評価法」においては，戦後における企業の実質資本維持のために，事業用土地のみではなく，資産一般について再評価が行わ

247

れた。とりわけ，建物・機械等の減価償却資産の再評価が重視されている。「土地再評価法」のように，一部の資産のみに再評価を容認する措置は跛行的な措置であり，「課税公平」の観点から問題である。「資産再評価法」と同様に，すべての資産（減価償却資産，土地・土地の上に存する権利，株式，その他の事業用資産）の再評価が行われるべきである。

再評価の対象者として，「土地再評価法」は一定規模の企業等に限定していたが，「資産再評価法」では，すべての法人と個人に再評価が容認されていた。再評価の対象者には規模の大小に関係なく，「課税公平」の観点からすべての法人および個人に再評価が認められるべきである。なお，「社会的存在」として経済的に重責を担う上場会社等には，資産再評価の強制的適用が講じられるべきであろう。

2 再評価の算定方法

「資産評価法」では，物価指数倍率に基づいて再評価額が算定されたが，「土地再評価法」では，公的な時価（地価公示（国税庁），都道府県地価調査（都道府県知事），相続税評価（路線価，国税庁），固定資産税評価額（自治省・市町村））または不動産鑑定士による鑑定評価が利用されている。

課税の形式的・法的公平あるいは税務行政・計算技術上の理由から，全国画一的に統一された再評価倍数が利用されるべきであるかもしれないが，資産の価額（時価）は当該資産の配置場所・保有状態等によって異なる。とりわけ，土地の価額（地価）は都市部と山村部では大きく乖離している。全土地等に対して全国一律に同じ再評価倍数に基づいて再評価額を算定することは，当該資産の特殊性を考慮に入れない算定方法であると言わざるを得ない。実質的・経済的な課税公平を担保するためには，全国画一的な再評価倍数ではなく，「土地再評価法」で採択されたように，当該土地の時価が採用されるべきである。

ただし，減価償却資産に対しては，税務行政上，形式的・法的課税の公平を担保するために，「資産再評価法」が採用したように，全国画一的な再評価倍

数が代替的に利用されてもよいであろう。したがって，減価償却資産の基礎価格は再評価した修正原価となり，減価償却費はそれに基づいて算定される。理念的には，減価償却資産も時価で再評価し，時価減価償却費を損金算入し，経済的・実質的所得を計上すべきである。

3 再評価差額の税務処理

「資産再評価法」では，再評価差額に対して，一律6％の「再評価税」が課された。フランスにおいても，戦後経済の再建のために必要な企業資本を維持・発展する租税政策として，1945年8月15日に，取得原価主義を基調とする一般租税法（Code Général des Impôt）の特別規定である「貸借対照表再評価法」（Révision des Bilans）が発布され，昭和25年（1950年）公布の「資産再評価法」と同様に，卸売物価指数に基づいた法定再評価係数を乗じて資産（有形固定資産（および減価償却累計額），無形固定資産（のれん・創業費を除く），有価証券，外貨建債権・債務が再評価された[19]。

なお，資産の再評価差額は，再評価特別積立金（réserve spéciale de réévaluation）として資本の部に計上され，非課税（franchise fiscale）の対象となった。この税務措置は，大戦後のインフレーションに対する一時的な善後策として実施されたが，予想に反して貨幣価値の下落が続いたため，1946年2月28日の第一次再評価から，1960年3月19日付大統領令（decrét）の第七次再評価まで15年間施行されている。ただし，「貸借対照表再評価法」における非課税の規定は，1959年12月28日の税法改正で改められ，1959年7月1日現在に計上されている「再評価特別積立金」およびそれ以後に設定される「再評価特別積立金」に対して，一律3％の特別税（impôt spécial）が課された[20]。

ほぼ同時期において，日本とフランスでは，戦後の経済復興という国家政策により，企業の実質資本維持のために資産再評価が実行されている。再評価差額に対しては，一律6％あるいは3％の再評価税が課されていたが，フランスでは，当初，非課税措置が講じられていた[21]。

249

平成11年に修正された「改正土地再評価法」では，再評価差額に税効果処理が実施されるため，再評価時には課税されず，譲渡時等の実現時に法人税が法定実効税率によって課税されることになる。「資産再評価法」は，再評価時に6％の再評価税を課税したが，増額した再評価額（新規の帳簿価額）と譲渡時等の譲渡処分価額との再評価差額は譲渡時等における法定実効税率により法人税として課税される。すなわち，再評価時の「再評価税」と譲渡時等の「法人税」の2段階課税が行われている。

「資産再評価法」による再評価に応じる企業が少なかった理由として，6％の再評価税を課税したことが挙げられるかもしれない。第三次では「無税」の意見も出されたが，実現するには至らなかった。フランスでも，当初，非課税措置が採られていたが，3％の特別税が課されることになった。形式的・法的課税の公平を期するためには，一定の再評価税は要請される。ただし，強制適用を前提とするならば，6％ではなく，フランスで採用された3％あるいは固定資産税率と同様の1.4％の再評価税が導入されるできであろう。したがって，二重課税を避けるために，再評価により設定された「再評価積立金」は，再評価税の完納時には資本組入を行うべきである。

表7-2 資産再評価に対する提案

再評価の対象資産	減価償却資産，土地・土地に存する権利，株式その他の事業用資産
再評価の対象者	法人および個人
再評価の時期	数年（たとえば，5年または10年）ごとに定期的再評価
再評価の適用方法	任意適用。ただし，上場会社等には強制適用。
再評価額の算定方法	原則として，時価。ただし，減価償却資産には，代替的に物価指数による再評価倍数に基づく修正原価。
再評価差額の処理	「再評価積立金」として純資産計上後，再評価税完納時に資本組入。
再評価差額の課税	原則として，非課税。ただし，土地等の非償却資産には3％または1.4％の再評価税課税。

第7章　「資産再評価法」再導入論

　減価償却資産については，企業資本充実・実質資本維持を実現するために，再評価差額には非課税措置が講じられるべきである。経済的に適正に算定された減価償却費の計上によって，企業経理の合理化を図るために，減価償却資産に係る再評価差額は課税対象とすべきでない。

　表7－2では，将来に施行されるべき資産再評価の主要な内容に対する提案（卑見）が示されている。

【注】

1)　大蔵省大臣官房調査課編『図解　日本の財政（昭和30年度版）』東洋経済新報社，昭和30年，292頁。

2)　大蔵省財政金融研究所財政史室『大蔵省史－明治・大正・昭和－第3巻』大蔵財務協会，平成10年，14頁。

3)　財部誠一『資産再評価』講談社，1993年，46頁。

4)　金子　宏『租税法』弘文堂，昭和51年，59頁。

5)　財部誠一，前掲書，48頁。

6)　石　弘光『現代税制改革史　終戦からバブル崩壊まで』東洋経済新報社，2008年，80〜83頁。

7)　財部誠一，前掲書，48〜49頁。

8)　同上書，49頁および52頁。

9)　同上書，52頁。

10)　山本守之『租税法要論〔改訂版〕』税務経理協会，平成7年，81〜82頁。
　　並木俊守『土地再評価法と新自株取得の実務』中央経済社，平成10年，53〜55頁および76〜77頁。

11)　菊谷正人「土地再評価法管見」『JICAPジャーナル』第517号，1998年，35頁。

12)　河内正和『銀行業界』かんき出版，1997年，120頁。

13)　菊谷正人，前掲稿，34頁。

14)　菊谷正人「土地再評価法の抜本的改正－再評価差額金の資本計上と自己株式の取得・消却－」『税経通信』第54巻第10号，1999年，17頁。

15)　同上稿，18頁。

16)　同上稿，18頁。

17)　菊谷正人「土地再評価法管見」，36頁。

18)　菊谷正人「土地再評価法の抜本的改正－再評価差額金の資本計上と自己株式の取得・消却－」，19頁。

19)　棚卸資産は，固定資産と比べて企業にとどまる期間が短いため回転率が速く，インフレーションから影響を被る危険性は少ないので，1945年の「貸借対照表再評価法」の再評価対象から除外されていた。ただし，1945年の工業品棚卸物価指数（indice

251

des prix de gros industriels）が1946年末に739，47年に12月に1,001，48年8月に1,757に達し，フランの購買力は大幅に下落した。製造業の棚卸資産に対して税務上の恩恵を与えるために，1948年12月9日付大統領令第280条により「技術的消耗品引当金」（dotation pour approvisionnement techniques）の設定が認められた。この引当金の設定限度額は，1948年度における期首と期末の棚卸資産額の差額および期末の棚卸資産額の半額のうち，いずれか低い方で算定され，引当金のうち8分の5に対し法人税（impôt sur les sociétes）が課せられ，8分の3だけに課税が1954年まで猶予されている。製造業に限られていた当該引当金制度は，1949年3月17日付大統領令によって，在庫品回転期間が1ヵ月以上の販売業にも適用され，引当金限度額は在庫品回転期間（6ヵ月以上：100％，6ヵ月未満3ヵ月以上：75％，3ヵ月未満2ヵ月以上：50％，2ヵ月未満1ヵ月以上：25％）に応じて設定されている（Léon Petit, *Le Bilan dans les Entreprises 4 édition*, Presses Univer-sitaires de France, 1961, pp. 65～68.）。

さらに，1951年3月8日付大統領令は，棚卸資産に投じられた利益に課税される租税負担の軽減（allégement de la charge fiscal）のために新しい「棚卸資産引当金」（décote ou dotation sur stock）の設定を認めた。この棚卸資産引当金は，それが期首棚卸額と期末棚卸額との差額を超過しない限り，1950年度における期首と期末の棚卸資産額に大統領令第4条に示されている個別係数（co-efficients spécifiés）を乗じて計算された期首と期末の評価額のうち，いずれか低い方を設定限度額として計上された。その後，数回の修正を経て，棚卸資産引当金制度は，ド・ゴール大統領が1960年1月1日をもって敢行した平価切下げ・新フラン発行に基づくフラン価値の安定を期待して，1959年12月31日の税法改正で廃止された（菊谷正人『企業実体維持会計論－ドイツ実体維持会計学説およびその影響－』同文舘，平成3年，342～344頁）。

20）Léon Petit, *Le Bilan dans les Entreprises 6 édition*, Presses Universitaires de France, 1970, pp. 82～84.

菊谷正人，前掲書，338～340頁。

資本に組み入れられる再評価積立金についても，80フランの固定税（droit fixe）が徴収され，それ以後の組入分に対しては，2.4％の出資税（droit d'apport）と1.2％の付加税（taxe additionnelle）が課された。

21）再評価差額に対して非課税措置が講じられていたが，1945年8月15日付大統領令の72条において，債務で取得された資産については5％の特別税が課された。プティ（L. Petit）の見解によれば，債務は減価したフランでしか償還されないという事実によって，このような債務者利得に対する国家の徴収（prélèvement de l'Etat）が正当化されたのである（Léon Petit, *Le Bilan dans les Entreprises 4 édition*, Presses Universitaires de France, 1961, p. 87.）

第8章

環境保護税制の構築

― 税制のグリーン化 ―

I 環境破壊とその対応策

　企業が生産した製品あるいはその生産過程および消費者が消費・廃棄した廃棄物から排出する二酸化炭素（CO_2）等による空気汚染（air pollution）・地球温暖化（global warming），酸性雨（acid rain）による森林破壊，フロン・ガスによるオゾン層破壊（ozone layer depletion），産業排水や農薬等による水質汚濁などの環境破壊（environmental disruption）が地球規模的次元で進行している。

　「環境破壊」とは，究極的には，大気・成層圏・海洋など，すべての生命体の共有的資源であるグローバル・コモンズ（global commons）の再生能力に対する一定の限界水準を超えた損傷（damage）であり[1]，企業および人間における過剰生産・過剰消費・過剰廃棄型の経済活動パターンに起因していると言わざるを得ない。

　各国政府は，今世紀の最重要課題の一つとして地球環境問題（global environmental problems）を解決するために，環境基準値を法的に決めて環境破壊を規制する直接的規制法（direct control approach）とともに，市場メカニズムを利用した経済政策によって環境保護（environmental protection）・環境保全（environ-

253

mental conservation）を誘導する経済的手法（economic instruments）で対処している。

　人間・企業が経済的合理性（economic rationality）を求めると想定した場合，法令・罰則規定による直接的規制法に比べて，経済的手法では，汚染量の削減が長期的には経済的な利益に直結するために，価格メカニズムを通じて費用の低い経済活動が選好され，最も少ないコストで最適な資源配分を行うことができる。

　経済的手法は，法令による直接規制に比べると，下記のような長所を具有する[2]。

(1)　多様かつ広範な経済主体の活動から生じる環境負荷（environmental impact）に起因し，環境汚染源が拡散する場合，直接規制的な環境基準値を遵守させる手段では，個別企業・産業あるいは個人に対する適正な削減目標等を設定し，かつ，その実施状況をモニターすることは難しく，行政コストも高くなる。

　　　他方，経済的手法は，市場メカニズムを通じて費用の低いところから順次に経済的な行動をそれぞれの経済主体が自主的に選択することにより，社会全体として最も少ないコストで最適な資源配分が行われる。

(2)　直接的規制では，規制値を超える汚染量削減に対するインセンティブは欠如するが，経済的手法には，汚染量の削減が経済的な利益に直結するために継続的なインセンティブ効果があり，技術開発にも長期的にプラスの影響を与える。

(3)　副次的な効果として，経済的手法のうち租税・課徴金は国・地方公共団体に歳入をもたらす。

　経済協力開発機構（Organization for Economic Co-operation and Development：以下，OECDと略す）の環境委員会（Environment Committee）は，環境保護のための経済的手法の種類を次のように分けている[3]。

(a)　課　徴　金（charges）

　(イ)　汚染物質の排出行為に対して課される「排出課徴金」（effluent charges）

（ロ）　環境コストを直接の受益者に負担させる「利用者課徴金」（user charges）

（ハ）　製品の販売段階に課される「製品課徴金」（product charges）

（ニ）　認可料・届出申請料などの手数料を徴収する「行政上の手数料」（administrative charges）

（ホ）　「租税負担の差別化」（tax differentiation）

（b）　補　助　金（subsidies）

（イ）　「助成金」（grants）

（ロ）　「低利融資」（soft loans）

（ハ）　「税制上の特別措置」（tax allowance）

（c）　製品の販売時に課された上乗せ金（subcharge）が，汚染回避の条件を満たした場合には還付される「デポジット返金制度」（deposit-refund system）

（d）　市場の創設（market creation）

（イ）　「排出権取引」（emissions trading）

（ロ）　「市場介入」（market intervention）

（ハ）　「賠償責任保険」（liability insurance）

（e）　規制遵守のための施行上のインセンティブ（enforcement incentives）

（イ）　「違反料」（non-compliance fees）

（ロ）　規制を遵守したときに還付される「達成預託金」（performance bonds）

前記(a)の環境税・課徴金（environmental taxes or charges）あるいは汚染課徴金・税金（pollution charges or taxes）は，「汚染者負担の原則」（polluter pays principle：PPP）に基づいて，環境負荷あるいは汚染源に課税・課徴し，価格メカニズムを通じて，環境汚染物質の排出，環境負荷の高い製品の生産・消費あるいは無駄な製造・大量消費を抑制することができる。

それとともに，省エネルギー計画（energy efficiency scheme），廃棄物管理（waste management）等を通じて新製品の展開，環境に配慮した製品・サービスへのシフトを図ることもできる。

ちなみに「汚染者負担の原則」とは，稀少な環境資源（scarce environmental resources）の合理的な利用に資するように，汚染防止・規制対策費用（cost of pollution prevention and control measures）を汚染源となる財貨・用役（goods and services）に配分・反映させる原則である。

この原則に従えば，製品・サービスの価格に外部不経済（社会的費用）を上乗せして，外部不経済（external diseconomy）の内部化を行うことになる。

したがって，汚染削減への追加的なインセンティブ（additional incentives for pollution abatement）を提供できる租税・課徴金は環境対策（environmental measures）の効果的な経済的手段として注目されている。

本章では，環境保護税制改革（green tax reform）を志向する「税制のグリーン化」（greening of tax sysytem）に関して，若干の考察を加えることにする。

II　環境保護税制の意義と手法

本章でいう「環境」とは，土壌・土地，植物・森林，河川・水のような再生可能資源（renewable resources），化石燃料，鉱物のような再生不能資源（non-renewable resources），大気・成層圏，海洋など，すべての生命体に共同利用されているグローバル・コモンズから成る物的自然環境である。

筆者のいう「環境保護税制」（green tax system）とは，環境保全活動に対しては租税優遇措置（preferential tax treatments）を適用するが，環境汚染活動に対しては租税制裁（tax penalty）を加える「差別的課税」（differential taxation）を行うことによって，税制上の側面から環境保護を実現しようとする租税制度である。

環境負荷の緩和・回避に対しては「租税の軽減・免除」といった「ポジティブ・タックス・インセンティブ」（positive tax incentive）を与える一方，「汚染者に租税」（tax on polluters）を課す「ネガティブ・タックス・インセンティブ」（negative tax incentive）を講じることにより，すなわち「グッズ減税」と「バッズ課税」を併用することによって環境保護に資する課税制度であると言える[4]。

256

第8章　環境保護税制の構築

OECDが1997年に公表した『環境税と環境保護税制改革』(*Environmental Taxes and Green Tax Reform*) では，「課税のグリーン化」(すなわち，環境対策税制あるいは環境保護税制) の手法は，次のように分類されている[5]。

(イ)　既存の歪みのある補助金・税務規定の廃止(removing existing distortionary subsidies and tax provisions)

　　現行租税制度において歪みをもたらす既存の税・税制や直接的・間接的な補助金は廃止または修正されなければならない。

　　たとえば，石炭等の資源採取に対する補助金や道路基盤整備への投資コスト，農業・漁業補助金の廃止，環境に悪影響を及ぼす運輸部門の税制(社会負担車両の優遇税制，公共交通機関利用と自家用車利用の区分を行わない通勤費の税控除は交通渋滞・騒音・交通事故を誘発している) の是正等を施す必要がある。

　　現行租税制度における歪みのある税・補助金を明らかにすることは，効果的な環境保護税制の構築 (税制のグリーン化) にとって重要である。

(ロ)　既存の税の再構築 (restructuring existing taxes)

　　既存の税の改革としては，他と比較して環境汚染の多い製品・経済活動に多く課税することによって相対的な価格を変え，したがって，環境に優しい税制に変革する。

　　たとえば，ほとんどのOECD加盟諸国では，有鉛ガソリンに重課し，無鉛ガソリンに軽課する「税の差別化」が実施されている。

　　また，汚染の少ないものに軽課する例として，低公害車の利用を促進するために，自動車取得税・保有税の軽減がある。

(ハ)　新規の環境税の導入 (introducting new eco-taxes)

　　環境汚染をもたらす生産・消費・廃棄の各過程において，新規の環境税 (environmental tax) を導入することもできる。たとえば，重油・石炭・農薬・使い捨て容器等に対する課税が実施されている。これらの税は，個々の環境汚染源に対処するために設定されたものである。

　　英国では，埋立処分場により許可を受けた廃棄物量に応じて課税される

257

埋立税（landfill tax）が導入されている。

㈡　歳入中立性による税の移転（revenue-neutral tax shifts）

　　上記のような税制のグリーン化の手法は，それぞれ個別的に実施することでそれなりの効果を期待できるが，上記の三手法を組み合わせることにより「税制のグリーン化」は一層の効果を発揮するものと考えられる。

　　たとえば1991年に炭素税・硫黄税を導入するに際して，スウェーデンは歳入中立性（全体の税収を変えない原則）の下で，歪みのある税を縮小する目的のために，既存のエネルギー税や所得税・法人税の減税を行った。周知のように，1990年１月にフィンランドが世界で初めて炭素税（carbon tax）という環境税を導入した。

　「環境保護税制」とは，環境保護・保全活動には租税優遇措置，環境汚染活動には租税制裁措置を適用する「差別的課税」（グッズ減税とバッズ課税の併用）によって環境保護に資する租税制度である。したがって，環境保護税制の類型は，環境租税優遇措置（グッズ課税軽減措置）と環境租税制裁措置（バッズ課税強化措置）に大別される。

　環境租税優遇措置には，特定物品・サービスに対する非課税・免除措置，課税標準の縮小（たとえば損金算入の拡大），所得控除・税額控除，課税繰延措置，優遇税率の設定，還付措置等が考えられ，環境租税制裁措置には，課税標準の拡大（たとえば損金不算入の拡大），割増税率の設定，新規税（たとえば炭素税）の導入等が考えられる。

　北欧四か国とオランダで1990年初頭に，環境税と称される炭素税・エネルギー税等が新設されている。ノルウェーでは毎年の予算案で税率の変更が審議され，デンマークでは産業部門等に応じて税率の差別化が行われる。オランダも環境税を課すとともに，再生可能エネルギー発電・温室園芸産業等に対する免税措置を講じている。なお，スウェーデンでは，炭素税の税率をインフレ率に調整して増加するシステムが1995年に採用されている[6]。

　図8－1では，環境保護税制における基本的な類型と手法が示されている。

第8章 環境保護税制の構築

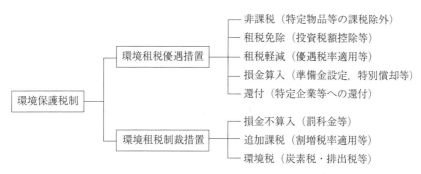

図8-1 環境保護税制の類型と手法

出所：菊谷正人「税制のグリーン化－環境保護税制の構築－」『政経論叢』第120号，平成14年，50頁。

Ⅲ 環境保護税制の類型

1 環境租税優遇制度

(1) 非課税措置

「非課税」とは，課税対象または納税義務者から除外することである。北欧型炭素税，たとえばスウェーデンの二酸化炭素税（Koldioxidskatt）は燃料の炭素含有量と熱量に従って課されるが，国際線航空機・汽車・船舶のための燃料，エネルギー生産目的以外で使用される燃料（産業生産で原料として使用される石油等）は非課税とされた[7]。

このように，国際競争力・公益・非燃料的使用の観点から特定物品に非課税措置が講じられている。

「人間と自然環境との共生」を基本理念として，自然環境から採取した資源を経済的・能率的・効果的に利用し，リサイクル可能な資源を反復利用することによって環境保護を図るためには，環境保全設備・環境保護産業部門，環境配慮製品・原料に対して非課税措置が講じられるべきであろう。

259

たとえば，低公害車（電気自動車，アルコールガス自動車，水素自動車，ソーラー自動車等），太陽熱発電設備，エコ・ビジネス部門（たとえば，省資源・リサイクル型企業）に対しては，自動車重量税，電源開発促進税，法人税・消費税の非課税対象とするべきではなかろうか。

　また，米国のように，公共交通機関利用の通勤費は，全額非課税とするべきである。

(2) 免 税 措 置

　免税（tax exemption）とは，租税が永久免除されることをいう。「免税」は，租税債務関係の確定・履行の過程において，租税法上成立した納税義務の一部または全部を解除することであり，当初より課税要件除外となる「非課税」とは異なる。

　免税措置の代表例として，算出税額から一定額を控除する税額控除（tax credit）がある。わが国では，(イ)二重課税排除目的の税額控除（配当控除，外国税額控除，所得税額控除），(ロ)仮装経理に基づく過大申告の更正に伴う法人税額の控除，(ハ)相続税における配偶者に対する軽減税額の控除・未成年者控除・障害者控除・相次相続控除等，(ニ)政策目的の税額控除（住宅借入金等特別控除，政党等寄付金控除，試験研究費が増加した場合の税額控除等）が施行されている。

　環境保護対策を目的とした税額控除として，租税特別措置法第42条の5がエネルギー環境負荷低減推進設備等（新エネルギー利用設備等（一定の太陽光発電設備・風力発電設備・地熱発電装置・バイオマス利用設備等），二酸化炭素排出抑制設備等（コンバインドサイクル発電ガスタービン，プラグインハイブリッド自動車，エネルギー回生型ハイブリッド車，電気自動車）を取得した場合の法人税額の特別控除を容認している。資本金または出資の金額が1億円以下の法人（すなわち中小法人）や農業協同組合等の中小企業者等が，エネルギー環境負荷低減推進設備等を取得した場合，法人税額の20％に相当する金額を限度として，当該資産の取得価額の7％に相当する金額を直接に税額から控除できる。控除限度超過額については，1年間の繰越しが認められている。

第8章　環境保護税制の構築

この税額控除は，「投資税額控除」(investment tax credit) と称されているが，環境保全・改善用設備，環境関係開発・研究用設備の投資奨励策として投資税額控除は，すべての法人に対して活用されるべきである。その場合，税額控除限度額が当該事業年度の所得に対する法人税額の20％相当額に限定されているので，この規定を廃棄するとともに，取得価額の7％の比率を引き上げる方が投資の刺激要因にとって有効的である。

(3)　損金算入措置または課税繰延措置

「損金算入」(inclusion in deductible expenses) とは，課税所得計算上マイナス要因として，損金の額に算入することである。「課税繰延」(tax deferral) とは，課税を将来に延期することである。

わが国では，法人税法の規定による減価償却のほかに，租税特別措置法で青色申告法人に容認される特別償却がある。「特別償却」とは，産業政策・環境対策・中小企業対策・住宅対策等の政策目的により，特定の資産について取得年度に特別に一定額だけ減価償却を拡大して，租税負担を軽減する税務措置である。法人税法・所得税法における普通償却限度額のほかに，特別償却限度額として当該資産の取得価額の一定割合を損金算入できるので，それに見合う税額は減少する。

ただし，当該資産の帳簿価額はそれだけ減額されているので，特別償却を実施しなかった場合に比べて，その後の償却限度額が小さくなるか，残存価額または備忘価額に達して償却できなくなる時期が早くなる。このことによって，将来の税額は自動的に増額する。

損金先取的減価償却法である特別償却は，投下資本を早期に回収することはできるが，減価償却制度を利用した「課税繰延措置」に過ぎない。なお，特別償却に係る償却不足額については，1年間の繰越償却が認められている。

租税特別措置法第43条では，公害防止に資する機械等の減価償却資産（汚水処理用設備，騒音防止設備，煤煙処理用設備，脱臭設備，産業廃棄物処理用設備等）を取得した場合，取得価額の8％相当額の特別償却限度額が計上できる。

261

前述のエネルギー環境負荷低減推進設備等を取得した場合にも，特別償却を行うことができる。エネルギー環境負荷低減推進設備等の特別償却限度額は，取得価額の30％相当額である（措法42の５）。

　このような特別償却は，特別償却限度額（早期計上償却額）に見合う税額が将来に延期されたこととなり，その繰延税額分だけ特別償却時において一時的にも租税負担が軽減する。投下資本の一定額を早期回収し，無利息の資金を国家から間接的に調達できる特別償却は，諸外国でも投資誘因措置として利用されている。企業にとって課税猶予効果と無利息融資効果を具有する投資誘因策としては，取得年度に全額償却できる「キャピタル・アローワンス」の方がより効果的な方法であろう。

　キャピタル・アローワンスは，一定割合の特別償却よりも投下資本の早期回収が可能であり，したがって間接的な無利息融資額も多い。環境保護のための緊急的投資奨励策として，キャピタル・アローワンスがすべての環境対策資産（公害防止用設備，環境保全・改善設備，廃棄物再利用設備等）に対して全面的に適用されるべきである[8]。

　英国では，ある種の環境配慮型設備・機械（certain classes of environmentally beneficial plant and machinery），省エネ設備・機械（energy-saving plant and machinery）および低排ガス車（low emission car）に対して，初年度控除（first year allowance）として100％のキャピタル・アローワンスが認められている[9]。

　わが国の減価償却制度の中にも，1946年４月に英国税法により創設された「キャピタル・アローワンス」の導入が本格的に論議されてもよいのではなかろうか。

　租税特別措置法における準備金のうち環境保護に係るものとして，金属鉱業等鉱害防止準備金（措法55の５），特定災害防止準備金（措法56），使用済核燃料再処理準備金（措法57の３），原子力発電施設解体準備金（措法57の４）がある。

　金属鉱業等鉱害対策特別措置法に規定する採掘権者・租鉱権者が，金属鉱山の使用終了後の鉱害防止事業の費用に充当するために金属鉱業等鉱害防止準備金を積み立てたときは，金属鉱業事業団に鉱害防止準備金として積み立てた金

額を限度として，損金算入することができる。

　一般電気事業者・卸電気事業者が，原子力発電用原子炉の燃料として使用した核燃料物質の再処理費用または特定原子力発電施設の解体費用の支出に充当するため，一定の積立限度額を使用済核燃料再処理準備金または原子力発電施設解体準備金として積み立てたときは，損金算入が認められる。

　しかしながら，原子力発電関連の使用済核燃料再処理準備金と原子力発電施設解体準備金は，原子力発電にはコスト・クリーン度・安全性など種々の面で致命的な欠陥が認められ，政策目的自体の合理性に欠けると思われるので，その廃止が望まれる。原子力発電依存路線から風力発電・太陽光発電・マイクロタービン発電等への依存路線へと転換できる税制上の優遇措置が政策手段の選択肢として構築されるべきである[10]。

　なお，筆者としては，将来の世代のための「持続的発展[11]」(sustainable development) あるいは環境保護を図るために，一定規模・業種の法人に対して，自然資本 (natural capital) の犠牲によって形成された人工資本 (man-made capital) である物的資産の一定割合の金額（たとえば，物的資産の時価評価額の10分の1）に達するまでは，「持続的維持準備金」または「環境保全準備金」として積み立てることを提案した[12]。

　この準備金は，現在の株主に処分しないで将来の世代のために留保しなければならない地球持分（環境持分）であり，その取崩しは将来の環境保全活動に支出する場合に限られる。とりわけ，石油関連事業，化学業，自動車製造業等のような環境負荷の高い業種には，その積立てが強制されるべきであろう。

　さらに，森林所有者のみに限定されている植林費（種苗費，植栽費，地ごしらえ費等）の30％損金算入制度をすべての法人に適用することによって，全国市街地域の緑化を促進させるとともに，CO_2の緩和および環境整備に貢献させるべきである。ただし，30％の損金算入ではなく，初年度全額損金算入できる「キャピタル・アローワンス」が効果的である[13]。

(4) 優遇税率の設定

周知の如く，わが国の所得税・相続税等には超過累進税率が適用され，法人税には基本的には比例税率（ただし，中小法人に対しては軽減税率を含む2段階税率）が適用されている。したがって，課税標準が同一価額または同一数量であると仮定した場合，税率の大小によって税額は異なってくる。

デンマークでは，石炭・軽油・重油・LPG・天然ガス・電力消費等を主な課税対象とする環境税について，産業部門のプロセスの別（重工業と軽工業）および政府との協定の有無に応じた税率の差別化が行われた[14]。つまり，環境配慮型企業・産業に対して優遇税率が適用されている。

全産業に単一の税率を課すのも国家政策であるとするならば，環境負荷が相違する産業別に複数の税率を課すのも国家政策の一つである。

さらに，環境配慮型企業を育成するためには，一定規模の環境対策資産あるいは当該企業資産における一定割合の環境対策資産を所有している企業，エネルギー集約型企業・再生可能エネルギー利用企業等に対しても，法人税率を引き下げて軽減税率を設定するべきではなかろうか[15]

わが国の地方税関係では，平成13年（2001年）度の税制改正により，電気自動車・天然ガス自動車・メタノール自動車・ハイブリッド自動車といった環境負荷の少ない自動車を取得した場合，自動車取得税（道府県目的税）の税率には軽減税率が適用され，また，自動車の保有に課税される自動車税（道府県普通税）の標準税率に対しても，電気自動車・低燃費車等には複数の軽減割合

表8-1 自動車取得税の優遇税率

適用対象車	車輌の用途・種類	自家用自動車	営業用自動車・軽自動車
電気自動車，天然ガス自動車，メタノール自動車		2.3%	0.3%
ハイブリッド自動車	バス・トラック	2.3%	0.3%
	上記以外	2.8%	0.8%

注：課税標準は，自動車の取得価額であり，取得価額50万円以下の自動車の取得に対しては課税されない。

（50％，25％，13％）による軽課措置が講じられた（ただし，11年超のディーゼル車・13年超のガソリン車は10％割増割合で重課されている）。

　自動車を取得した場合に課税される「自動車取得税」（道府県目的税）の税率は，自家用自動車には取得価額の５％，営業用自動車と軽自動車には３％であるが，表８－１が示すように，電気自動車・ハイブリッド自動車等の取得（平成13年４月１日から平成19年３月31日までの取得に限る）に際しては，優遇税率による軽減措置が採用された。

　また，自動車（軽自動車・大型特殊自動車等を除く）の保有に対して課される「自動車税」（道府県普通税）についても，電気自動車・低燃費車等には，表８－２で示されるような軽減割合による軽課措置が施されている。

表８－２　自動車税軽減割合と割増割合

	適用対象	2001年度・2002年度の新規登録車			
優遇措置	対象車	電気自動車・天然ガス自動車・メタノール自動車	低燃費かつ最新排出ガス規制より75％以上性能がよい自動車	低燃費かつ最新排出ガス規制より50％以上性能がよい自動車	低燃費かつ最新排出ガス規制より25％以上性能がよい自動車
	軽減割合	50％		25％	13％
	優遇期間	新規登録の翌年度から２年間			
重課措置	適用対象	2001年度・2002年度における新規登録後11年超のディーゼル車，13年超のガソリン車			
	割増割合	10％			
	重課割合	翌年度以降			

出所：東京都主税局『ガイドブック都税2001』2001年，49頁一部修正。

　「自動車税制のグリーン化」と呼ばれ，環境負荷の少ない自動車に対して優遇税率による軽課措置が施された。ほとんどのOECD加盟国では，無鉛ガソリンには軽課し，有鉛ガソリンに重課する「税の差別化」が実施されている。

　環境に配慮した製品・燃料等に優遇税率を適用すれば，他の製品等と比べて相対的に価格を抑えることができるので，当該製品・燃料等の販売・利用を促

進し，結果的に環境保護に貢献できる。

　優遇税率の設定は，既存税の再構築によって実現可能であるので，導入され易い方策であると言えるであろう。

　あるいはまた，現行制度における法人の税率は，法人の種類・規模あるいは所得の金額・種類等に応じた一定の比例税率（たとえば，普通法人には23.2％，協同組合等には19％，公益法人等の収益事業の所得には19％）であるが，環境保護対策法人に対しては追加的に優遇税率を付与するべきである。

(5)　還付措置

　「還付」（refund）とは，いったん納付した税金が戻ってくることをいう。還付金は，適法に納付または徴収が行われたが，結果的に過大な納付となったため，納税者に返還されるべき税額をいう。たとえば，源泉徴収税額の還付（所法138①），予定納税額の還付（所法139①）等がある。

　理念的には，租税優遇措置として一定規模あるいは特定の環境保全活動に還付を行うことも考えられる。ただし，歳入確保・税務執行等の諸問題により還付の実行可能性は乏しいかもしれない。

　ところが，スウェーデンでは，工業プロセス・商業園芸用の熱生産者にはエネルギー税100％，温暖化対策税50％（ガソリン等以外），熱生産用電力課税分が還付されている[16]。環境保全活動に対して還付する措置も，当該国の事情等によって実践可能である。

2　環境租税制裁措置

(1)　損金不算入措置

　「損金不算入」（exclusion from deductible expenses）とは，課税所得計算上は損金の額に算入しないで，課税所得に加算することである。損金不算入は課税所得のプラス要因となるので，自動的に納税額を増やす。損金不算入項目として，交際費等，減価償却資産の償却限度額の超過額，引当金の繰入限度超過額等が

ある。

前述したように，環境汚染活動に対しては租税制裁を加えるべきである。公害防止努力を怠った法人が支払う公害補償費用等は，反社会的行動に基づく支出であり，損金性を認めることは社会正義に反する。

わが国の法人税基本通達7－3－7によれば，工場・ビル・マンション等の建設に伴って支出する公害補償費・住民対策費等で，当初から支出が予定されているものについては，その支出が建設後に行われるものであっても，当該資産の取得価額に算入しなければならない。つまり，資産化した上で減価償却費として損金算入できる。

しかし，公害補償費のような支出には，罰科金と同様に，損金に算入すれば租税負担が軽減することになり制裁的効果が削減するので，損金不算入項目として課税所得に含めることにより制裁的課税を行うべきである[17]。

また，ペットボトルの飲料水，レジャー志向の四輪駆動車等のように過剰な消費あるいは過大な環境負荷を誘引する広告宣伝費は，交際費等と同様に，冗費節約等の理由により損金不算入とする。

税法上，特定の者（得意先，仕入先その他事業に関係ある者等）に対する接待・贈答・供応・謝礼等を意図する金品の交付等は交際費等とされ，不特定多数の者に対する宣伝効果を意図する金品等は広告宣伝費として扱われる（措法61の4③，措通61の4(1)－9）が，交際費等も広告宣伝費も販売拡張・促進のために金品等を交付する点では類似している。

環境保護の観点から過剰な広告宣伝活動については，税制的にも制裁を加えるべきである[18]。

(2) 追加課税措置

「追加課税」（additional taxation）とは，税額が追加的に加算されることである。追加課税措置の典型例としては，使途秘匿金（使途不明金と通称されている）の支出額に対する40％の特別税率による追加課税がある（措法62①）。

還付とは反対に，理念的には，一定規模あるいは特定の環境汚染活動に追加

課税を行うことも考えられる。その場合，割増税率を使うことになるが，実行可能性は乏しいかもしれない。

ただし，わが国でも，表8－2で提示されているように，「自動車税制のグリーン化」によって，環境負荷の大きい自動車に対して割増税率による重課が講じられた。

一定規模あるいは特定の環境汚染活動・製品等に割増税率を適用することにより追加的課税が行われるならば，当該汚染活動・製品等は市場メカニズムによって緩和・消滅していくはずである。

前述したように，環境負荷の削減・回避には租税軽減・免除の「ポジティブ・タックス・インセンティブ」が与えられるが，汚染者には重課措置を施す「ネガティブ・タックス・インセンティブ」も環境保全のためには必要である。

(3) 新規の環境税の導入

周知のように，ヨーロッパでは，地球温暖化対策として炭素税等，大気・水質・土壌保全対策として硫黄税等，廃棄物・リサイクル対策として廃棄物税等が環境税として導入されている。

ベルギーでは，さまざまな製品（飲料容器，使い捨てカメラ，紙，電池等）に環境税が1993年の環境税法に基づいて導入された。フィンランドと英国では，埋立処分場により許可を受けた廃棄物量に応じて課税される埋立税（landfill tax）が1996年に創設された[19]。

「汚染者負担の原則」に従って，環境汚染をもたらす生産・消費・廃棄の各段階において新規の環境税の導入（introducing new eco-taxes）が試みられている。

さらに英国では，2001年4月より地球温暖化対策として気候変動税（climate change levy）が導入された。「気候変動税」は，既存エネルギー税として1993年に採用された炭化水素油税（hydrocarbon oil tax）の課税対象となっていない産業・事業および公共部門エネルギー使用を課税対象とし，石炭・炭化水素派生物（たとえばコークス）・天然ガス・石油ガス・電力を熱利用・動力として事業用に利用した場合に課される。ただし，エネルギー集約産業，再生可能エネ

ルギー発電・公共交通機関のエネルギー消費等には免税・非課税措置が講じられている[20]。

なお，炭化水素油税は，税率を物価上昇率以上に毎年引き上げる「エスカレーター制度」によって徴収されていた[21]。

わが国には，「環境税」と呼称される租税は存在しない。揮発油税，地方道路税，石油ガス税，航空機燃料税，石油税など，揮発油・石油ガス・原油・石油製品・ガス状炭化水素を課税物件とするエネルギー消費税が既存税として課されている。このような既存のエネルギー消費税は，広義に解釈すれば，「環境税」に該当するかもしれない。

ただし，その課税標準は消費数量であり，税額の算出のために課税標準に対して適用される税率は，消費数量に基づく従量税率である。

環境税の本来の目的は環境破壊の緩和・防止にあると思量するならば，単純に消費数量だけではなく，化学排出物（chemical emissions）等が環境に与える潜在的環境負荷（potential environmental impact）も課税標準に組み込まなければならない。

放出物質の重量（weights of substance discharged）を単に課税標準とするのではなく，科学的な研究によって個別の排出物等について環境負荷係数（environmental burden coefficient）を算出し，それに消費数量を乗じた環境負荷量を課税標準とすべきではなかろうか。

ちなみに「環境負荷係数」とは，環境破壊・環境負荷の程度を表す係数であり，たとえば，地球温暖化にとって二酸化炭素の環境負荷係数を1とした場合，一酸化炭素の環境負荷係数は3，クロロホルムの環境負荷係数は4，四塩化炭素の環境負荷係数は1,400となると想定した危険度係数（環境破壊度係数）である。

環境負荷係数は，ドイツ語圏諸国の研究者・機関，英国・スウェーデンの一部の企業（たとえばICI社，ボルボ社）によって開発されてきたが，環境への侵害（Umwelteinwirkung）を係数化することは，国・工場ごとに異なるはずであり，その数値化には主観・恣意性介入の余地がある[22]。

269

税制上，環境負荷係数が活用される場合には，環境省・国税庁・専門家によるプロジェクト・チームによって科学的・専門的に算出される必要がある。ただし，税務執行上，多数・多様の環境負荷係数の採用は避けた方がよいかもしれない。

1990年1月に世界で初めて導入されたフィンランドの炭素税は，炭素含有量に応じて課税する環境税である（ただし，1994年から1997年までは炭素含有量とエネルギー量を課税標準としていた）。この炭素税は，エネルギー中間消費に対し消費量ではなく炭素含有量に応じて課税されているが，環境負荷係数までは考慮されてない。

わが国の既存エネルギー税（揮発油税，石油税，石油ガス税など）を環境税に統合するとか部分的に振り替える場合には，環境破壊を削減・回避するために，つまり環境負荷の低いあるいは環境に有害でない代替物質・エネルギーの開発・利用を展開できるようにするためには，環境負荷係数を加味した環境税の構築が図られるべきである。

課税標準を消費数量とする従量税ではなく，環境負荷量とする「従負荷税」に変更されなければならない。このような環境負荷税の導入によって，環境負荷の多い生産・消費・廃棄活動（すなわち環境破壊活動）は経済的・効率的に抑制されるであろう。

その結果，脱石油・脱炭素エネルギー・無公害エネルギー等の研究・開発・利用あるいは省エネ・省資源・資源再利用等の恒常化が促進され，環境保護と経済成長を両立できる「持続可能な発展」が実現されるはずである。

さらには，環境負荷の高い製品（たとえば，自動車，石油関連商品，農薬，ペットボトル・使い捨て容器，バッテリー，化学原料）を製造している企業・業界に対しては，売上高を課税標準とする外形標準課税による環境売上税（sales tax for environment）が地球使用料として徴収されることとする。汚染源となる製品から稼得された売上高の一定割合（たとえば，売上金額の0.1％）を負担させることには，環境負荷税を課すことと同等の効果がある。

わが国では，国による環境税の導入には産業界の反対・不景気等により消極

第8章　環境保護税制の構築

的であったが，近年，地方自治体が多様な環境税（地方環境税と呼ばれている）
を導入し始めている。

平成12年（2000年）4月には「地方分権の推進を図るための関係法律の整備
等に関する法律」（「地方分権一括法」と通称されている）が施行されたのを契機に，
地方自治体による課税自主権の拡大に伴って，財源確保のための法定外目的税
として「地方環境税」が注目を浴びている。

財政危機と環境・公害対策費用に苦慮していた地方自治体は，税収確保とと
もに，環境保全にも結びつく地方環境税の新設に積極的となった。

たとえば，三重県は平成14年（2002年）4月1日より法定外目的税としての
「産業廃棄物税」を導入した。三重県条例第51条によれば，納税義務者は，県
内・外を問わず，産業廃棄物を排出する事業者であり，課税対象は産業廃棄物
の中間処理施設または最終処分場への搬入である。税率は，産業廃棄物1トン
当たり1,000円となっている。

また，ゴミ処理問題が深刻となっている東京都杉並区も，「すぎなみ環境目
的税」（レジ袋税と呼ばれている）を検討している。レジ袋税の課税標準は事業
者から譲渡されたレジ袋の枚数であり，税率は1枚について5円である。レジ
袋税の税収は，ゴミ減量・リサイクル推進の事業，買物袋の普及化，環境教育
等に使われる[23]。

都道府県レベルだけではなく，市町村レベルの地方自治体も，地方環境税の
導入に取り組んでいる。

しかし，地方自治体が課税権者となる地方環境税では，限定された地域にし
か課税権の効力を発揮できないため，産業廃棄物税回避のための不法投棄の増
加・他県への廃棄物流出，一般消費者の買控え（すなわち売上減収）・他区への
顧客流出等の問題が生じてくるであろう。

地域限定の地方環境税は，近隣地域との調整・整合性を図りながら，漸次，
全国的に普及させ，統一的地方環境税として確立させるべきであろう。

271

Ⅳ　環境保護税制の課題

1　環境保護税制のための環境教育

　人類存続危機を胚む地球環境問題に対処するためには，抜本的な環境保護対策を講じなければならないが，経済的手法の一つとして環境保護税制あるいは税制のグリーン化も採用されるべきである。

　ここで，「環境保護税制」とは，環境保護活動に対して租税優遇措置，環境汚染活動に対して租税制裁措置を併用することによって，税制上の側面から環境保護を実現しようとする環境対策（environmental measures）であった。

　わが国では，租税優遇措置は租税特別措置法で例外的・臨時的な租税負担軽減措置として規定されている。したがって，租税特別措置による租税特別減免措置については，個々の政策目的の合理性の判定を厳格にするとともに，その効果に関する不断の検討を加えることによって，特別減免措置が既得権化したり，慢性化することのないように厳に戒めることが極めて重要である[24]。

　租税減免措置は，特定の政策目的を実現するための租税手段の一つであるが，本質的に，租税公平性・中立性を破壊しているので，租税負担の公平・中立の観点からは，租税特別措置は削減・廃止すべきであろう[25]。

　しかしながら，深刻化した環境破壊の緩和・回避，すべての生命体の共同財産ともいうべき地球資源の保全・保護に資するためには，環境対策資産等の資本的支出に対して税制上の優遇措置を例外的に講じるべきである。

　環境租税優遇措置と同様に，「汚染者負担の原則」を基調とする環境租税制裁措置も緊急避難的に講じられるべきである。

　環境保護・保全のためには，時限立法的ではあっても，租税特別減免・重課措置が臨時・例外的対策として施されるべきである。

　ただし，租税特別重課措置は，特定業種・企業に対して増税，最終消費者に

272

対して逆進性をもたらすことになるかもしれない。

　筆者が提案した広告宣伝費の損金不算入・環境売上税の追加課税は特定産業に租税負担が偏重し，間接税として課税される環境負荷税の導入によって低所得者に対して相対的に高額な課税を強いることになる。

　また，「環境保護」という美名を借りた安易な増税策として乱用される危険性もある[26]。

　環境租税制裁措置には，産業界・消費者（最終担税者）の抵抗が大きくならざるを得ないが，利便性のみを追求した結果生じる環境破壊，あるいは無駄な製造・過剰消費・大量廃棄は，将来の世代を考慮しない「世代的エゴイズム」であると銘記すべきであろう[27]。

　経済活動基盤が，すべての生命体の共同財産ともいうべき地球資源に依存しているという現実の下に，「汚染者負担の原則」や「持続的発展」の理念を修得できる「環境教育」が緊急的・永久的に施されるべきである。

2　環境保護国際機構の創設

　国際的レベルでは，環境負荷係数に応じた環境負荷税の導入が環境破壊防止にとって急務であるが，地球規模的に同時進行している環境破壊に対する環境税は，本質的に国際共通税として課税されるべきであり，各国の税率は一本化されるべきである。

　環境税導入の共同歩調と共通従量税率の採用は，環境税非導入国による無責任なCO_2排出の増加，環境税の高率国から低税率国・非導入国（環境税のタックス・ヘイブン）への企業の国際移動等の弊害を排除することができるであろう[28]。すなわち，国際的に歩調を合わせて環境負荷税が導入されなければ，環境汚染の国際移動の危険性は高くなると言える。

　米国のスーパーファンド法がスーパーファンドという信託資金（石油税・化学原料物質消費税等を財源とする）を使って汚染用地の浄化・改善を行ったように，各国の環境税の一部を集め，その財源で地球環境を守るための機関として「環

273

境保護税国際機構」（International Organisation for Environmental Protectio n Taxes）の創設が要請されるかもしれない[29]。

　環境保護の目的税として各国から環境負荷量に応じて徴収された環境負荷税をグローバルに管理・運用する国際機関により，ボーダレスに悪化している自然環境破壊の回避が計画・実行されるべきである。

　環境負荷税からの財源は，地球規模的視野に立った中立的な環境保護税国際機構によって，アマゾン森林の保存，サハラ砂漠・ゴビ砂漠の緑化，ヒマラヤ水系・バングラディッシュ水資源開発，太陽光発電・マイクロタービン発電・潮流発電・家庭用電池発電や代替エネルギー・クリーンエネルギーの研究・開発等に使われることになる。

【注】
1) 「公害の経済理論」に本格的に取り組んだカップ（K.W.Kapp）によれば，「環境破壊」とは，人間および人間行動，したがって社会の生命と発展に影響を及ぼすすべての外的な条件および影響について一定の限界水準を超える損傷のことをいう（柴田徳衛＝鈴木正俊訳『K.W.カップ　環境破壊と社会的費用』岩波書店，1975年，18頁）。
2) 環境庁企画調整局企画調整課調査企画室監修『環境政策と税制「環境に係る税・課徴金等の経済的手法研究会」第1次報告』ぎょうせい，平成9年，18頁。
3) OECD, *Economic Instruments for Environmental Protection*, 1989, chap. 3.
4) 菊谷正人「環境保護規制と環境保護税制」山上達人＝菊谷正人編著『環境会計の現状と課題』同文舘，平成7年，150～151頁。
5) OECD, *Environmental Taxes and Green Tax Reform*, 1997, pp. 19～27.（技術経済研究所監訳『OECD環境税とグリーン税制改革』技術経済研究所，1998年，24～32頁。）
6) 環境省編『平成13年度版環境白書　地球と共生する「環の国」日本を目指して』平成13年，55頁。
7) 飯野靖四「スウェーデン」石　弘光編『環境税－実態と仕組み－』東洋経済新報社，1993年，108～109頁。
8) 菊谷正人，前掲稿，152頁。
9) Alan Melville, *Taxation : Finance Act 2006 Twelfth edition*, Prentice Hall, 2007, pp. 152～153.
　ある種の環境配慮型設備・機械には2003年4月1日以降，省エネ設備・機械には2001年4月1日以降，低排ガス車には2002年4月17日から2008年3月31日までの期

第8章　環境保護税制の構築

間に100％のキャピタル・アローワンスが認められる。

10)　畑山　紀「環境問題と所得課税－環境政策としての所得課税制度の見直し－」日本租税理論学会編『環境問題と租税』法律文化社，2001年，75頁。

11)　「持続的発展」の概念は，国際自然保護連合の「世界保全戦略」で1980年に初めて提唱され，ブルントラント女史（後のノルウェー首相）を委員長とする国連の「環境と開発に関する世界委員会」（The World Commission on Environment and Development）が1987年に公表した報告書『我ら共有の未来』（Our Common Future）によって確立された。『ブルントラント・レポート』（The Bruntland Report）によれば，持続的発展とは，将来の世代（future generations）が彼らのニーズを満たす能力を損なうことなく，現在のニーズ（the needs of the present）を充足することができる発展である（World Commission of Environment and Development, Our Common Future, Oxford University Press, 1987, p. 8.（大来佐武郎監修・環境と開発に関する世界委員会訳『地球の未来を守るために』福武書店，1987年，28頁））。ここでは，世代間の公平性（intergenerational equity）と同時に世代内の公平性（intragenerational equity）を満たす必要性を強調しながら，経済発展と環境保護の両立を目指している。

12)　菊谷正人「環境会計の課題」『社会関連会計研究』第8号，1996年，21頁。

13)　菊谷正人『企業実体維持会計論－ドイツ実体維持会計学説およびその影響－』同文舘，平成3年，355頁。

14)　環境省編，前掲書，55頁。

15)　菊谷正人「環境破壊と会計・租税制度」『會計』第143巻第5号，1993年，64頁。

16)　EU, The Eco-Tax Database of Forum for the Future : A Database of Environmental Taxes and Charges SWEDEN 2000, 2000, p. 12.（環境政策における経済的手法活用検討会『環境政策における経済的手法活用検討会報告書』環境庁企画調整局企画調整課調査企画室，平成12年，152頁。）

17)　菊谷正人，前掲稿，64頁。

18)　菊谷正人「環境会計の課題」，22頁。

19)　OECD, Environmental Taxes and Green Tax Reform, 1997, p. 24.（技術経済研究所監訳『環境税とグリーン税制改革』技術経済研究所，1998年，28～29頁。）

20)　EU, The Eco-Tax Database of Forum for the Future:A Database of Environmental Taxes and Charges UNITED KINGDOM 2000, 2000, pp. 1～9.（環境政策における経済的手法活用検討会，前掲書，165～166頁。）

　　エネルギー集約産業，再生可能エネルギー発電・公共交通機関のエネルギー消費等に対しては，気候変動税の免税・非課税措置が施されている。

21)　星野次彦編著『図説　日本の税制（平成19年度）』財経詳報社，平成19年，319頁。

22)　菊谷正人「環境会計の課題」，15頁。
　　菊谷正人「環境報告書」『経理研究』第41号，1997年，163～165頁。

23)　南雲芳幸「レジ袋の検討について」『環境研究』第121号，2001年，75～77頁。

24)　富岡幸雄「課税所得の本質」『税務会計研究』第8号，平成9年，42～43頁。

275

25) 菊谷正人「『減価償却』の対象資産」『税務会計研究』第 9 号，平成10年，42頁。

26) 菊谷正人「環境保護規制と環境保護税制」，154頁。

27) 菊谷正人「環境破壊と会計・租税制度」，59頁。

28) 石　弘光「地球環境問題と環境税に注目しよう」『経理情報』1992年 2 月10日号，
　　No.645，1 頁。
　　宮島　洋「環境税（炭素税）の租税論的検討」石　弘光編『環境税 – 実態と仕組
　　み –』東洋経済新報社，1993年，42頁。

29) 菊谷正人，前掲稿，156頁。
　　John A. Hird, *Superfund : The Political Economy of Environmental Risk*, The
　　Johns Hopking University Press, 1994, pp. 9〜13.
　　スーパーファンド法の目的は，「汚染者負担の原則」に基づいて，汚染用地の浄化
　　費用を有害物質処理に関与したすべての潜在的責任当事者（potential responsible
　　parties : PRP）に負担させること，PRPを特定できない場合や特定できても賠償資
　　力がない場合にはスーパーファンドを使って用地を浄化することである。

第9章

国際課税の再構築

― 国際二重非課税の対抗策 ―

I 開　　題

　2008年9月のリーマンショックに端を発した世界的な経済危機・景気低迷により，各国は財政悪化に陥り，必要な歳出を賄うのに必要な税収を確保するため，より多くの国民負担を求めた。一方で，欧米を中心とする多国籍企業（multinational enterprises）が各国の租税制度の相違，国際的な税制の隙間・抜け穴を巧みに利用したタックス・プランニング（tax planning）を実行することにより，その活動実態に比して著しく低い租税負担しかしていない「国際的租税回避」（international tax avoidance）あるいは「国際的二重非課税」（international double non-taxation）の問題が広く知れることととなり，大きな社会・政治問題となった[1]。

　従来，居住地国課税を重視し，源泉地国課税をできるだけ抑制して「国際的二重課税」（international double taxation）の排除を図ってきたが，居住地国課税と源泉地国課税の二重課税を排除しようとするうちに，源泉地国でも居住地国でも課税されない「国際的二重非課税」が生じてしまった[2]。戦後一貫して「国際的二重課税の排除」のために論議されてきた国際課税問題が，2000年代

後半以降，「国際的二重非課税」の問題に潮流が変わり始めている。

とりわけ，多国籍企業や世界の富裕層がタックス・ヘイブン（軽課税国等）を国際的租税回避の手段として利用し，課税逃れ・資産隠匿，マネーゲーム，マネーロンダリング（資金洗浄）等を行っている。2016年初頭に，タックス・ヘイブン（tax haven）が「パナマ文書」（The Panama Papers）によって世界的に脚光を浴びたが，「パナマ文書」には，日本企業・居住者（UCC，伊藤忠商事，丸紅，ソフトバンク，セコム，上島豪太）の名前も記録されていた（日本経済新聞，2016年4月27日）。

「パナマ文書」とは，パナマの法律事務所「モサック・フォンセカ」（ドイツ人のユルケン・モサックとパナマ人のラモン・フォンセカ・モーラによって設立された法律事務所）のデータ（過去40年にわたる21万件のタックス・ヘイブンにおける取引データ）が南ドイツ新聞に匿名でリークされ，「国際調査報道ジャーナリスト連合」（The International Consortium of Investigative Journalists：ICIJ）によって調査・分析されている内容・文書のことである[3]。

「パナマ文書」に記録されていた世界各国の政治家・経済人・スポーツ選手等が実名（たとえば，ロシアのプーチン大統領，ウクライナのポロシェンコ大統領，パキスタンのシャリフ首相，サッカー選手のリオネル・メッシ，俳優のジャッキー・チェン）で報道されたので，「パナマ文書」は国際的に社会問題化した。たとえば，アイスランドのグンロイグソン首相は辞任に追い込まれ，英国のキャメロン首相も政治的に窮地に陥った。日本では，孫正義（ソフトバンク），三木谷浩史（楽天），飯田亮（セコム），上島豪太（UCC）等の名前が記載されている。

本来，多国籍企業や個人富裕層に課されるべき所得・財産等がタックス・ヘイブンに移転されているので，日・英・米等の先進諸国における歳入の喪失（loss of revenue）は深刻化し，その結果，タックス・ヘイブンを利用できない中間層等に対する増税が行われている。たとえば，わが国では，相続税の重課（遺産に係る基礎控除額の減額，税率の引上げ）が平成27年（2015年）1月1日から始まった。このように，タックス・ヘイブンを乱用した国際的租税回避，つまり課税逃れ・資産隠匿等によって，国家歳入の悪化とともに租税負担の垂直的

公平の崩壊が顕在化している。タックス・ヘイブンは，大企業や富裕層の所得・財産等に課されるべき租税の抜け穴・ブラックホールになり，健全な経済社会を破壊する存在と化している。タックス・ヘイブンを通じて経済的格差が助長され，租税法・租税制度に対する信頼性は損なわれていると言わざるを得ない。

　戦後一貫して「国際的二重課税の排除」のために論議されてきた国際課税問題が，2000年代後半以降，「国際的二重非課税」の問題に潮流が変わり始めているが，本章では，過度な国際的租税回避行為（国際的逃税）が行われることによってに生じている「国際的二重非課税」を防止できる対抗措置について，具体的・実質的な提言を行う

Ⅱ　国際的租税回避の利用形態と対抗措置

1　移転価格設定および過小資本化または過大利子化

　移転価格（transfer price）は企業集団内部間の人為的な価格であるので，関連会社間の取引における移転価格は，国際税務戦略上，できる限り低率課税国に所得がシフトするように設定される。つまり，企業集団内部間における取引価格を操作することによって，不当に所得を圧縮し，恣意的に法人税を過小申告することができる。

　たとえば，タックス・ヘイブンに金融子会社を設置し，高い利子率で親会社に貸し付ければ，親会社が支払った支払利子は損金算入でき，タックス・ヘイブンの子会社が受け取った受取利子は非課税または低率課税のままに止まり，合法的に国際的租税回避を達成することができる。「移転価格税制」は，主観的な移転価格を利用した租税回避の対抗措置として，独立当事者間取引において決定される独立企業間価格（arm's length price）と移転価格との差額を損金の額に算入しない税制である[4]。企業集団内部間で利子率を操作することによっ

279

て，過大な支払利子を損金算入することができるが，「移転価格税制」により適正な利子率に制限すれば，租税回避は遮断できる。

子会社への貸付金が出資金に比べて不合理に過大となっている場合，過少資本（thin capital）における貸付金を資本とみなし，過剰な支払利子の損金算入性（deductibility of excess interest）を制限する「過少資本対策税制」が米国で1989年に導入され，二国間にまたがる企業内金融（inter-firm finance）による国際租税回避を防ぐために，負債金額が自己資本金額の３倍を超える場合には，過少資本として当該超過額に対応する支払利子の損金算入が否認された。わが国では，過少資本による国際租税回避を防止する「過少資本対策税制」は平成４年（1992年）に租税特別措置法第66条の５において創設されている[5]）。

外資系内国法人等が国外支配株主等に負債の利子を支払う場合，国外支配株主等に対する負債に係る平均負債残高が国外支配株主等の保有する自己資本持分の３倍を超過するならば，国外支配株主等に支払う利子の額のうち，当該超過額に対応する支払利子は損金不算入となる。ただし，負債総額の平均残高が自己資本の額の３倍以下となる場合には，損金算入が認められる（措法66の5①）。

このように，多国籍企業の過少資本による支払利子の損金算入を利用した租税回避行為に対しては，「過少資本対策税制」により対処されてきたが，借入金の支払利子には人為的操作が可能かつ容易であり，借入金を多くすれば多額の支払利子を損金経理でき，所得を圧縮することができるため，国外関連者に所得の大半を利子の形態で支払うことによる過大支払利子を利用した国際的租税回避行為が横行してきた。

「過少資本対策税制」を補完し，過大支払利子による租税回避を防止する目的で「関連者等に係る支払利子等の損金不算入制度」（以下，「過大支払利子対策税制」ともいう）が平成24年度（2012年度）税制改正により導入されている。他国（特に主要先進国）の事例等を参照しながら，所得の50％を超過する関連者への利子支払いについては損金不算入とする「過大支払利子対策税制」が導入されている。過大支払利子制限税制では，資金需要がないのに過度に資金調達を

行い，支払利子を損金算入することによって意図的に所得を縮減する税務処理を防止する目的で導入されているので，所得金額が判断基準となっている。

ただし，「過大支払利子対策税制」により算定された損金不算入額が「過少資本対策税制」により算定される損金不算入額以下となる場合には，「過大支払利子対策税制」の規定は適用されない（措法66の5の2⑦，措令39の13⑰）。反対に，「過少資本対策税制」により計算された金額が「過大支払利子対策税制」により計算される金額を下回る場合には，「過少資本対策税制」は適用されない（措法66の5④・⑩，措令39の13⑪・㉛）。過大支払利子対策税制は過少資本対策税制を補完するために設けられたので，両方の制度から算出される損金不算入額の二重控除を避け，いずれか多い金額を損金不算入額としている。

ドイツでは，2008年に支払利子の損金算入制限制度として「利子控除制限枠」（Zinsschranke）が導入されたが，その際に過少資本対策税制は廃止されている6)。負債と自己資本を計算要素とする「過少資本対策税制」よりも，直接的に損金（支払利子）と（調整）所得金額を対象とする「過大支払利子対策税制」）の方が目的適合的・合理的な制度であると言えるかもしれない。

なお，「過少資本対策税制」を適用した場合，利子費用の控除制限額は永久的否認額となるが，「過大支払利子対策税制」を適用すれば，その損金不算入額の全額について7年間の繰越しが容認されている。同じ利子控除制限制度でありながら，「過少資本対策税制」には損金不算入額の繰越しが認められず，「過大支払利子対策税制」では適用されており，異なる税務措置が講じられている。現行規定からは，「過大支払利子対策税制」の方が課税上有利に働く。成道教授も指摘されているように，「過大支払利子対策税制」においては必ずしも租税回避が意図されなくても適用されることもあり得ることに配慮したことによるからであろう7)。

このように，支払利子を利用した租税回避行為を防止する措置として，(a)過大な利率を制限する「移転価格税制」，(b)自己資本に対して過大な負債の利子を損金不算入とする「過少資本対策税制」，(c)所得金額に比して過大な支払利子を損金不算入とする「過大支払利子制限税制」が考案・適用されている。

281

2　タックス・ヘイブンの利用形態と対抗措置

「タックス・ヘイブン」とは，所得・財産・消費等に対する課税が存在しないか，または極めて低い税率の課税しか行わない国または地域をいい，次のように分類できる[8]。

(a)　特定の課税物件を非課税としている「タックス・パラダイス」(tax paradise)

非居住者（nonresidents）に対しても，所得税・法人税，キャピタルゲイン税，相続税，不動産税等の課税がない「無税ヘイブン」(no-tax haven)

(b)　国外源泉の課税物件を非課税とする「タックス・シェルター」(tax shelter)

国外源泉所得（foreign source income or profits）には課税しない「低課税ヘイブン」(low-tax haven)

(c)　特定の事業に対して軽課税とする「タックス・リゾート」(tax resort)

スイス，リベリアのように，特定の企業（たとえば，金融業，海運業）に税務上の特典（special privileges）を与える国等

(d)　外国法人には軽課税とする「タックス・ホリディ」(tax holiday)

アイルランドのように，外国法人には租税的に優遇する国等

タックス・ヘイブンの有名な地域としては，英領ケイマン諸島（所得税・相続税・キャピタルゲイン税の非課税），英領ヴァージン諸島（所得税・キャピタルゲイン税等の非課税），英領バミューダ諸島（法人税・所得税・相続税・キャピタルゲイン税の非課税），パナマ（法人税・所得税等の非課税），シンガポール（相続税・贈与税等の非課税，法人税率17%・所得税率15%），アイルランドやリヒテンシュタイン（法人税率12.5%）等があり，英国の海外領または旧植民地が多い。

このようなタックス・ヘイブンは，単に無税あるいは低率課税を主な特徴とするばかりではなく，次のような要件を満たす必要がある[9]。

①　政治的に安定していること（political stability）

② 資本移動に対して為替管理が存在しないこと（no exchange controls on capital movements）

③ 秘密に関する法令が厳しいこと（tight legislation *re* secrecy）

④ 専門的な問題に関して有能な法律家・会計士から現地で助言を得られること（good legal and accounting facilities for local advice on technical matters）

とりわけ，上記③「守秘義務性」がタックス・ヘイブンの大きな特徴となっているが，タックス・ヘイブン内に開設された銀行口座，設立された法人等の情報は，犯罪関連の預金口座・企業等であっても，よほどの事がない限り，外部者には開示されない。

3 タックス・ヘイブンの利用形態

(1) 多国籍企業による利用形態

タックス・ヘイブンにペーパー・カンパニーとして子会社等（販売子会社，無形資産保有子会社，金融子会社，サービス提供子会社，自家保険子会社，投資子会社等）を配置して営業活動を行うならば，多国籍企業全体の所得をタックス・ヘイブンの子会社等にシフトすることができ，当該子会社等の所得は無税または低率課税のままに放置されるので，その結果，企業全体で合法的に国際的租税回避が可能となる。

たとえば，図9－1で示されるように，タックス・ヘイブンに配置した販売子会社に海外からの注文（order）を集中させ，商品は本国の親会社から直接に引き渡すが，代金は当該販売子会社が回収するとともに，親会社には原価に基づく振替価格等で支払うことによって，タックス・ヘイブンの販売子会社に利益をプールさせ，多国籍企業全体の課税所得を圧縮することができる10)。また，タックス・ヘイブンに特許権保有子会社，金融子会社，保険子会社，サービス提供子会社等を設置すれば，親会社（または関連会社）が支払った特許料，支払利子，支払保険料，支払手数料等は損金算入でき，タックス・ヘイブンの子会社が受け取った特許料，受取利子，受取保険料，受取手数料等は非課税または

283

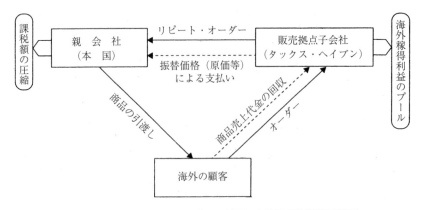

図9-1 タックス・ヘイブンの利用による国際的租税回避例

出所：稲垣冨士男＝菊谷正人共著『国際取引企業の会計』中央経済社，平成元年，110頁。

低率課税のままに止まり，合法的に国際的租税回避を行うことができる。

このようなタックス・ヘイブンの利用形態を駆使して，米国のアップル社，グーグル社，マイクロソフト社，フェイスブック社等のテクノロジー関連企業が，「ダブルアイリッシュ・ウィズ・ダッチサンドウィッチ」(Double Irish with a Dutch Sandwich) と呼ばれる逃税スキームを開発・活用している。

たとえば，米国のグーグル社（Google Inc.）は，アイルランドに二つの子会社を配置し，かつ，アイルランドと租税条約（tax treaty）を締結しているオランダの子会社を「導管」(a onduit) として介在させることによって，過度に法人税の逃避を図る「ダブルアイリッシュ・ウィズ・ダッチサンドウィッチ」を活用していた。米国親会社はアイルランド子会社A（Google Ireland Holdings）を統括会社として設立し，ライセンス契約を締結するが，アイルランド子会社Aを英領バミューダ諸島の管理会社に支配させているため，アイルランドでは非居住法人となり，別の事業会社であるアイルランド子会社B（Google Ireland Ltd）がバミューダの管理会社にライセンス使用料を間接的に支払うこと等により利益を減少させるとともに，アイルランド子会社Bの支払使用料に対するアイルランド源泉徴収税を回避するために，オランダの子会社（Google

Netherland Holdings BV）を経由して支払われた。オランダの子会社は，アイルランド子会社Bから無税で受け取る5.4億ドル（約590億円）の使用料の99.8％をバミューダの管理会社に支払うことによって，グーグル社全体で課税逃れを図っている。つまり，2007年～2009年の間に米国外事業収益のほとんどを二つのアイルランド子会社（１社をタックス・ヘイブンの管理会社に支配させる）にオランダの子会社をサンドウィッチすることによって，最終的にタックス・ヘイブンの管理会社に利益を移転・集中させる逃税が行われていたのである[11]。

　報道によると，米国議会上院の報告書において，「ダブルアイリッシュ・ウィズ・ダッチサンドウィッチ」を考案・開発したアップル社が2009～2012年に740億ドル（おおよそ７兆6,000億円）の海外利益を低税率国のアイルランドに利益移転し，恣意的に法人税の課税逃れを行なったと指摘されている（日本経済新聞，2013年６月３日）。

　米国のスターバックス社は英国に1998年に進出し，累計30億ポンド（おおよそ4,700億円）の売上高を計上したにもかかわらず，低税率国のオランダとスイスの子会社に利益移転し，英国で860万ポンド（おおよそ13億5,000万円）の法人税しか支払わなかったため，2012年に大規模な不買運動が起こり，２年間に2,000万ポンド（おおよそ31億円）の法人税を自主的に納税する合意を同年12月に英国当局と交わしている。その後にも，アップル社，グーグル社，フェイスブック社等の節税策（極端な国際的租税回避策）がEUで問題視され，追加納税に追い込まれた。英国では，意図的な課税逃れと認定された多国籍企業等には高税率を適用する，いわゆる「グーグル税」が導入されている（日本経済新聞，2016年４月25日）。

　多国籍企業の国際的租税回避（または意図的な課税逃れ）に対しては，経済協力開発機構（Organisation for Economic Co-operation and Development：以下，OECDと略す）とG20が連携して国際課税のルール作りに着手し，OECDにより「税源浸食と利益移転」（Base Erosion and Profit Shifting：以下，BEPSと略す）「行動計画」（Action Plan）が2013年７月に公表され，９月のG20サミットで全面的に支持されている。タックス・ヘイブン等を濫用した過度な国際的租税回

避行為（すなわちBEPS）は，健全な国際経済の阻害要因になるので，OECD加盟国は，多国籍企業の国際的租税回避防止・国際課税の強化を図るために，国内税法の見直しを進めている。

(2) 個人富裕層による利用形態

世界の富裕層は，タックス・ヘイブンに銀行口座を開設し，金融資産等を隠し，所得税・相続税・贈与税・キャピタルゲイン税等の課税を合法的に回避している。

たとえば，タックス・ヘイブンの銀行口座に送金した上で，さらに当該資金を第三国に投資し，その運用益を申告しないで所得税・相続税等の課税逃れを行っている。つまり，国外預金・株式等から生じる利子・配当等の申告除外による所得税逃れ，国外預金・株式等の金融資産の申告除外による相続税逃れのために，タックス・ヘイブンが利用されている。

あるいは，法律事務所等を通じてネット・郵便等の簡単な手続きによってタックス・ヘイブンにペーパー・カンパニーを設立し，そのペーパー・カンパニーが第三国・本国で購入した不動産（たとえば，別荘等）を自分の家族のために使うこともできる。タックス・ヘイブンのペーパー・カンパニーからの送金に代えて，資金借入れを行い，実質的な自己所有会社であるので，返済しないままに放置することもできる。母国で生活する必要のない者にとっては，タックス・ヘイブンへの海外移住も考えられる。最近，所得税率が低く，相続税・贈与税・キャピタルゲイン税がないシンガポールに移住する富豪が増えている（国によっては，出国税が課される）。

「パナマ文書」に記録されていたグンロイグソン・アイスランド前首相は，英領ヴァージン諸島に妻の名義でペーパー・カンパニーを設立し，アイスランドの銀行に数億円の投資を行い，その配当金をタックス・ヘイブン（英領ヴァージン諸島）で無税化していたが，実質的にはアイスランドに居て，アイスランドの銀行に投資していたことと同様にもかかわらず，所得税の課税を逃れている。このタックス・ヘイブン利用による租税回避（配当金の申告除外による所得

税逃れ）は合法的であるが，道義的には「脱税」（tax evasion）であろう。一国の首相がこのような租税回避を行っていたことに国民は反発し，前首相は辞任に追い込まれた[12]。

日本人で「パナマ文書」に記録されていたセコムの創業者（戸田壽一，飯田亮）も，1990年代に英領ヴァージン諸島に法人を設立していた。当該タックス・ヘイブン法人により700億円を超すセコム株が管理され，名義上，セコム株はタックス・ヘイブン法人の所有となっていたが，2002年（平成14年）にセコム創業者の親族3人に無償譲渡された。セコム株無償譲渡により「一時所得」（2分の1課税であるので，当時の所得税率18.5％）の所得税がそれぞれ約81億円，43億円，31億円となり，合計で約155億円の所得税が課せられたが，日本で無償譲渡したならば，約500億円の贈与税（当時の贈与税率70％）が課税されることになったはずである。合法的に贈与税逃れが行われ，3分の1以下の納税で済ませている[13]。

「パナマ文書」が公表される前ではあるが，セコムと同様の手法で莫大な贈与税を逃れた事例として「武富士事件」が有名である。武富士の創業者夫妻が平成10年（1998年）3月に武富士の株式を拠出してオランダに会社を設立し，当時の相続税法では，国外財産を海外在住者に贈与しても贈与税が課されなかったので，課税逃れのために香港に住みながら日本を行き来していた長男に，当該オランダ会社の株式（国外財産）を平成11年12月27日に譲渡した。国外財産であるということで長男は贈与税の申告を行わなかったが，これに対し，処分行政庁は平成17年（2005年）3月2日付けで平成11年分贈与税（1,157億290万1,700円）の決定処分と無申告加算税（173億5,543万5,000円）の賦課決定処分を行っている。長男は不服申立て・取消訴訟を提起しているが，本訴訟では，専ら，長男の住所が日本（杉並区の自宅）にあるのか香港にあるのかが争われることになった[14]。

平成23年（2011年）3月18日に最高裁判所第二小法廷は，香港滞在期間（平成9年6月から平成12年12月までの間）において香港に約65％過ごしていたこと等を理由にして長男の住所を香港と判定し，約1,330億円の追徴課税を取り消す

判決を言い渡した。最高裁判決の主要な内容は，租税法上の「住所」が民法上の「住所」の借用概念であり，長男の住所を香港にあると認めざるを得ず，これを租税回避として否認し，安易に特別の法解釈や事実認定を行って課税することは，明確な否認規定がない限り，憲法で定める「租税法律主義」に抵触するというものである[15]。

　なお，平成12年（2000年）の税制改正において，「非居住無制限納税義務者」の制度が導入されたので，「武富士事件」のような課税逃れはできなくなった。つまり，相続または遺贈によって財産を取得した下記(イ)または(ロ)に該当する個人で，当該財産を取得した時において日本国内に住所を有しない「非居住無制限納税義務者」に対しては，国内外の全財産に相続税が課される（相法1の3二，2①）。

　(イ)　日本国籍を有する個人（その者または被相続人が相続の開始前5年以内のいずれかの時に日本国内に住所を有したことがある場合に限る）

　(ロ)　日本国籍を有しない個人（被相続人が相続の開始時に日本国内に住所を有したことがある場合に限る）

　ただし，この制度においても，たとえば，日本国籍を有する個人が相続の開始前5年を超えて海外に居住した場合には，納税義務者から除外されることになる。このような欠陥・弊害を是正するためには，日本国籍を有する個人には無制限納税義務者として相続税を課す必要がある。

Ⅲ　OECDによる対抗措置：「BEPS行動計画」

1　「BEPS行動計画」の公表経緯とテーマ（内容）

　巧妙に仕組まれた国際的租税回避は合法的な国際的二重非課税スキームであるが，この課税逃れを利用できない一般国内企業にとっては経済活動の公正な競争条件が損なわれ，多国籍企業により租税回避された税収分には他の納税者

がより多くの租税負担を強いられることになる。このような租税負担の不公平感は，世界的規模で税制への信頼性低下を招き，多国籍企業の国際的租税回避行為に対して，国際課税ルールを抜本的に見直し，適正かつ公平な課税を実現する租税制度の構築が全世界的に要請された。経済的先進国が加盟しているOECDは，租税委員会（議長：浅川雅嗣財務省財務官）にBEPSのプロジェクトを2012年6月に設置し，「国際的二重非課税」の構造的欠陥の検討を開始した。とりわけ，米国からBEPSが米国における法人税収を著しく喪失させており，この問題に関しては米国一国では解決できないという問題提起が行われ，通常のワーキング・パーティとは別に，「BEPSプロジェクト」が新設されたのである[16]。

　1年後の2013年6月に英国・ロックアーンで開催されたG8サミットにおいて，「BEPSプロジェクト」は三つの主要議題のうちの一つに取り上げられ，政治的なサポートを得た。前述したように，2013年7月には，多国籍企業の国際租税回避を抑制するための15の行動計画から成る「BEPS行動計画」（Action Plan on BEPS）が公表され，OECD非加盟のG20メンバー8か国（アルゼンチン，ブラジル，中国，インド，インドネシア，ロシア，サウジアラビア，南アフリカ）もアソシエート国として加盟国と対等の立場で議論に参加した[17]。

　健全な国際経済の実現を標榜し，公平かつ新たな国際課税ルールの構築を目指す「BEPS行動計画」は，9月のG20サミットで全面的に支持されている。その成果として，2014年9月に「第1弾報告書」が公表され，2015年9月には「2015年BEPS最終報告書」（BEPS 2015 Final Report：以下，「BEPS報告書」という）が取りまとめられた。この最終報告書は，10月にペルー・リマで開催されたG20財務相会合で承認を受け，11月にトルコ・アンタルヤで開催されたG20サミットにおいて，各国首脳により最終的な承認を受けた[18]。

　国際課税に関する「公平な競争条件」（level playing field）の確保およびそれに基づく健全な国際課税の発展のために策定された「BEPS報告書」では，(a)電子経済（digital economy）の急速な発展という現実経済社会を前提にして，(b)各国制度の国際的な一貫性（coherence），(c)多国籍企業の経済活動の実態に

即した課税を求める実質性（substance）および(d)多国籍企業の納税実態を把握できる透明性（transparency）を確保するとともに，(e)多数国間協定の開発が議論され，多国籍企業に対する適切な国際課税が目論まれている[19]。「BEPS報告書」において，新たに国際的に税制調和を図る方策を勧告した「BEPS行動計画」（以下，「行動計画」と略す）は，次のようなテーマを課題としている。

「行動計画1」電子経済の課税上の課題への対応（Addressing the Tax Challenges of the Digital Economy）

「行動計画2」ハイブリッド・ミスマッチ取極めの効果の無効化（Neutralising the Effects of Hybrid Mismatch Arrangements）

「行動計画3」効果的な非支配外国法人税制の設計（Designing Effective Controlled Foreign Company Rules）

「行動計画4」利子控除およびその他の金融支払いを含む税源浸食の制限（Limiting Base Erosion Involving Interest Deductions and Other Financial Payments）

「行動計画5」透明性・実質性を考慮した有害税制への効果的な対抗措置（Countering Harmful Tax Practices More EffectivelyTaking into Account Transparency and Substance）

「行動計画6」不適切な状況下における租税条約の濫用防止（Preventing the Granting of Treaty Benefits in Inappropriate Circumstances）

「行動計画7」恒久的施設認定の人為的回避の防止（Preventing the Artificial Avoidance of Permanent Establishment Status）

「行動計画8〜10」価値創造を伴う成果に対する移転価格設定の調整（Aligning Transfer Pricing Outcomes with Value Creation）

「行動計画11」BEPSデータの測定とモニタリング（Measuring and Monitoring BEPS）

「行動計画12」義務的開示制度（Mandatory Disclosure Rules）

「行動計画13」移転価格設定の文書化と国別報告（Transfer Pricing Documentation and Country-by-Country Reporting）

「行動計画14」紛争解決の効果的手法（Making Dispute Resolution Mechanisms More Effective）

「行動計画15」二国間租税条約を多数国間協定に改変する展開（Developing a Multilateral Instrument to Modify Bilateral Tax Treaties）

この「BEPS報告書」の公表を受けてOECD加盟国は，多国籍企業の国際的租税回避防止・国際課税の強化を実現するために，国内税法の見直しを進めている。トリティー・ショッピング（treaty shopping），タックス・ヘイブン（tax haven），移転価格設定（transfer pricing）等を濫用した過度な国際租税回避（BEPS）に対しては，各国政府は協調して取締りを強化する予定である[20]。

2　わが国における「BEPS行動計画」の影響

(1)　法制化済みの「BEPS行動計画」

わが国では，「BEPS行動計画」を既に法制化した分野もあれば，今後の法改正の要否を含めて検討する領域もある。たとえば，平成27年度（2015年度）税制改正では「行動計画1」，「行動計画2」，平成28年度（2016年度）税制改正では「行動計画13」等は対応済みとなっている。今後，法改正を含めた検討が予定されている「行動計画」には，「行動計画3」，「行動計画4」，「行動計画8〜10」，「行動計画12」等が挙げられる。

「行動計画1」に関する消費税については，平成27年度税制改正の際に，国境を越えた消費者（事業者）向けの取引に関して，消費者の所在地国で消費税（付加価値税）を徴収できるようにするためのルールと執行のメカニズム（リバースチャージ方式）が設定された。これらの措置では，国内外の事業者間の競争状況を平準化させるとともに，当該取引に係る消費税（付加価値税）の効率的徴収の促進が意図されている。ちなみに「リバースチャージ方式」とは，国外事業者から国内事業者向けの「電気通信利用役務の提供」（インターネット等の電気通信回線を介して行われる電子書籍・音楽，ソフトウェア（ゲーム等の様々なアプリケーションを含む）の提供およびネット広告の配信等の役務の提供）を受けた場

合，サービスの受け手である国内事業者に消費税を課す方式である（消法２①
八の三）。

「行動計画２」に関しては，平成27年度税制改正において，既に子会社の所
在地国で損金算入が認められている配当は，配当を受領する日本国内の親会社
において外国子会社配当益金不算入制度の対象から除外された。租税特別措置
法第66条の２によれば，内国法人の特定外国子会社等の「適用対象金額」（特
定外国子会社等の各事業年度の決算に基づく所得の金額につき法人税法等で定める基準
により計算した基準所得金額に基づいて，当該各事業年度開始の日前７年以内に開始し
た各事業年度において生じた欠損の金額と当該基準所得金額に係る税額に関する調整を
加えた金額）のうち，その内国法人の有する株式等の数に対応する請求権（剰余
金の配当等，財産の分配その他の経済的利益の給付を請求する権利）の内容を勘案し
て計算した「課税所得金額」に相当する金額を「収益の額」とみなし，当該各
事業年度終了の日の翌日から２月を経過する日を含む当該各事業年度の所得金
額の計算上，「益金の額」に算入する。

「行動計画13」の移転価格に係る文書化は，わが国では，特に経済界等の最
も関心の高い分野であった。平成28年度税制の主要な改正点としては，多国籍
企業の活動実態を報告する重要な文書として「国別報告書」の提出が義務付け
られたことであろう。特定多国籍企業グループの構成会社等である内国法人ま
たはその構成会社等である「恒久的施設」（permanent establishment：PE）を有
する外国法人は，その特定多国籍企業グループの国別報告事項（構成会社等の
事業が行われる国または地域ごとの収入金額，税引前当期利益の額，納付税額，発生税
額，資本金，利益剰余金，従業員数，有形資産の一定の事項）および事業概況報告事
項（組織構造，事業の概要，財務状況その他一定の事項）について特定電子情報処
理組織（e-Tax）を使用する方法により，各最終親会計年度終了の日の翌日か
ら１年以内に税務署長に提供しなければならない。なお，国別報告事項と事業
概況報告事項（マスターファイル）に関する税務処理は平成28年４月１日以後に
開始する最終親会計年度から適用される。また，国外関連取引に係る独立企業
間価格を算定するために必要と認められる書類（ローカルファイル）を確定申告

書の提出期限までに作成・取得し，原則として，7年間保存しなければならない。この税務処理は，平成29年4月1日以後に開始する事業年度分の法人税について適用された。

(2) 法制化予定の「BEPS行動計画」

「BEPS報告書」において，今後，検討を予定されている「行動計画」には「行動計画4」，「行動計画8～10」，「行動計画12」等が挙げられる。

前述したように，過大支払利子の控除制限税制に係る「行動計画4」に関しては，わが国では，超過利子控除についてある程度の歯止めをかけてきた経緯がある。過大支払利子対策税制は，「過少資本対策税制」を補完し，過大支払利子による租税回避を防止する目的で平成24年度（2012年度）税制改正により導入されている。租税特別措置法第66条の5の2第1項において，平成25年（2013年）4月1日以後に開始する各事業年度に関連者支払利子等の額がある場合，当該事業年度における関連者支払利子等の額の合計額から当該事業年度の控除対象受取利子等合計額を控除した残額（以下，「関連者純支払利子等の額」という）が「調整所得金額」（当期所得に減価償却費・受取配当益金不算入額・関連者への純支払利子等の額を加算した所得金額）の50％相当額を超えるときは，その超える部分の金額は「損金の額」に算入しないことになっている。さらに，租税特別措置法第66条の5の3第1項の規定により，各事業年度開始の日前7年以内に開始した事業年度において，「関連者等に係る支払利子等の損金不算入制度」（措法66の5の2）により損金の額に算入されなかった金額（超過利子額）がある場合には，その超過利子額（本制度に係る超過利子額と外国子会社合算税制による損金算入額を除く）に相当する金額は，調整所得金額の50％相当額から「関連者純支払利子等の額」を控除した残額相当額を限度として超過利子額の損金算入が行われることになった。

「行動計画4」では，所得金額に比べて通常必要な資金調達コストを超える超過分の利子を損金不算入とする結論に至り，損金算入の基本ルールとして「固定比率ルール」（fixed ratio rule）が推奨され，単体企業の支払利子損金算

入については，当期所得に支払利子・減価償却費等を加算した「利払前・税引前・減価償却前利益」(earnings before interest taxes depreciation and amortisation：EBITDA) の「10%～30%」に制限された[21]。ただし，日本の現行制度では，単体企業の閾値は50%であるので，今後，見直されていく可能性がある。「行動計画4」では，過大利子控除 (excessive interest deduction) を行うためには，関連者・第三者負債 (related-party and third-party debt) および経済的に利子支払いを対象とするのに対し，日本の場合，関連者間の取引に限定されているなど，やや制度が違うという見方も存在し，議論の余地があるかもしれない[22]。

　移転価格税制に係る「行動計画8」では，無形資産に「価値創造の場所」と「所得稼得の場所」とが一致するように「移転価格ガイドライン」が整備されることになった。たとえば，無形資産取引を通じたタックス・ヘイブンへの利益移転を阻止するために，「割引キャッシュ・フロー法」(discounted cash flow：以下，DCF法と略す) のガイダンスが拡充され，また，「所得相応性基準」(commensurate with income standard) のガイダンスも新規に策定されている。「DCF法」とは，将来キャッシュ・フローの割引現在価値を現時点の無形資産の価値とみなす方法であり，「所得相応性基準」とは，実際に生じたキャッシュ・フローが当初の予測から大きく乖離した場合に，事後的に (たとえば，無形資産を売却した時点等に遡って) 価格を調整できる方法である。アメリカやドイツで採用されている「所得相応性基準」は後発的に調整できる課税であるので，後付的課税であると批判されてきたが，「BEPS報告書」では，一定の条件下で容認されることになった[23]。日本に導入する際には，適用対象取引，適用対象者，適用金額等の要件が適正であるか否かの検討が必要となるであろう。

　「行動計画12」(タックス・プラニングの義務的開示) の目的は，(a)過度または濫用的な租税回避スキームに関する情報の早期取得，(b)当該租税回避スキームの設計者・管理者・利用者等の適時的特定，(c)当該租税回避スキームの開発・提供・利用を縮減する抑止力にある[24]。わが国では，「行動計画12」の法制化は済んでいないが，タックス・プラニングの税務当局による情報把握は健全な

経済社会を構築するにとっては必要である。その場合，企業にとって事務負担が増えるタックス・プランニングの義務的開示の適正化・有効化のためには，相当の罰則規定がない限り，実践困難性が伴うと言わざるを得ない。

Ⅳ　む　す　び

多国籍企業に対するタックス・ヘイブン対策税制としては，特定のタックス・ヘイブン子会社等（特定外国子会社等という）が留保した所得のうち，内国法人の有する持分に対応する金額（課税対象留保金額という）は，当該内国法人の所得の額とみなし，合算課税される[25]。このような対抗措置が設けられているにもかかわらず，現実的には，多国籍企業は名目的な「飛び石中間トンネル会社」（stepping‐stone conduit company）を複数国に配置し，課税逃れを巧妙に隠蔽している。個人富裕層も，同様の手法で，複数国に中間ペーパー・カンパニーや預金口座を設けて，巧妙に課税逃れ・金融資産等の隠匿を行っている。

このような税務戦略に対抗するための最も有効な対応は，各国の税務当局との情報交換を活発にし，税務調査の充実・強化を図ることである。たとえば，税務当局に「租税回避専門部署」を設置し，データベースの集積，新しい技法の発見と関係部門への連絡等を行うならば，逃税（課税逃れ）の捕捉を高めることができるであろう[26]。

川田　剛教授も指摘されるように，タックス・ヘイブンを濫用した国際的租税回避が「租税法律主義」という美名の下で野放しにされ，そのツケ（法律の不備）を正直者に支払わせる租税制度では，納税道義（tax compliance）が低下せざるを得ない。法令に明確な否認規定がなければ何をしても許されるという考え方が横行し，納税のモラルハザードが拡がるならば，健全な経済社会は構築できない[27]。タックス・ヘイブンが主として課税逃れ・資産隠匿のために利用されているという経済的現実を斟酌するならば，正当な理由がなくタックス・ヘイブンに子会社等（法人）を設立したり，銀行口座を開設すること等を

295

禁止する「包括的否認規定」が創設されるべきである。正当な理由がない子会社等の設立・銀行口座の開設等に対しては，重い罰則刑を科す必要がある。

【注】

1)　浅川雅嗣「BEPSプロジェクトの軌跡と展望」『国際税務』第36巻第1号，2016年，26〜27頁。
2)　山本守之「国際課税とOECD租税委員会」『税経通信』第69巻第1号，2014年，89頁。
3)　「パナマ文書」におけるデータの分析は，南ドイツ新聞一社だけでは不可能であるので，ICIJを通じて世界から400名の記者が調査・分析に協力している（日本からは朝日新聞と共同通信の記者が参加している）。
4)　菊谷正人『多国籍企業会計論』創成社，1997年，306〜307頁。
5)　同上書，315〜317頁。
6)　居波邦秦『国際的な課税権の確保と税源浸食への対応−国際的二重非課税に係る国際課税原則の再考−』中央経済社，2014年，330頁。
7)　成道秀雄『税務会計−法人税の理論と応用−』第一法規，2015年，903頁。
8)　Hoyt L. Barber, *Tax Havens : How to Bank, Invest ,and Do Business -Offshore and Tax Free,* McGraw-Hill, 1993, p. 4.
　　菊谷正人『多国籍企業会計論』創成社，1997年，292〜293頁。
9)　Thomas W. McRae, *International Business Finance : A Concise Introduction,* John Wiley and Sons, 1996, pp. 232〜233.
　　タックス・ヘイブンを満たす要件としては，上記のほかに，①法人の設立費・年間運営費が安いこと，②二重課税に関する租税条約が適切であるか租税条約がないこと，③銀行業務が充実し，外国の銀行とのつながりがあること，④通信設備が整備していること，⑤海運・空輸等の輸送手段が整備していることのような特徴が必要である。
10)　稲垣冨士男＝菊谷正人『国際取引企業の会計』中央経済社，平成元年，109頁。
11)　本庄　資「オフショア事業・投資拠点とオフショア・タックス・ヘイブンとの間に介在する『導管国（a conduit country)』をめぐる国際課税」『税大ジャーナル』第17号，2011年，38頁。
　　居波邦秦，前掲書，273〜275頁。
12)　大村大次郎『パナマ文書の正体』ビジネス社，2016年，34〜36頁。
13)　同上書，56〜58頁。
14)　品川芳宣「国外財産を贈与した場合における受贈者の『住所』の認定−武富士事件−」『税研』第159号，2011年，66頁。
15)　橋本守次「『武富士事件』に係る最高裁平成23年2月18日第2小法廷判決について（下)」『税務弘報』第59巻第7号，2011年，181頁。

16)　山田有人「タックス・プラニングにおける『暗黙の税』と『非租税コスト』の重要性－英国におけるスターバックスの事例研究－」『税経通信』第70巻第10号，2015年，165頁。

17)　本庄　資「国際租税法総論」本庄　資＝田井良夫＝関口博久共著『国際租税法－概論－〔第２版〕』大蔵財務協会，平成28年，103頁。

18)　浅川雅嗣，前掲稿，26～27頁。

19)　「BEPS報告書」についてhttp://www.oecd.org/ctp/beps-actions.html〈2015年12月22日訪問〉を参照。

20)　菊谷正人『国際会計の展開と展望―多国籍企業会計とIFRS－』創成社，2016年，274頁。

21)　OECD, *OECD/G 20 Base Erosion and Profit Shifting Project, Limiting Base Erosion Involving Interest Deductions and Other Financial Payments, Action 4 : 2015 Final Report.*, 2015, para. 97.

22)　池田義典「国際課税の最近の動向」『TKC会報　2016年９月特別号』第52号，2016年，39頁。

23)　同上稿，40頁。

24)　OECD/G 20 Base Erosion and Profit Shifting Project, *Mandatory Disclosure Rules, Action 12- 2015 Final Report*, OECD, 2015, paras. 13 and 15.
　　　緒方健太郎「BEPSプロジェクト等における租税回避否認を巡る議論」『フィナンシャル・レビュー』第126号，2016年，216頁。

25)　昭和53年（1988年）の税制改正に際し，タックス・ヘイブン子会社等が稼得した所得を合算課税する「タックス・ヘイブン対策税制」が創設された。租税特別措置法関係告示＜タックス・ヘイブン＞で指定された軽課税国等（①全所得軽課税国等，②国外源泉所得軽課税国等，③特定事業所得軽課税国等）における特定外国子会社等の課税対象留保金額は，当該内国法人の所得に合算して課税されることになった。平成４年（1992年）の税制改正では，制度創設以来採用されてきた「軽課税国等指定制度」は廃止され，当該国における所得に対する租税負担が25％以下であるか否かによって判定する「軽課税国等租税負担割合基準」が導入された。なお，平成22年（2010年）の税制改正において，英国における法人税率の引下げ（20％）に応じて租税負担割合（トリガー税率）は20％に引き下げられている。

26)　川田　剛『国外財産調書制度の実務』大蔵財務協会，平成25年，17～18頁。

27)　川田　剛「居住者・非居住者と住所―武富士事件との関連で―」『国際税務』第31巻第３号，2011年，198～199頁。

補論　国外財産調書制度の強化

1　国外財産調書制度の導入経緯

　わが国では，平成 9 年（1997年）の税制改正で，1 回当たり200万円（平成21年 4 月からは 1 回当たり100万円）を超える国外送金に対して「国外送金調書制度」が創設された。ただし，国外送金調書だけでは，国外所有財産に関する情報は得られない。近年，居住者等による国外所有財産の増加とともに，国外財産に係る所得（国外株式等の配当等）や相続財産（海外口座預金等）の申告漏れが増加する傾向にあった。タックス・ヘイブン等に銀行口座を開設し，日本で申告しなかった資金（脱税資金）等を送金した上で，さらに当該資金を投資し，その運用益を申告しないで所得税・相続税等の課税逃れを行う事例が多発していた 1)。

　このような課税逃れの対抗措置として，平成24年（2012年）の税制改正で，その年の12月31日に所有する国外財産の合計額が5,000万円を超える居住者（非永住者を除く）に対し，当該財産の種類・数量・価額等を記載した「国外財産調書」を翌年 3 月15日までに税務署長に提出する「国外財産調書制度」が導入された。この制度は，平成26年 1 月 1 日以後に提出すべき「国外財産調書」に適用されている。

2　国外財産調査制度の対象と報告義務者

　国外財産調書制度の対象となる「国外財産」とは，「国外にある財産」である（「内国税の適正な課税の確保を図るための国外送金等に係る調書の提出等に関する法律」（以下，「国外送金等法」と略す） 2 七）。具体的には，相続税法第10条で規

第9章　国際課税の再構築

定される財産であり，しかも，その所在が国外と判定される財産である。相続税法では，財産は動産，不動産，預貯金，有価証券，特許権，貸付金債権等に区分され，その所在地が国外にあると判定された財産が「国外財産」に該当する。

「国外送金等法」でいう「財産」とは，金銭に見積もることができる経済的価値のあるすべてのものをいう（内国税の適正な課税の確保を図るための国外送金等に係る調書の提出等に関する法律（国外財産調書関係）の取扱いについて（法令解釈通達）（以下，「国外財産調書関係通達」と略す）2－1）。国外財産の評価は，その年の12月31日における「時価」または時価に準ずる「見積価額」による（「内国税の適正な課税の確保を図るための国外送金等に係る調書の提出等に関する法律施行令」（以下，「国外送金等令」と略す）10④）。外貨表示の国外財産の邦貨換算は，その年の12月31日における最終の為替相場（その年の12月31日における当該相場がない場合には，同日前の当該相場のうち，同日に最も近い日の当該相場）によって行う（「国外送金等令」10⑤）。ここでいう為替相場とは，対顧客電信買相場（TTB）またはこれに準ずる相場をいう（「国外財産調書関係通達」5－11(2)）。

前述したように，国外財産調書制度において報告義務を負う者は，その年の12月31日に5,000万円を超える国外財産を所有している「非永住者以外の居住者」である（「国外送金等法」5①）。所得税法上，「居住者」とは，国内に住所を有し，または現在まで引き続き1年以上居所を有する者であり，「非永住者」とは，「居住者」ではあるものの，日本に国籍を有しておらず，かつ，過去10年以内において日本国内に住所または居所を有していた期間が5年以下である者をいう（所法2①三・四）。

国外財産の価額がその年の中途で5,000万円を超えても，その年の12月31日に5,000万円以下であれば，「国外財産調書」の報告義務はない。米国では，その年の中途で一度でも上限額の1万ドルを超えた場合には，報告義務が生じる[2]。

「国外財産調書」に記載しなければならない事項は，氏名および住所または居所，国外財産の種類，数量，価額および所在その他必要な事項である（「国外送金等法」5①・③）。国外財産を「土地」，「建物」，「山林」，「現金」，「預貯

299

金」,「有価証券」,「貸付金」,「未収入金（受取手形を含む）」,「書画骨董・美術工芸品（1点当たり10万円未満のものを除く）」,「貴金属類」,「その他の動産（1個または1組当たり10万円未満のものを除く）」または「その他の財産」に区分し，各区分に応じて「種類別」,「用途別」（一般用・事業用の別）および「所在別」に「数量」と「価額」が国外財産調書に記載される（「国外財産調書関係通達」5－4）。

3　国外財産調査制度における罰則規定

　「国外財産調書」に偽りの記載をして税務署長に提出した者は，1年以下の懲役または50万円以下の罰金に処せられる（「国外送金等法」10①）。

　「国外財産調書」を正当な理由がなく提出期限内に提出しなかった場合には，1年以下の懲役または50万円以下の罰金に処せられる。ただし，情状により，その刑を免除することができる（「国外送金等法」10②）。

　法人（人格のない社団等を含む）の代表者（人格のない社団等の管理人を含む）または法人もしくは人の代理人，使用人その他の従業者が，その法人または人の業務または財産に関して前記の違反を行った場合には，その行為者を罰するとともに，その法人または人に対しては前記の罰金刑を科すことになっている（「国外送金等法」11）。

　米国では，故意の報告義務違反に対しては，10万ドル（おおよそ1,000万円）と最高残高の50％相当額のいずれか高い金額の制裁金が課され，また，刑事罰として，5年以下の懲役または25万ドル（おおよそ2,500万円）以下の罰金刑あるいはその併科が科せられている[3]。わが国と比較して，経済犯罪に対する米国の罰則規定は厳しい。

　正当な理由がない銀行口座の開設等の違反行為あるいは国外財産調書の虚偽報告等に対しては，重い罰則刑を科す必要がある。「国外財産調書制度」では，1年以下の懲役または50万円以下の罰金に処せられているが，富裕層（および大企業の代表者）にとって50万円以下の罰金は軽すぎる。米国の罰則規定のよ

うに，違反行為には最高残高の半額の罰金刑を科すぐらいでなければ，違反は続出するであろう。

　国際的租税回避は国際的節税の一方策であるとは言え，究極的には逃税（課税逃れ）であり，道義的には脱税（あるいは間接的な租税窃盗）に近い。米国では，刑事罰として5年以下の懲役が科せられるが，わが国の「国外財産調書制度」では，1年以下の懲役に止まっている。なお，わが国の刑法第235条では，窃盗罪は10年以下の懲役（または50万円以下の罰金）に処せられている。経済的強者である富裕層の経済犯罪に対して1年以下の懲役では軽すぎるので，10年（または5年）以下の懲役に厳罰化すべきである。

　平成25年（2013年）5月31日に，社会保障制度と租税制度を一体化し，社会保障の充実・社会保障制度の効率化および所得税の公平性の担保・正しい所得把握体制の整備に資するための「社会保障・税共通の番号制度」を導入するために，「行政手続における特定の個人を識別するための番号の利用等に関する法律」（以下，「番号法」と略す）が公布され，平成28年（2016年）1月1日に施行されている。個人番号制度（マイナンバー制度と通称されている）は，租税の捕捉・徴収の信用性確保にとって必要不可欠な前提条件であり，「個人番号制度」と「国外財産調書制度」を相互活用するならば，収得税・消費税・財産税は正確に捕捉・徴収できるはずである。コンピュータ・コピー機の発達により膨大な量の情報収集・保存処理が可能となった現在，「番号法」の創設・施行や「国外財産調書制度」の導入は，租税の適切な捕捉・徴収，ひいては公平な課税の実現に貢献することができ，租税徴収の税務執行を補強できるかもしれない。

　また，国外財産に係る所得・相続財産等から適切に徴収される租税の増加によって，所得税率・相続税率等を引き下げたり，基礎控除額等を高くすることもでき，減税を図ることができる。貧富の極端な格差は社会の不安定要因となり，社会荒廃の危険性を胚胎することになるが，社会崩壊する前に，税制の面においても穏健・健全な社会構築のために緩やかな「富の再分配」を図る対策が講じられるべきである。

301

【注】
1) 川田　剛『国外財産調書制度の実務』大蔵財務協会，平成25年，17〜18頁。
　　　タックス・ヘイブンの利用形態を暴露した「パナマ文書」の公表により，富裕層による課税逃れ・資産隠匿等に国民の関心が高まる中，国税当局は平成29年夏に富裕層の課税逃れ等を監視するプロジェクトチームを全国に配置した。富裕層の主な選考基準は次のとおりである（日本経済新聞，平成29年12月1日）。
　(1)　有価証券の年間配当が4,000万円以上である者
　(2)　所有株式が800万株（口）以上である者
　(3)　貸金の貸付元本が1億円以上である者
　(4)　貸家などの不動産所得が1億円以上である者
　(5)　所得合計額が1億円以上である者
　(6)　譲渡所得および山林所得の収入金額が10億円以上である者
　(7)　取得資産が4億円以上である者
　(8)　相続などの取得財産が5億円以上である者
　(9)　非上場株式の譲渡収入が10億円以上，または上場株式の譲渡所得が1億円以上であり，かつ，45歳以上の者
　(10)　継続的または大口の海外取引がある者，または上記(1)〜(9)の該当者で海外取引がある者
2)　同上書，37頁。
3)　同上書，164頁および186頁。

結　章

将来の税制グランド・デザイン

I　総括的提言 ― 卑見の要約 ―

　成文法の中で，租税の定義を盛り込んだ稀な例として頻繁に引用されるドイツ租税通則法第3条第1項によれば，「租税」(Steuer) とは，特別の給付に対する反対給付ではなく，給付義務につき法律を定める要件に該当するすべての者に対し，公法上の団体が収入を得るために課す金銭給付をいう。

　つまり，「租税」とは，国または地方団体がその一般経費に充てる財源（資金）を調達する目的で，法律の規定に基づいて財政権（課税権）を行使することにより個人・法人・組織体から強制的に無償で徴収する金銭である。

　租税は，国等の課税権（租税を賦課・徴収できる権利）の行使により強制的に財産の一部を国等に移す手段であり，財産権の侵害という性質を持つ[1]。

　そのため，私的財産権を公権力により強制的に侵害する租税は，「租税法律主義」に基づき租税法または租税法の定める条件によって賦課・徴収されるが，理論的には，「課税公平・平等」を実現できるように租税実体法は立法化されるべきである。

　ただし，租税政策は，変容する社会・経済に対処しなければならない国家政

303

策でもある。

本書では，理念的に，課税構成比の適正化の観点から「収得税・消費税減税と財産税増税」を基調・中核としつつも，現在，わが国で社会問題化している富・所得の格差問題，少子・高齢化問題，環境問題，国際二重非課税問題等を解決する対策のための税制改革案（あるいは革命的改善案）を披瀝した。

最後に，このような二つの視点から開陳してきた卑見を要約し，総括結論とするとともに，これを支えるために構築されなければならない税制を追加的に提言することとする。

(1) 所得税の革命的改善案

ⅰ）各種所得に「相続所得」を含め，山林所得と同様に，総所得金額に対する超過累進税率を利用して「5分5乗方式」（または10分10乗方式等）により分離課税を行う。

ⅱ）給与所得者の給与所得に源泉徴収・年末調整が行われているが，納税意識を高めるためには給与所得者も確定申告を行い，納税意識を養う。すなわち，年末調整を廃止する。

ⅲ）少子化・核家族化問題を解消するためには，フランスで採択されている「N分N乗方式」（家族単位合算不均等分割課税方式）が原則的所得課税として導入されるべきである。

　単身者または扶養子女のない夫婦は，現行の個人単位課税を選択適用することができる。

ⅳ）「N分N乗方式」が導入されない場合，現行税制では所得控除として扱われている「扶養控除」は，税額を永久免除できる「税額控除」に再変更されるべきである。

　「扶養税額控除」の再導入（および「教育費税額控除」の新設）による租税優遇措置の利用は，出産奨励・人口増加（ひいては将来の税収増加）に資することができる。

ⅴ）所得税導入時における単純累進税率の最高税率は3％であったが，その

304

後，戦費調達・財政逼迫等の理由により引き上げられている。高い税率は，勤労・事業意欲の減退，脱税・租税回避の助長等といった弊害を招来するので，適正な低い税率が設定されるべきである。

現行税制では，同じ収得税である法人税の基本税率が23.2%であるので，整合性を確保するためにも所得税の税率は23%に止めるべきである。

(2) 法人税の改革的改善案

i） 中小企業対策のために中小法人（資本金1億円以下の法人）には種々の租税優遇措置（たとえば，軽減税率の適用，交際費等の損金算入，特別償却の採用，貸倒引当金設定における法定繰入率の適用）が設定されているが，中小法人の判定基準は，従来の「資本金」ではなく，会社法の制定により変更された「資本金等の額」に改められるべきである。

さらに，売上金額・資産金額・従業員数等のうち一定規模を上回る法人を「大法人」とする。

ii） 上場会社等の公開会社には「法人実在説」が採用されるべきであり，「受取配当等の益金不算入」（あるいは所得税法上の「配当控除」）は廃止されるべきである。

iii） 現行の所得計算（とりわけ減価償却費の損金算入額）のもとでは，長期間にわたり利用する有形固定資産の保有比率の高い業種と低い業種の間で，価格変動を受ける度合は異なるので，実質的・経済的な課税標準は歪曲され，したがって税率の構造も変えている。

単一税率をすべての法人に画一的に適用する現行税制は，「課税の産業間不平等」を招いているので，産業別複数税率化が要請される。

iv） 所得計算上，損金の額は脱税の用具として企業内部的に操作可能であるので，現行の「利益税」から「収益税」に移行することも考えられる。過去から蓄積された公共設備・社会制度の利用頻度に応じて稼得できる売上高を課税標準とする「売上収入税」（法人税の外形標準課税）が，その利用費用として導入されるべきである。

さもなければ，一定規模（たとえば，売上高1,000億円以上）の法人に対しては，利益税の補完税として低い税率（たとえば0.1%）による「売上収入税」の徴収が併用されてもよいのではなかろうか。その際には，「税収中立性」の観点から現行税率は引き下げられるべきである。

ⅴ）　理論的な実質的・経済的所得計算のためには，費用（とりわけ減価償却費）は期中平均時価法により算定されるべきであるが，名目価値主義（取得原価主義）が法律・経済制度の全般的な構成原理であると仮定した場合には，断念せざるを得ない。

代替的に，中立的な法人所得課税を実現する方策として，有形固定資産の取得時に即時償却できる「キャピタル・アローワンス」が減価償却法に代えて導入されるべきである。

(3)　消費税の革命的改善案

ⅰ）　事業者の納税事務負担を軽減・回避するという理由により，小規模零細事業者に消費税の納税義務を免除する「事業者免税点制度」，一定の事業規模以下の中小事業者には実額による仕入税額控除の代わりに「みなし仕入率」を乗じた概算額による仕入税額控除を容認する「簡易課税制度」が導入されたのに対し，これらの欠陥を補完できる「インボイス方式」は採択されなかった。その結果，わが国の消費税は，創設当初から「益税」という制度上の宿痾を抱え込んだ。

消費税法の制定後，数回の改正が行われたにもかかわらず，益税問題は完全には払拭されてはいない。事業者免税点制度における免税点は，諸外国と比較してもまだ高い。スペイン・スウェーデンのように，免税点がない国も存在する。

小規模零細事業者であったとしても，消費者から預った消費税を着服するような行為は盗税であり，脱税と同じである。

このような理由により，「免税事業者」は廃止されるべきである。

ⅱ）　簡易課税制度で認められている「みなし仕入率」が実際の仕入率より高

結章　将来の税制グランド・デザイン

い場合，「益税」が発生する。現実的には，益税を稔出するために，本則課税計算と簡易課税計算の有利選択が行われている。

　国家レベルで「盗税」に加担するような「簡易課税制度」は，公序良俗・社会公益上，抹消されなければならない。

iii）　制度的欠陥の残滓を放置したまま存立している「事業者免税点制度」や「簡易課税制度」に付随する「益税」を解消し，「徴税の不平等」（あるいは「脱税チャンスの不平等」）を壊滅させるためには，「インボイス方式」の採用が絶対的必要不可欠な要件である。平成35年10月１日から「インボイス方式」が導入される予定であるので，このような弊害が解消されるかもしれない。

　税額別記の伝票を用いる「インボイス方式」が採用されるならば，前段階の仕入税額がインボイスに表示されるので，消費税の転嫁が明確となり，「益税」の操作が遮断される。それと同時に，譲渡者・購入者の税の意識も高まるであろう。

iv）　消費税は，所得額と関連なく消費額に応じて負担を求めてくるが，非課税措置や複数税率の適用によって「逆進性」の緩和を実現することができる。

　わが国では，既に，医療・福祉・教育等には非課税であるが，税率は８％の単一税率である。単一税率は，物品・サービス間の選択に中立的ではあるが，逆進性には反作用的である。

　平成31年10月１日以降，消費税の税率は10％に引き上げられ，その際，軽減税率として８％が残される予定である。ただし，10％に対し８％の税率は軽減税率であるとは言い難い。逆進性緩和を図るためには，ゼロ税率を含めた複数税率制が導入されるべきである。

　さらに，一定の条件を満たす低額所得者・年金所得者等に対してカナダのGST控除のような還付制度が創設されるべきである。

　最低生活費を下回るような低額の所得者・年金受給者に対して，生活必需品のゼロ税率適用および標準・軽減税率適用物品の消費税の還付が併用

307

されるならば，逆進性は完璧な形で緩和されることになるであろう。

ⅴ) 消費税の運用益・未納問題の解決のためには，所得の源泉徴収税と同様に，月1回の納付を行うべきであろう。

ⅵ) 地方の自主財源の充実化のためには，地方消費税の税率引上げも一つの選択肢となると考えられる。

(4) 財産保有税の革命的改善案

ⅰ) 同じ資産でありながら，不動産は取得・保有・譲渡の時点で課税されるのに対し，金融資産の保有には課税されていない。しかも，金融資産（たとえば割引金融債）は，資産隠し・不正蓄財を通して脱税の温床として利用されている。

　このような法の不備・弊害を回避し，資産課税の公平を確保するためには，一定規模（たとえば，個人の場合には5,000万円または3億5,000万円，法人の場合には10億円または15億円）以上の金融資産の保有に課税する「金融資産税」が追加課税されるべきである。

　金融資産税の捕捉システムとしては「金融資産税申告制度」および「納税者番号制度」の導入が必要不可欠である。

ⅱ) 理想的には，宝石・貴金属，書画・骨董等も含むすべての財産を課税対象とする一般財産税である「富裕税」（または「財産税」）が，富の格差や富の集中を避けるために再導入されるべきである。

ⅲ) 富裕税の再導入が不可能であっても，低い税率による金融資産税の追加課税とともに，高額所得者・高額投資家が贅沢品・奢侈品として購入するであろう宝石・貴金属，書画・骨董等を課税対象とする個別財産税が創設されるべきである。

ⅳ) 保有期間の長い土地・建物等には再評価を行い，土地等の非償却資産の再評価差額には軽微な税率による再評価税を課税する。

308

結章　将来の税制グランド・デザイン

(5)　環境保護税制の確立

ⅰ）　筆者が提唱する「環境保護税制」とは，環境負荷の低減・回避行為（すなわち環境保全）に対しては「環境租税優遇措置」（減税措置），環境汚染活動に対しては「環境租税制裁措置」（増税措置）で対処する「差別的課税」を講じることによって，環境保護を促進する租税制度である。

　　「環境租税優遇措置」として，非課税措置，免税措置，損金算入措置または課税繰延措置，優遇税率の設定，還付措置が施されるべきであり，「環境租税制裁措置」として，損金不算入措置，追加課税措置，環境税の導入が採用されるべきである。

ⅱ）　環境租税優遇措置の新展開として，環境保護対策資産の資本的支出に対して100％キャピタル・アローワンスの採用，環境配慮製品・原料に対して非課税・免税措置あるいは軽減税率の設定，環境配慮型企業（たとえば，エネルギー集約企業，再生可能エネルギー利用企業，一定規模または一定割合の環境対策資産を所有している企業）に対して優遇税率の設定，環境負荷の大きい業種・企業（たとえば，石油関連事業，化学業，自動車製造業）に対して「環境保全準備金」の強制積立を提案した。

ⅲ）　環境租税制裁措置の新展開としては，既存エネルギー税の環境税への統合および環境負荷係数を加味した「環境負荷税」の導入，環境負荷の高い製品に対する過剰な消費または過大な環境負荷を誘引する広告宣伝費の損金不算入，環境負荷の大きい製品を製造している業種に対する「環境売上税」（収益税）の追加課税を提案した。

ⅳ）　環境負荷税は国際的に歩調を合わせて導入されなければならないが，環境負荷税をグローバルに管理・運用する機関として「環境保護税国際機構」の創設が要請される。

(6)　国際課税の強化

ⅰ）　タックス・ヘイブンを濫用した過度な国際的租税回避あるいは国際的二重非課税を防ぐために，正当な理由がなくタックス・ヘイブンに子会社等

を設立したり，銀行口座を開設すること等を禁止する「包括的否定規定」が創設されるべきである。

ⅱ） 意図的な課税逃れあるいは違反行為に対しては，金銭的ペナルティおよびその他の処分（刑事罰等）を強化する。

Ⅱ 制度上の整備・再構築

1 租税手続上の制度改変

以上のように，現行租税法の不備・租税制度の欠陥を是正するための卑見が所得税・法人税・消費税・財産税の改善および環境保護税制の構築として提案された。これらの提案を支えるためには，「納税者番号制度」をはじめとして，種々の新規制度の構築および現行制度の見直し・整備が必要である。

申告納税制度下において収得税・消費税・財産税を正確に捕捉・徴収し，したがって課税公平を実現するためには，すべての納税義務者に対して付番する「納税者番号制度」が導入されるべきである。税務行政の効率化等を図るためにも，税務に限定した「納税者番号」の付番は採択されるべきであろう。

たとえば，財産保有課税が遺漏なく行使されたり，消費税の益税を解消するためインボイス方式が採用されるためには，租税手続の利用に限定する「納税者番号制度」の創設が必要不可欠である。あるいはまた，「税務無関心層」とみなされている給与所得者が「納税者権」(taxpayer's right) の行使手段の一つとして確定申告を行うに際しては，「納税者番号」は自発的な申告・納税の適正化・透明化・効率化を推進することができる。

「納税者番号制度」は，租税捕捉・徴収システムの信用を保証し，脱税行為を阻止することができるとともに，納税者の納税意識の高揚や納税者の権利を守る納税者権の確立を促進することもできる。

わが国においても，平成25年（2013年）5月31日に「行政手続における特定

結章　将来の税制グランド・デザイン

の個人を識別するための番号の利用等に関する法律」(「番号法」と通称されている) が公布され, 平成28年1月からマイナンバー制度が導入された。「個人番号」と「法人番号」により特定の個人と法人を識別でき, 効率的な税務行政が期待される。

　しかしながら, 納税者番号制度 (マイナンバー制度) は, 課税権の濫用 (過誤行政, 不当行政) あるいは税務職員の不良行為等により納税者の個人的・経済的情報が漏洩する危険性を胚胎している。

　納税情報の国家管理化を遂行できる「納税者番号制度」が本格的に導入されるに当たっては, 納税者の秘密保護・不正利用の罰則に関する法令が設定され, さらには, 納税者権の行使のために課税に関する苦情処理を取り扱う「納税者オンブズマン」(taxpayer ombudsman) の制度が設置されるべきである。

　米国では, 1988年の連邦納税者権利保障法により, 内国歳入庁 (Internal Revenue Service : IRS) 内部に長官直属の機関として「納税者オンブズマン」が各行政機関から独立して創設されている。州レベルでも税務行政に関する苦情処理機関として「納税者オンブズマン」あるいは「納税者権利擁護官」(tax-payer's rights advocate) の制度を置く州が多くなっている[2]。

　わが国では, 12の国税局と主要税務署に「税務相談室」が設置され, 納税者からの一般的な租税に関する疑問に答えるために税務相談官が配属されている。また, 税務相談室における電話・面接による相談のほかに, インターネット, 電話音声・ファクシミリによる情報提供「タックスアンサー (税金相談)」により納税者のニーズに応じている。

　このような対応に加え, 平成13年 (2001年) 9月には, 納税者からの事前照会のうち一定の要件を満たすものについて文書回答を行うとともに, その内容を公表する「文書回答手続」が導入された。この文書回答手続は, 国税庁における事務手続・運営に関する準則である「事務運営指針」に規定され, 直接の法令上の根拠を持たない納税者サービスとして導入されている。その目的は, 文書による回答と回答内容の公表により税務取扱いの透明性・法令適用上の予測可能性を多数の納税者に与えることである[3]。

311

このような税務相談制度・事前照会制度も、申告納税制度を適正に運営するために必要であるが、「納税者番号制度」が導入された暁には、国税不服審判所の機能も兼備するような「納税者オンブズマン制度」が中立的な自主・独立機関として創設されるべきである。

図10－1は、納税者番号制度が導入された場合における新制度の関係を示している。

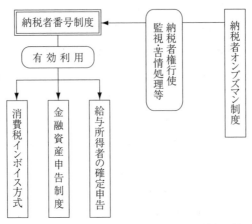

図10－1　納税者番号制度の導入による制度関係

2　租税捕捉率の業種間格差と租税警察の設置

課税の水平的公平を阻害している現象として、租税捕捉率の業種間格差がある。これは、「クロヨン」（9対6対4）または「トーゴーサン」（10対5対3）と俗称されている「課税所得の業種間捕捉率格差」である。

給与所得者では源泉徴収・年末調整を通じて9割近くの所得が課税庁から捕捉されるのに対して、自営業者の事業所得の場合には6割程度、農家の農業所得の場合には4割程度しか捕捉されていない問題を指している。さらに、「トーゴーサンピン」（10対5対3対1）と言う場合には、政治家の所得の捕捉率が著しく低い（1割）ことを意味する[4]。低い租税捕捉率は、間接的な脱税あるい

結章　将来の税制グランド・デザイン

は隠れた脱税の容認に陥っていると言わざるを得ない。

　とかく国会議員は，国税庁上層部に介入することが多いと言われている。国税庁は昭和24年（1949年）に大蔵省（現・財務省）の外局として設置され，大蔵省主税局が税法関連法案を，国税庁が徴税を専門的に担うことになったが，完全独立的な行政機関に移行したのではなく，大蔵省（財務省）により国税庁幹部（長官，次官，課税部長，調査査察部長など）の人事権が握られている。主税局は税法改正などで与党政治家の協力を必要とするので，財務省の一外局に過ぎない国税庁としては，政治家の機嫌を損ねるわけにはいかないようである5)。

　政治家の介入に左右されないで，国税庁の捕捉体制を強化するためには，財務省の外局ではなく，財務省と同等の歳入省（あるいは国税省）に格上げることが考えられる。財務省は財政分野に特化し，歳入省は独立して徴税を担当すればよいことになる。さもなければ，国税庁の調査査察部を独立させ，検察庁の一部（経済特殊部門）と合体し，強制調査権と逮捕権を持つ「租税警察」に組織変更させることも考えられる。

　イタリアでは，経済・財務省直属の軍隊組織（Corpo ad ordinamento militare dipendente direttamente dal Ministro dell'Economia e delle Finanza）として「財務警察」（Guardia di Finanza）が設置されている6)。財務警察は，脱税事案のほか，経済犯罪，税関任務，国境警備等を担当する「準軍事組織」（約80機の航空機と300隻以上の船舶を有する）である。財務警察の脱税摘発による増収額は，イタリアの財政赤字の削減に大きく貢献したと言われている。

　さらに，政府に一定の現金（税金）を支払うことを条件にして，過去に行われた脱税を不問とする「コンドーノ」（condono）という脱税恩赦制度が存在する。イタリアでは，財務警察による脱税摘発の強化と脱税恩赦（コンドーノ）の組合せ（ムチとアメ）が，歳入を増加させる手段となっている7)。

　筆者が提案する「租税警察」（または国税警察）は，財務省・国税庁から独立した組織であり，主として重大な租税犯罪（悪質な脱税行為，政治家の汚職，官公庁の公金腐敗）を摘発する経済犯罪捜査機関である。

　政治家・官公庁等からの介入を回避するためには，独立性・中立性・公平

313

性・強制性が保証された公的機関として「租税警察」の設置が望まれる。

図10-2は，納税者が自ら課税標準を計算し，それに対する税額を算出し，これを申告・納付する「申告納税制度」の下における「租税犯罪」と「租税警察」の関係を示している。

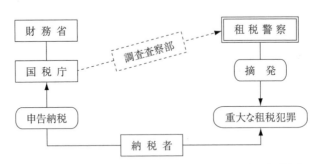

図10-2　申告納税制度における租税警察と納税者の租税犯罪

法制度の維持・実効を担保するためには，最終的には公権力による制裁が必要である。国税通則法では，正当な理由なく，適正な納税申告義務の履行または源泉徴収による国税の納税義務の履行を怠った場合に課される「加算税」として，過少申告加算税（新たに納付すべき税額の10％），無申告加算税（納付すべき税額の5％），不納付加算税（納付された源泉徴収税額の10％）および重加算税（過少申告加算税・不納付加算税に代わる場合には35％，無申告加算税に代わる場合には40％）が課されている（通法65①，②，65⑤，66①，67①，68①～③）。

経済的負担が最も厳しい「重加算税」とは，過少申告加算税・無申告加算税・不納付加算税が課される場合において，国税の課税標準等または税額等の計算の基礎となるべき事実の全部または一部を隠蔽し，または仮装して納税申告書を提出したとき等に，これらの加算税に代えて課すものである（通法68①）。

「事実の隠蔽」とは，売上除外，棚卸資産の一部除外，証拠資料の破棄等，課税要件に該当する事実を隠すことをいい，「事実の仮装」とは，架空仕入，架空人事費，架空旅費・交通費等，存在しない課税要件事実が存在するかのように見せることを言う。すなわち，「脱税行為」である。

結章　将来の税制グランド・デザイン

このような不正手段に基づく「脱税」に対して，最高で40％の加算税は軽すぎるのではなかろうか。

前述したように，戦前の賦課課税制度の下では，その決定資料を期限までに提出することになっていたが，詐偽または不正の行為によって脱税した場合には当該税額の３倍の罰金を科していた（ただし，自首した場合には不問とした）。現在の比ではない加算税が課されていた。

加算税は，申告義務・徴収納付義務の適正な履行の確保・促進を図ることを目的とした特別な経済的負担であるが，低く軽い加算税では法制度の維持・実効を担保することはできない。つまり，重加算税は，100％または200％まで引き上げるべきではなかろうか。

3　税理士業務の無償独占と継続的専門研修制度の導入

(1)　税理士の使命

税理士法第１条によれば，税理士の使命として，「税理士は，税務に関する専門家として，独立した公正な立場において，申告納税制度の理念にそって，納税義務者の信頼にこたえ，租税に関する法令に規定された納税義務の適正な実現を図ることを使命とする」と規定されている。税理士制度は，税理士がその業務を通じて，納税者が自己の負う納税義務を適正に実現し，申告納税制度の適正かつ円滑な運営に資することを期待している[8]。

つまり，税理士は税務に関する専門の知識・見識を持たなければならない「税務に関する専門家」に限定されている。また，税理士は納税者あるいは課税庁のいずれの側からも中立的であるべきだという観点から，独立・公正な立場に立たなければならない公共的使命を担う。

さらに，国家財政の徴収を安定させるために，租税法に規定するどおりに過不足なく納税するように納税義務の適正な実現を図らなければならない。

このような税理士の使命の重要性から，税理士業務は税理士の「無償独占」業務である。税理士業務の遂行には，国，地方公共団体および一般納税者に及

ぼす影響が極めて大きく，その業務の公益性が強いことから，「税理士業務の無償独占制度」が設けられていると思われる[9]）。

税理士法第52条は，税理士業務として，①税務代理，②税務書類の作成，③税務相談を列挙している。

(2) 税理士の税務代理

「税務代理」とは，税務官公署に対して行う租税に関する申告・申請・不服申立その他これに準ずる行為または当該申告等もしくは税務官公署の調査・処分に関して税務官公署に対して行う主張・陳述行為について，代理または代行することをいう。

医師法第17条により医業（医療行為）が有資格の医師に限定されているように，「税務代理行為」は有資格の税理士に独占的に認められるべきであり，他の者には認められるべきでない。

「税務書類の作成」とは，税務官公署に対する申告等に係る申告書，申請書，不服申立書その他これに準ずる書類を作成することをいう。

米国では，一般の事業者が納税者から依頼を受けて税務書類を作成することが認められているが，相当数の納税者が税務書類作成業者に書類作成を委託しているという実態が存在する。このような状況を踏まえて，今後，わが国においても税務書類の作成を税理士の独占業務から除外すべきであるとの議論が提起されるものと思われる。

確かに，納税者が算定した課税標準・税額等について，一般の書類作成業者が機械的に書類を作成するだけであるならば，納税義務の適正な実現を妨げる余地はない。

しかし，納税者が提出した資料に基づいて，書類作成業者が課税標準・税額等について何らかの税務的判断を行使する場合には，税理士が行うのと同様の適正な判断が行われる保証はない。

むしろ，納税者に対して迎合的であり，適正性を欠く判断が行われ，脱税や租税回避を誘発する可能性も否定できない。

結章　将来の税制グランド・デザイン

そもそも，税理士法が「税務書類の作成」を税理士の独占業務とした趣旨は，税務書類の作成に専門的な税務判断が必要となる場合があることおよび専門的税務判断が必要であるか否かの区別が必ずしも容易でないことから，課税標準・税額等の算定に関する専門的税務判断を税理士以外の者に認めるべきではないという点にあった。

したがって，「税務書類の作成」については，従前どおり税理士の独占業務とすべきである。

(3)　税理士の税務相談

「税務相談」とは，税務官公署に対する申告等，税務官公署に対して行う主張・陳述，申告書等の作成に関し，租税の課税標準等の計算に関する事項について相談に応ずることをいう。

このような税務相談の特徴を前提にすると，経済取引の実行後の課税標準・税額等の単純な算定のみならず，経済取引の実行前における当該経済取引をめぐる課税関係の検討等，広範な専門的税務判断に関する内容が税務相談の対象となり得る。

納税者は税務相談の結果を重要な判断材料にして経済的意思決定を行い，それに基づき自己の課税標準・税額等を算定することになる。つまり，税務相談が納税者の経済的意思決定の主要な決定要因となり得るほどの重要性を持つことがある。このような税務相談の重要性に鑑みるならば，税務相談は納税義務の適正な実現のために専門的な税務知識をもとに責任を持って実行されなければならない。

したがって，「税務相談」はあくまで税務の専門家である税理士に独占されるべきである。

(4)　税理士の継続的専門研修制度の導入

税理士業務が適正に遂行されるかどうかは，国家・社会的には納税義務の適正な実現を左右する。そのためには，医師の医療行為独占と同じように，税務

317

代理，税務書類の作成，税務相談はいずれも引き続き税理士の独占業務とすべきである。

ただし，税理士の業務独占を有効に維持していくためには，税理士および税理士会による税理士の資質の維持・向上のための不断の努力が不可欠であり，税理士はそのために極めて重い社会的責任を担っている。

社会制度として信頼される税理士制度の発展のためには，税務専門家としての税理士の知識・能力・資質は維持・向上されなければならない。

しかし，その信頼を裏切る行為が続発し，単に有資格者の個人的な倫理観や責任感のみに頼るだけでは資格制度を維持することができない状況が生じている。

また，社会の変化・複雑化により，資格者が資格取得時の知識や技術だけでは解決できない問題も発生している。社会経済の著しい進展に対応して租税制度もめまぐるしく変化を遂げている現在，税理士の資質の維持・向上を税理士個人の責任に帰すだけでは，十分な成果を期待することはできない。税理士の倫理観・責任感の維持・充実はもちろんのこと，税理士の専門的税務知識・能力の向上を図る制度的な取組みの構築が必要である。

この点に関して，公認会計士分野においては既に制度上の取組みが実行されている。すなわち，公認会計士としての資質の維持・向上および公認会計士の監査環境等の変化への適応を支援するために，日本公認会計士協会会員に対して研修制度が創設されている。この研修を「継続的専門研修」(continuing professional education－以下，CPEと略す) という。

日本公認会計士協会が開催する集合研修会への参加・自己学習，著書等の執筆活動，研修会等の講師を行うことによりCPE単位が付与され，年間40単位以上のCPE単位を履修することが要請されている。義務不履行者に対しては，氏名の公表等の懲戒，監査業務の辞退勧告等を行われる場合がある。

CPEは，会員の自己研鑽を日本公認会計士協会が支援するという形で，平成10年 (1998年) 4月から任意参加で開始され，平成14年 (2002年) からは協会の自主規制として会員に対して義務付けられた。平成16年 (2004年) 4月から

は，公認会計士法第28条において法定義務化されるに至った。

CPE制度は，公認会計士分野に劣らず税理士分野においても極めて重要である。社会的にその重い責任を十分に果たすためにも，早急にCPEが税理士法に法定される必要がある。

CPEの単位不足者（弁護士・公認会計士も含む）には，公認会計士のCPE制度と同様に，氏名の公表等の懲戒，税理士業務の辞退勧告等を行い，かつ，不足単位数に応じて税理士試験における1科目，複数科目または全科目の再試験を課すべきである。

激変している社会・経済に対応できる専門的税務知識・技能を備えた税理士の育成・確保のためには，不断の自己研鑽が要請されていると言えるであろう。

税理士業務の無償独占制度およびそれを有効に維持するための「継続的専門研修制度」の関係は，図10-3に示すとおりである。

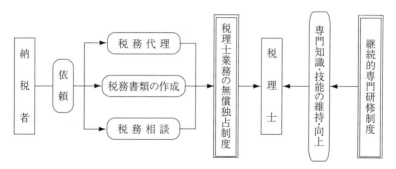

図10-3　税理士業務の無償独占制度とCPE制度の関係

4　租税教育の実施と条文平明化

(1)　租税教育の義務教育化

適正・公平な課税を実現するためには課税庁・税理士側の努力だけではなく，納税者側の納税意識（法令遵守）も高める必要がある。しかも，納税は憲法に定められた国民の義務の一つであり，納税者にとって税法の遵守は社会の一員

として果たすべき基本的義務である。

租税法の遵守・高い納税意識を涵養するためには，義務教育期間中に「租税教育」（tax education）を施す責務があるのかもしれない。正しい納税者の権利を涵養するためにも，適切な租税教育を施す必要がある。

これは，国税庁というよりも，文部科学省の課題ではある。国税庁と文科省との合同プロジェクト・チームを設置し，租税教育制度を論ずる時期に入ったのではなかろうか。納税意識が高まれば，政治意識（選挙権意識）も高まる。

その際，複雑・難解な条文が多い税法の文言は，一般的な納税者にとって平明かつ理解可能な文章に改めるべきである。

また，日本の国会議員は立法機関の構成員であるはずなのに，法案作成は官僚に任せきりであり，議員立法はほとんどない。米国では，法案を作成できないならば，議員の仕事にならないと言われている。租税法に限ったことではないが，日本の大学の法学部では，「法律学は条文を解釈する学問である」と教育されているので，法律を作成する能力が習得できていない。条文解釈に終始することは，現行法を肯定的または否定的に判断するだけであり，国家・社会に貢献できるような革新的・進取的な法律を作成する能力は期待できない。法学部のカリキュラムの中に法案を作成できる科目を設けるとか，各講義の中で法案作成に関する授業を行うべきである。

(2)　租税法の条文明確化

わが国の税法は，「一読して難解，再読して誤解，三読して不可解，四読して曲解，五読しても無理解」に終わる条文が多いと言われるように，複雑・難解であり，納税者が条文を読んで的確な解釈・判断を行うことは困難な場合が多い。専門家である税理士にとっても，正確に結論を導き出すことが難しいケースもある。

難解・不備・不明瞭な条文に遭遇した場合に，課税庁側がどのような判断を示すのかが判らないならば，納税者は安心して取引を実行することができない。税務上の取扱いが判然としない状況下では，課税面における予測可能性および

法的安定性は担保されない。

　専門家にしか解読できない悪文の宝庫と揶揄されている税法の条文は，立法者・作成者が極度な専門性・特殊性を重視したあまり，一般国民の理解可能性に対する配慮を欠いた独断的な文章化に陥ったと言わざるを得ない。

　租税に関する法令・解釈通達は，国民全体に寄与すべき社会的インフラであり，納税義務が国民（納税者）の義務の一つである限り，税法等の条文は一般的な国民に共有され，理解可能でなければならない。

　条文の作成・改正に当たっては，外部の校閲チーム（たとえば，租税法の教授や作家から構成される校閲機関）が関与し，平明・簡潔かつ理解可能な条文に改善させていくべきである。

　租税法の条文を平明化した上で，租税教育の実施のために整備すべき新制度の展開を示せば，図10-4のとおりになるであろう。

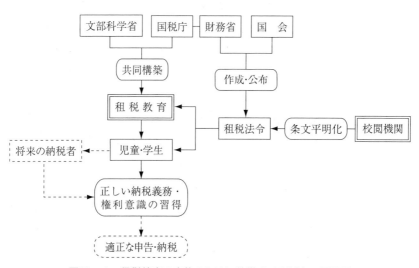

図10-4　租税教育の実施のために整備すべき制度の展開図

Ⅲ 結　　語

　一般的に言えば，「税制」（正式には「租税制度」）とは，国家・地方公共団体の財政需要を充足する財源（資金）を租税により納税者に公正に負担させるシステム（課税・徴税方法などの制度）であり，「租税国家」（tax state）においては，租税に係る法律関係（租税実体法，租税手続法，租税争訟法，租税処罰法，国際租税法等）や租税負担の適正配分に係る租税政策（tax policy）等に関する社会・経済的システムの総称である。

　毎年，税制改正あるいは税制改革が行われているが，基本的には，現行税制を基調とした調整・補完に止まっている。

　本書で提唱した「税制革命」（tax system revolution）とは，現行税制から切り離し，現行租税法の不備・問題点の是正と現行徴税システムの再構築および新規税目の導入・現行税額計算方法の大幅修正を行う抜本的制度改変である。

　現行税制の考え方・手続きに基づく既成概念・手法を離れ，納税者の視点（健全な納税義務と納税者権利）から「課税公平」を追求し，急速に多様化・国際化している経済社会に対応できる税制を模索してきた。そのために，徴税コスト・制度変更コストを度外視し，理想に走った謗りは免れないかもしれない。

　しかしながら，激動する経済社会において制度疲労化現象を来している現行租税制度を放置したまま，「課税公平」を論じても無意味である。所得の格差・富の集中（究極的には財力と権力の集中）により社会が不安定化し，最終的には政治的な流血革命が暴発することを回避するためには，その前に所得・資産の再分配機能を果たすことができる税制に対して革命的な改変が講じられるべきである。

　また，コンピュータ・コピー装置等の事務機器の発達・経済社会の構造変化等を踏まえた税制の再構築も実現されなければならない。このような観点から，上述のような思い切った提案（drastic proposals）が開陳された。

結章　将来の税制グランド・デザイン

　つまり，資産の再分配のために金融資産税加税論または富裕税再導入論，所得の再分配・少子化と所得税減税のために「家族単位合算不均等分割課税方式」（N分N乗式）の導入あるいは扶養控除の税額控除化，超過累進税率の引下げ等が提案されている。

　法人税の課税公平のためには，時価減価償却導入論またはキャピタル・アローワンス導入論，法人税の益金課税論（法人税の外形標準課税）が考案・提唱され，さらに消費税の益税解消策と逆進性緩和策として，事業者免税点制度・簡易課税制度の廃止，インボイス方式の導入，複数税率化とスリースター貼付制度の導入，消費税還付制度の構築等が主張された。

　このような改善措置を支えるためには，「納税者オンブズマン制度」等の創設，「租税警察」の設置，税理士CPE制度の導入，租税教育の実施等が制度的に整備されなければならない。

【注】

1)　前川邦生＝菊谷正人編著『租税法全説』同文舘，平成13年，3頁。
2)　石村耕治『先進諸国の納税者権利憲章－わが国税務行政手続の課題』中央経済社，平成5年，162頁。
3)　上斗米　明「文書回答手続の見直しについて－グローバルスタンダードな納税者ガイダンスの整備に向けて－」『税研』第19巻第6号，2004年，16頁および19頁。
4)　井堀利宏『要説：日本の財政・税制［改訂版］』税務経理協会，平成15年，117頁。
5)　落合博美『徴税権力　国税庁の研究』文藝春秋，2006年，94〜95頁。
6)　http://it.wikipedia.org/wiki/Guardia_di_Finanza.
7)　杉浦達也「諸外国における税制の動き〜イタリアの『奇策』〜」『税制メールマガジン』第37号，平成19年3月2日，4頁（http://www.mof.go.jp/jouhou/syuzei/merumaga/merumaga190302.htm）。
　　　脱税恩赦（コンドーノ）は，イタリアでは過去に何度か行われてきた経済政策である。たとえば2003年には，1997年から2001年までの5年間の所得税・法人税・付加価値税等を対象にして，それぞれの税額に応じて8％，6％，4％を国に納付すれば，過去の脱税が不問とされた（八ツ尾順一「イタリアとコンドーノ」『納税月報』2004年3月号，8頁）。
8)　日本税理士連合会『新税理士法　改訂版』税務経理協会，平成15年，38頁。
9)　日本税理士会連合会編『税理士法逐条解説（新訂版）』日本税理士会連合会，平成3年，178頁。

323

結章補章

「番号法」創設に伴う税務処理の課題

I　はじめに―「番号法」の公布経緯―

　平成19年（2007年）に発覚した「消えた年金問題」が大きな要因となり，民主党による政権交代が平成21年夏に実現した。政権発足直後の平成21年12月22日に閣議決定・公表された「平成22年度税制改正大綱～納税者主権の確立へ向けて～」において，社会保障制度と租税制度を一体化し，社会保障の充実・社会保障制度の効率化および所得税の公正性の担保・正しい所得把握体制の整備に資するための「社会保障・税共通の番号制度」の導入が提案されていた。その後，番号制度（現在，マイナンバー制度と通称されている）の導入に向けた議論が進められ，平成23年6月に「社会保障・税番号大綱－主権者たる国民の視点に立った番号制度の構築－」が政府・与党内の社会保障改革検討本部で決定され，平成24年2月に番号関連3法案が国会に提出されたが，11月16日に衆議院が解散し，同法案は審議未了のまま廃案となった。ただし，民主党政権下において野党であった自民党・公明党との間で成案に向けて協議が進められていたので，現在の第二次安倍内閣による自公政権下で，自民・公明・民主の3党による修正協議が重ねられていた[1]。

　平成25年（2013年）3月1日に「内閣法等の一部を改正する法律案」（いわゆる「政府CIO（内閣情報通信政策監）法案」）を加えた番号関連4法案が閣議決定され，第183回通常国会に再提出されている。平成25年5月9日に衆議院本会

議で番号関連4法案は一部修正・可決され，平成25年5月24日に参議院本会議において可決・成立し，平成25年5月31日に「内閣法等の一部を改正する法律」（平成25年法律第22号）とともに，「行政手続における特定の個人を識別するための番号の利用等に関する法律　」（平成25年法律第27号）（以下，「番号法」と略す），「行政手続における特定の個人を識別するための番号の利用等に関する法律の施行に伴う関係法律の整備等に関する法律」（平成25年法律第28号）および「地方公共団体情報システム機構法」（平成25年法律第29号）の番号関連4法が公布された。

　平成26年3月31日には「行政手続における特定の個人を識別するための番号の利用等に関する法律施行令」（平成26年政令第155号）（以下，「番号法施行令」と略す），5月14日に「行政手続における特定の個人を識別するための番号の利用等に関する法律及び行政手続における特定の個人を識別するための番号の利用等に関する法律の施行に伴う関係法律の整備等に関する法律の施行に伴う財務省関係政令の整備に関する政令」（平成26年政令第179号）が公布されている。さらに，「番号法」に基づいて，「個人番号」その他の特定個人情報に関する不正・違法行為を確認・是正する第三者機関として平成26年1月に内閣府外局に設置された「特定個人情報保護委員会」（以下，「情報委員会」と略す）が平成26年12月11日に「特定個人情報の適正な取扱いに関するガイドライン（事業者編）」（以下，「ガイドライン」と略す）を作成・公表している。

　このように，平成27年（2015年）10月の番号付番・通知，平成28年（2016年）1月のマイナンバー制度導入に向けて，政・省令の制定・ガイドラインの設定などの対応措置が講じられている。本補章では，「番号法」の創設・マイナンバー制度の導入に伴い，主として，税務処理に与える影響に関する課題について，若干の考察を加えることとする。

325

Ⅱ 「番号法」の目的と適用範囲

1 「番号法」の目的

　行政手続のために特定の個人・法人を識別する番号の利用・管理・保護等に関する法律である「番号法」第1条は，立法趣旨・立法目的について次のように規定している。

　「この法律は，行政機関，地方公共団体その他の行政事務を処理する者が，個人番号及び法人番号の有する特定の個人及び法人その他の団体を識別する機能を活用し，並びに当該機能によって異なる分野に属する情報を照合してこれらが　同一の者に係るものであるかどうかを確認することができるものとして整備された情報システムを運用して，効率的な情報の管理及び利用並びに他の行政事務を処理する者との間における迅速な情報の授受を行うことができるようにするとともに，これにより，行政運営の効率化及び行政分野におけるより公正な給付と負担の確保を図り，かつ，これらの者に対し申請，届出その他の手続を行い，又はこれらの者から便益の提供を受ける国民が，手続の簡素化による負担の軽減，本人確認の簡易な手段その他の利便性の向上を得られるようにするために必要な事項を定めるほか，個人番号その他の特定個人情報の取扱いが安全かつ適正に行われるよう行政機関の保有する個人情報の保護に関する法律（平成十五年法律第五十八号），独立行政法人等の保有する個人情報の保護に関する法律（平成十五年法律第五十九号）及び個人情報の保護に関する法律（平成十五年法律第五十七号）の特例を定めることを目的とする。」

　長文にわたって規定されている「番号法」の目的は，下記のように四つに分類・要約することができるであろう。

　(1)　行政機関等が「個人番号」と「法人番号」により特定の個人と法人等の

結章補章 「番号法」創設に伴う税務処理の課題

識別機能を活用し，整備された情報システムを運用して，効率的な情報の
管理・利用および他の行政事務処理者との迅速な情報の授受を行う。

(2) 行政運営の効率化および行政分野におけるより公正な給付と負担の確保
を図る。

(3) 申請，届出その他の手続を行い，または行政サービスの提供を受ける国
民が，手続の簡素化による負担軽減および本人確認の簡易な手段その他の
利便性の向上を得られるようにする。

(4) 「個人番号」その他の特定個人情報の取扱いが安全・適正に行われるよ
うに，「個人情報の保護に関する法律」（以下，「個人情報保護法」と略す）等
に特例を定める。

要するに，「番号法」の主要な目的は，国民に対し「個人番号」，企業等に対
し「法人番号」を付番し，行政分野において「個人番号」と「法人番号」を活
用するとともに，「個人番号」の安全管理・保護を図ることである。マイナン
バー制度には「個人番号」と「法人番号」の２種類の番号が導入されるが，特
に「個人番号」については，複数の行政機関等に存する個人情報を同一人情報
である確認を行うことにより，行政運営の効率性・利便性・透明性を高め，国
民に対する公正な給付と負担を実現するために付番されることになる。ただし，
「個人番号」については，プライバシー侵害・不正使用等を防ぐために「個人
情報保護対策」の規定が非常に重要になってくる。

従前においても，同一人の情報を税務署・市役所・日本年金機構等の行政機
関等に提供していたが，それぞれの機関の間での完全な紐付けが実はできてい
なかった。「消えた年金問題」が起こった背景には，日本人の氏名および住所
表記の特徴から，完全な名寄せが不可能という事情があったと言える。たとえ
ば，サイトウの「サイ」という字は10種類以上あり，「沢」と表記される字は
正式には「澤」であることがほとんどである。結婚や離婚で名字が変わるし，
住所表記も丁目および番地またはマンション名を表記したりしなかったりする。
このような事情から，日本人の氏名および住所に生年月日や性別を併せても完
全な名寄せは不可能であった。「番号法」の施行により唯一無二性の「個人番

327

号」が付番されるならば，行政機関等の紐付け・突合が可能となる[2]。

2 「番号法」の適用範囲

マイナンバー制度の適用範囲に関しては，「番号法」第3条第2項が，「個人番号及び法人番号の利用に関する施策の推進は，個人情報の保護に十分配慮しつつ，行政運営の効率化を通じた国民の利便性の向上に資することを旨として，社会保障制度，税制及び災害対策に関する分野における利用の促進を図るとともに，他の行政分野及び行政分野以外の国民の利便性の向上に資する分野における利用の可能性を考慮して行われなければならない。」と規定している。

マイナンバー制度では，まずは，社会保障制度・税制・災害対策の三分野で番号運用が開始されるが，将来的には，幅広い行政分野に拡大され，官民連携も図られる予定である。たとえば，国税庁と銀行・証券会社等との間で「個人番号」が連携利用されることも考えられる。

図10-5では，マイナンバー制度導入当初における番号の適用範囲が示されている。

図10-5　番号の利用範囲

「番号法」の究極の目的は，複数の行政機関等の間で「個人番号」の共同確認・連携利用を行うことである。総務大臣が設置・管理する「情報提供ネットワークシステム[3]」(以下，「情報ネットワーク」と略す)を通じて，行政機関等間の情報連携が可能となり，たとえば，各種申請を行う際に必要となる住民票の写し・所得証明書の添付書類の取得等に関する無駄な行政手続の負担が省か

れ，行政手続の効率化・簡素化が促進される。各種申請における添付書類の省略，源泉徴収票・給与支払報告書の電子的提出先の一元化等により，行政手続における国民の利便性は向上するはずである。行政手続の無駄の省略，行政運営の効率化・簡素化による手続の負担軽減および国民の利便性の向上が，マイナンバー制度導入によって期待されている。

　税制の観点からは，「個人番号」と「法人番号」の導入によって，税制自体が実質的には変わるというものではないが，形式・実務的には各種提出書類に「個人番号」または「法人番号」の記載が義務付けられるに過ぎない。

　ただし，マイナンバー制度の導入は，「個人番号」または「法人番号」の突合により正確な所得情報に基づく適正な所得再分配を実現できる。金子宏教授も指摘されるように，「番号制度」が採用されれば，脱税所得の発見も現在よりははるかに容易となる[4]。コンピュータ・コピー装置等の事務機器や事務処理ソフト・AI等の発達により，膨大な量の情報収集・保存処理が可能となった現在，マイナンバー制度の導入は，収得税・消費税・財産税の正確な捕捉・徴収，ひいては適正・公平な課税の実現に多大な貢献をもたらすものと言えるであろう。

Ⅲ　番号の種類と付番

1　個 人 番 号

　「個人番号」とは，「住民基本台帳法」（昭和42年法律第81号）に規定する「住民票コード」を変換して得られる番号であり，当該コードが記載された住民票に係る者を識別するために指定されるものをいう（番号法2⑤）。「番号法施行令」第8条によれば，「個人番号」は，「住民票コード」を変換した11桁の番号に1桁の検査用数字を加えた12桁の番号となる。

　地方公共団体が共同運営する組織として平成26年4月1日に設立された「地

方公共団体情報システム機構」(以下,「情報機構」と略す)は,「個人番号」の元になる番号を生成して市町村に通知する役割を担うことになっている。市町村長(特別区の区長を含む)が「個人番号」を指定するときは,あらかじめ「情報機構」に「住民票コード」を通知し,「個人番号」とすべき番号の生成を求める。「情報機構」は,他のいずれの「個人番号」とも重複することなく付番された番号を生成し,市町村長に通知する。「個人番号」の通知を受けた市町村長は,各人の「個人番号」を決定し,「通知カード」により通知することになっている(番号法7①,8①〜②)。

なお,「個人番号」の付番対象者は,①「住民基本台帳法」第7条第13項に規定される「住民票コード」が住民票に記載されている日本国籍を有する者および②同法第30条の45の表に掲げられている外国人住民(中長期在留者,特別永住者,一時庇護者,仮滞在許可者,経過滞在者)である[5]。

個人は「通知カード」によって「個人番号」を確認できるが,市町村長に申請すると「個人番号カード」の交付を受けることができる(番号法17①)。なお,前述したように,「個人番号」の通知は平成27年1月以降,「個人番号カード」

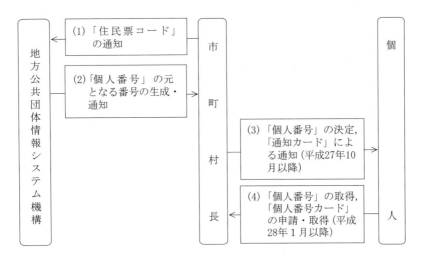

図10-6 「個人番号」の付番プロセス

の申請・取得は平成28年1月以降となっている。

　図10-6は,「個人番号カード」の申請・取得までの付番プロセスを図形化したものである。

　「通知カード」により確認できた「個人番号」に基づいて交付される「個人番号カード」とは,基本4情報（氏名,住所,生年月日および性別）,「個人番号」その他政令で定める事項のほかに,「本人の顔写真」が表示され,かつ,これらの事項その他総務省令で定める「カード記録事項」が電磁的方法（電子的方法,磁気的方法その他の人の知覚によって認識することができない方法）により記録されたカードである（番号法2⑦）。「個人番号カード」の裏面に記載される「個人番号」は,原則として,生涯一つの番号であるが,漏洩等により不正使用の恐れがあるときは変更可能である。記載事項等が半導体集積回路（ICチップ）に記録される「個人番号カード」の有効期限は,20歳以上は10年,20歳未満は5年と想定されている。「個人番号カード」は,多方面にわたる本人確認の手段または身分証明書として利用可能である6)。

　「個人番号カード」の記録事項に変更があった場合には,変更日から14日以内に新住所市町村長に届け出るとともに,「個人番号カード」を提出しなければならない（「番号法」第17条第4項）。また,紛失した場合にも,直ちに住所地市町村長に届けなければならない（番号法17⑤）。

　「個人番号カード」の申請・取得は強制的でないが,社会保障・税に関連する行政手続における添付書類の削減,本人確認の手段等に役立ち,国民の利便性を図ることができるとともに,行政運営の効率化と人員・財源の削減等に資することができるので,政府としては,できるだけ多くの国民に「個人番号カード」の申請・取得を期待しているはずである。

2　法人番号

　「番号法」第58条第1項の規定に従って,国税庁長官は,法人等に対して「法人番号」を指定し,これを当該法人等に通知しなければならない。ここに

「法人等」とは，国の機関，地方公共団体，会社法（平成17年法律第86号）その他の法令の規定により設立・登記した法人および「人格のない社団等」であり，所得税法（昭和40年法律第33号），法人税法（昭和40年法律第34号）および消費税法（昭和63年法律第108号）の規定により届出書を提出することとされているものをいう。

「個人番号」の指定・通知が，住民に係る異動関係を最もよく把握している市町村によって行われるのに対し，「法人番号」の指定・通知は，税法上の届出書・確定申告書等の提出により「法人等」を最も網羅的に把握している国税庁により行われる。したがって，国税庁長官が「法人番号」を指定する範囲は，法人税法上，「法人」とみなされる①国の機関，②地方公共団体，③設立登記法人，④上記以外の法人または「人格のない社団等」に限定される。なお，「番号法施行令」第35条によれば，「法人番号」は，12桁の会社法人等番号等に1桁の検査用数字を加えた13桁の番号となる。

国税庁長官は，「法人番号」の指定を受けた者（以下，「法人番号保有者」という）の商号または名称，本店または主たる事務所の所在地および「法人番号」を公表する必要がある。ただし，「人格のない社団等」については，あらかじめ代表者または管理人の同意を得なければならない（番号法58④）。

「法人番号」は，個人情報保護を必要とする「個人番号」とは異なり，官民を問わず，多様な用途に利用され，自由に流通させることができるので，「法人番号保有者」の①商号または名称，②本店または主たる事務所の所在地および③「法人番号」は公開の対象となっている。すなわち，法人にはプライバシー権は存在しないという考えから，「法人番号」は様々な用途で活用されることとなる。

図10-7 「個人番号」と「法人番号」の付番

図10－7では，番号の種類およびその付番主体の相違が示されている。

ちなみに，納税者番号制度（マイナンバー税制度）の主要な方式として，前述していたように，各国では次のような方式が採用されていた7)。

(a) 北欧方式：出生時にすべての国民に国民総背番号を付番し，税務をはじめ広く行政分野に利用する「出生番号方式」または「住民基本台帳方式」

(b) 北米方式：既存の社会保険番号を税務をはじめ広く行政分野に利用する「年金番号活用方式」

(c) イタリア・オーストラリア方式：税務分野に限定した番号を該当納税者に付与する「税務限定番号方式」

わが国のマイナンバー制度では，税制の側面に限定して言えば，「個人番号」には「住民基本台帳方式」（北欧方式），「法人番号」には「税務限定番号方式」（イタリア・オーストラリア方式）が採用されている。

マイナンバー制度において最も深刻な課題は，サイバー攻撃等によって「個人番号」の共同確認・連携利用（情報連携）の機能が破壊されることである。責任感・使命感・危機意識の欠如した職員から構成され，杜撰な管理体制により「消えた年金問題」を引き起こした旧社会保険庁の後継組織として平成22年に設立された「日本年金機構」には，「情報連携」に伴う事故の発生可能性が高くなるであろうと非常に懸念される。

旧社会保険庁の職員とは異なり，厳格な守秘義務の下で責任感・使命感の高い国税庁職員によって，私的財産の侵害に直結する「納税者番号」は管理されるべきである。「法人番号」ばかりではなく，私的財産を侵害する租税に関する「個人番号」に対しても，「個人番号」（individual identification number）を修正した「納税者番号」（taxpayer identification number）が新規に付番され，国税庁により厳重に管理された「税務限定の納税者番号制度」が構築されるべきである。

333

Ⅳ　個人番号の利用

1　個人番号利用事務実施者による利用

「個人番号利用事務」とは，行政機関，地方公共団体，独立行政法人等その他の行政事務を処理する者が，その保有する「特定個人情報ファイル」において個人情報を効率的に検索・管理するために，必要な限度で「個人番号」を利用・処理する事務をいう（番号法2⑩）。「個人番号利用事務実施者」とは，「個人番号利用事務」を処理する者および「個人番号利用事務」の全部または一部の委託を受けた者をいう（番号法2⑫）。

ここに「特定個人情報」とは，「個人番号」を含む個人情報であり，「特定個人情報ファイル」とは，「個人番号」を含む個人情報ファイルである（番号法2⑧～⑨）。

行政機関等は，「個人番号利用事務利用者」として「特定個人情報ファイル」を利用し，「個人番号利用事務」を行うことができる。さらに，それぞれの行政機関等ごとに「個人番号」それ以外の番号を付して管理している同一人の情報を紐付けし，相互に情報を活用する「情報連携」が「情報ネットワーク」を介して行われる。

国税庁長官は，「情報ネットワーク」を活用する「情報連携」の主体ではないが，国民が税務署に提出する確定申告書・届出書等に「個人番号」を記載しなければならないので，「個人番号」は税務署内の税務事務のみに利用されることとなる。

なお，事業者が「個人番号利用事務者」として「個人番号利用事務」を行うことができる場合は，①行政機関等から「個人番号利用事務」の委託を受けた場合，②健康保険組合・全国健康保険協会等が「個人番号利用事務」を行う場合に限られる。

結章補章 「番号法」創設に伴う税務処理の課題

2 個人番号関係事務実施者による利用

「個人番号関係事務」とは，「個人番号利用事務」に関して行われる他人の「個人番号」を必要な限度で利用して行う事務をいう（番号法2⑪）。「個人番号関係事務実施者」とは，「個人番号関係事務」を処理する者および「個人番号関係事務」の全部または一部の委託を受けた者をいう（番号法2⑬）。

事業者は，「個人番号関係事務実施者」として従業員（正社員・契約社員・派遣社員・パート・アルバイト等）・役員等や地主・税理士等の「個人番号」を利用して源泉徴収票作成事務・支払調書作成事務等（「個人番号関係事務」）を行い，当該書類等を税務署に提出しなければならない。その際，「個人番号関係事務」を処理するために必要がある場合に限り，「個人番号」の提供を求めることができる（番号法14①）。

本人または代理人から「個人番号」の提供を受けるに際しては，「個人番号関係事務実施者」である事業者は，「本人確認」を行わなければならない（番号法16，番号法施行令12）。「本人確認」には，①本人の顔写真が表示されている「個人番号カード」または②「通知カード」と本人を証する書類（たとえば，運転免許証，パスポート等）の提示を受けることが必要である8)。

「個人番号」および「法人番号」を利用する事業者は，国および地方公共団体が「個人番号」および「法人番号」の利用に関して実施する施策に協力するように努力しなければならない（番号法6）。

行政事務処理に必要とされる他人の「個人番号」を記載した書面の提出等，「個人番号」を利用した事務を行う者（厚生年金・健康保険の被保険者の資格取得に関する届出を行う事業主，給与の支払調書の提出を行う事業主等）は，「個人番号関係事務実施者」として必要な範囲において他人の「個人番号」を利用することができる（番号法9③）。税理士も，事業者から源泉徴収票作成事務・支払調書作成事務等の「個人番号関係事務」の委託を受けた場合には，「個人番号関係事務実施者」に該当する。

335

「個人番号関係事務」を委託する者（たとえば，事業者）は，その委託に係る「個人番号関係事務」で取り扱う「特定個人情報」の安全管理を図るために，委託を受けた者（たとえば，税理士）に対する「必要かつ適切な監督」を行わなければならない（番号法11）。すなわち，税理士が事業者から「個人番号関係事務」の委託を受けた場合，税理士は事業者から「必要かつ適切な監督」を受けることとなる。ここでいう「必要かつ適切な監督」には，①委託先の適切な選定，②委託先に対する安全管理措置の遵守に必要な契約の締結および③委託先における「特定個人情報」の取扱状況の把握が含まれる（ガイドライン4－2－(1)）。

税理士が事業者と委託契約を締結する際には，委託契約の内容として①秘密保持義務，②「特定個人情報」の持出禁止・目的外利用禁止，③再委託上の条件，④漏洩事案等の発生時における委託先の責任，⑤委託契約終了後の「特定個人情報」の返却または廃棄，⑥従業員に対する監督・教育等の内容が盛り込まれなければならない（ガイドライン4－2－(1)）。

図10-8では，マイナンバー制度下において事業者が「個人番号関係事務」を税理士に委託した場合における業務内容が示されている。

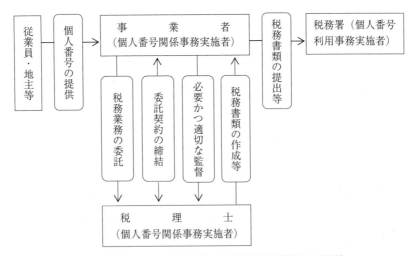

図10-8　マイナンバー制度下における事業者と税理士との関係

Ⅴ　個人番号の保護（安全管理措置）

　「個人番号利用事務実施者」および「個人番号関係事務実施者」（以下，「個人番号利用事務等実施者」という）は，「個人番号」の漏洩，滅失または毀損の防止その他の適切な管理のために必要な措置を講じなければならない（番号法12）。「個人番号」の適切な管理のための必要な措置としては，(a)保管庫の施錠，立入制限等の「物理的保護措置」，(b)ネットワーク接続されているコンピュータへのファイヤーウォールの構築，情報の暗号化等の「技術的保護措置」，(c)職員に対する教育・研修の実施，安全管理者の設置等の管理体制整備等の「組織的保護措置」等が考えられる。「個人番号」が漏洩した場合には，「個人番号」の悪用による不当なデータマッチングによって個人の権利利益に甚大な損害を与える危険性があり，滅失・毀損した場合にも，「個人番号」を利用した効率的な行政サービスを受ける利便等が損なわれるので，「個人番号利用事務等実施者」に対し，「個人番号」に関する安全確保措置が義務付けられている9)。

　「個人番号」および「特定個人情報」の漏洩，滅失または毀損を防止・排除するためには，「ガイドライン」に基づいた「安全管理措置」を講じなければならない。ただし，「安全管理措置」の実施前には，(1)「個人番号」を取り扱う事務の範囲（たとえば，源泉徴収票・支払調書を取り扱う事務），(2)特定個人情報等の範囲（たとえば，従業員，扶養親族，株主，取引先等の特定個人情報），(3)特定個人情報等を取り扱う事務取扱担当者（たとえば，税務関係手続を取り扱う経理担当者）を明確にする必要がある。

　上記３事項を明確化した上で，「安全管理措置」として，「基本方針の策定」（従業員数が100人以下の中小規模事業者には，任意的措置）および「取扱規程等の策定」（中小規模事業者には，①特定個人情報等の取扱等の明確化，②事業取扱担当者を変更した場合，責任ある引継者の確認のみ）を行うほかに，次のような「安全管理措置」が施されなければならない（ガイドライン４－２－(2)）。

(a) 組織的安全管理措置（組織体制の整備，情報漏洩等事案に対応する報告・連絡体制の確認，取扱状況の記録・保存および定期的点検等）

(b) 人的安全管理措置（事務取扱担当者の監督・教育）

(c) 物理的安全管理措置（特定個人情報等を取り扱う区域の管理，機器・電子媒体等による盗難等の防止，電子媒体等の持出時の漏洩等の防止，機器・電子媒体等の廃棄，個人番号の削除等）

(d) 技術的安全管理措置（情報システムを取り扱う事務取扱担当者の限定，外部からの不正アクセス等の防止，情報漏洩等の防止等）

　民間事業者にとっては，マイナンバー制度の導入によって事務負担が増大するとともに，個人情報保護のために「個人番号」の安全管理措置も強いられることになる。

VI　罰則の具体的内容

　前述したように，「個人番号」が漏洩した場合には，不当なデータマッチングに悪用される危険性があり，個人の権利利益に甚大な損害をもたらすため，正当な理由なく「特定個人情報ファイル」を提供する行為は処罰の対象となる。

　個人番号利用事務・個人番号関係事務等に関する事務に従事する者（役員，職員，従業員等）または従事していた者が，正当な理由がないにもかかわらず，その業務に関して取り扱った個人の秘密に属する事項が記録された「特定個人情報ファイル」を提供したときは，4年以下の懲役もしくは200万円以下の罰金に処せられ，または併科される（番号法67）。この法定刑は，行為の悪質性・被害の大きさ等を勘案して，「番号法」の中で最も重い。なお，「秘密」とは，一般に知られていない事実である「非公知性」，他人に知られないことについて相当の利益がある「秘匿必要性」を要件とする[10]。

　個人番号利用事務・個人番号関係事務等に関する事務に従事する者または従事していた者が，その業務に関して知り得た「個人番号」を自己もしくは第三

結章補章　「番号法」創設に伴う税務処理の課題

者の不正な利益を図る目的で提供し，または盗用したときは，3年以下の懲役もしくは150万円以下の罰金に処せられ，またはこれを併科される（番号法68）。

「情報提供事務」または「情報ネットワーク」の運営に関する事務に従事する者または従事していた者が，秘密保持の義務に違反して，その業務に関して知り得た当該事務に関する秘密を漏らし，または盗用した場合には，3年以下の懲役もしくは150万円以下の罰金に処せられ，または併科される（番号法69）。

「情報委員会」の委員長，委員および事務局の職員が，秘密保持義務が課されているにもかかわらず，秘密を漏らし，または盗用した場合，2年以下の懲役または100万円以下の罰金に処せられる（番号法72）。なお，「秘密の漏らし」とは，たとえば，「情報委員会」等の委員等が立入検査によって取得した「特定個人情報」が記録された文書を，反社会的勢力に売却することなどである。「秘密の濫用」とは，たとえば，当該検査によって入手した「個人番号」に係る個人になりすまし，当該番号を使用して社会保障給付に係る手続を行うことなどである[11]。

国の機関の職員，地方公共団体の機関の職員，「情報機構」の職員，独立行政法人等および地方独立行政法人の役・職員が，その職権を濫用し，専ら職務以外の用に供する目的で個人の秘密に属する「特定個人情報」が記録された文書，図画または電磁的記録を収集した場合，2年以下の懲役または100万円以下の罰金に処せられる（番号法71）。

「情報委員会」は，「特定個人情報」の保護のために法令違反行為者に対して勧告することができ，さらに，勧告に従わなかった場合等には，当該勧告に従うように命令を発することができるが，「情報委員会」の命令に違反した者は，2年以下の懲役または50万円以下の罰金に処せられる（番号法73）。

「情報委員会」からの報告・資料提出の要求，立入検査等に対し，①報告・資料提出の拒否行為，虚偽報告行為，虚偽資料の提出行為，②質問に対する不答弁行為または虚偽答弁行為，検査忌避行為を行った者は，1年以下の懲役または50万円以下の罰金に処せられる（番号法74）。

人を欺き，人に暴行を加え，または人を脅迫する行為（詐欺等行為），財物の

339

表10－1　罰則の対象主体・罰則行為および法定刑

罰則の対象主体	罰　則　行　為	法　定　刑
個人番号利用事務・個人番号関係事務等に従事する者または従事していた者	「特定個人情報ファイル」の不正提供（第67条）	4年以下の懲役または200万円以下の罰金（併科あり）
	「個人番号」の不正提供または盗用（第68条）	3年以下の懲役または150万円以下の罰金（併科あり）
「情報ネットワーク」運営等に従事する者または従事していた者	秘密の漏らしまたは盗用（第69条）	3年以下の懲役または150万円以下の罰金（併科あり）
「情報委員会」の委員長，委員および事務局職員	秘密の漏らしまたは盗用（第72条）	2年以下の懲役または100万円以下の罰金
国・地方公共団体・「情報機構」の職員等	職権濫用による文書等の収集（第71条）	2年以下の懲役または100万円以下の罰金
「特定個人情報」の取扱に関する法令違反者	「情報委員会」の命令に対する違反（第73条）	2年以下の懲役または50万円以下の罰金
「情報委員会」から報告・資料提出要求，質問，立入検査等を受けた者	報告・資料の提出拒否，虚偽報告，虚偽の資料提出，答弁・検査拒否，検査忌避等（第74条）	1年以下の懲役または50万円以下の罰金
対象主体に限定なし	詐欺等行為，管理侵害行為等による情報取得（第70条）	3年以下の懲役または150万円以下の罰金
	偽りその他不正手段による「通知カード」または「個人番号カード」の不正取得（第75条）	6か月以下の懲役または50万円以下の罰金

　窃取，施設への侵入，不正アクセス行為その他の保有者の管理を害する行為（管理侵害行為）により「個人番号」を取得した場合，3年以下の懲役または150万円以下の罰金に処せられる（番号法70）。

　「なりすまし」により情報漏洩や財産的損害等を被る危険性があるので，偽りその他不正の手段によって「通知カード」または「個人番号カード」の交付を受けた場合，6か月以下の懲役または50万円以下の罰金に処せられる（番号

法75)。

表10-1では，「個人番号」のマイナンバー制度下における罰則の対象主体，罰則行為および法定刑が比較分析的に示されている。

わが国の「番号法」における罰則規定では，罰金刑と懲役刑が設けられているが，1997年（平成9年）に公布された米国の「納税情報の不正閲覧防止法」では，(a)連邦職員・州職員による納税申告書・申告情報の故意の閲覧が禁止され，(b)違法閲覧者には罰金または5年以下の懲役および免職または解雇が科されている[12]。マイナンバー制度の信頼性・信用性を担保するためには，重い罰金刑・懲役刑とともに，厳しい免職・解雇・罷免規定が設けられるべきである。

Ⅶ　む　す　び

マイナンバー制度の導入によって，社会保障・税・災害対策分野で複数の行政機関等間における「個人番号」の情報連携・利用を行うことができ，それに伴う行政運営の効率化，行政手続の簡素化による負担軽減等の利便性が期待される。税務分野においては，「個人番号」と「法人番号」の付番によって，所得税・法人税・相続税・贈与税・消費税等が適正に把握され，公平な課税が実現可能になると想定されている。つまり，マイナンバー制度は，すべての納税義務者に対して固有の「個人番号」または「法人番号」を付番し，納税義務者の所得・資産・消費等の正確な捕捉および所得税・法人税・相続税・贈与税・消費税等の徴収の効率化，ひいては適正・公平な課税の実現を図ろうとするシステムである。

しかしながら，マイナンバー制度には，納税義務者の個人的・経済的秘密の漏洩・悪用が懸念される。石村耕治教授も指摘されるように，民間事業者等を含めた形で多目的利用を前提とした番号制度が導入されれば，国民のプライバシー意識・納税者権利意識が必ずしも高くない実状の下では，個人情報の乱

用・不正流用等が多発するかもしれない13)。現行法においても，平成17年4月から施行された「個人情報保護法」，「公務員法」による公務員の守秘義務等によって納税義務者の個人的・経済的秘密が保護されているが，プライバシー保護問題を完璧にクリアーするためには，納税義務者の秘密保護に関する厳格な規定を設ける必要がある。「番号法」でも罰金刑と4年以下の懲役刑が科されているが，諸外国と比較した場合，わが国では，経済犯罪に対しては甘い罰則規定が制定されていると言わざるを得ない。

　しかも，罰則規定が設けられたとしても，役員・職員・従業員等による不正・犯罪行為，サイバー攻撃等によって「個人番号」の情報連携に対する事故・不具合等が発生するであろうことは否定できない。税務分野に関する「個人番号」は，「法人番号」と同様に，国税庁長官により指定・付番され，国税庁職員により厳重に管理・保護されるべきである。適正・公正な課税と正確・効率的な徴収のためにも，「個人番号」と「法人番号」を「納税者番号」として修正・改名し，その利用を税務分野に限定する「納税者番号制度」の構築が望まれる。

【注】

1) 青木　丈「マイナンバー制度－これまでの経緯と税理士業務への影響－」『税経通信』第69巻第13号，平成26年，96～97頁。
2) 同上稿，98頁。
3) 「情報ネットワーク」とは，行政機関の長，地方公共団体の機関，独立行政法人等，地方独立行政法人，「情報機構」，情報照会者および情報提供者の使用に係る電子計算機を相互に電気通信回線で接続した電子情報処理組織であり，「特定個人情報」の提供を管理するために総務大臣により設置・管理される（「番号法」第2条第14項）。
4) 金子　宏『所得課税の法と政策』有斐閣，1996年，118～120頁。
5) 内閣府大臣官房番号制度担当室『行政手続における特定の個人を識別するための（番号の利用等に関する法律【逐条解説】』(http://www.cas.go.jp/jp/seisaku/bangoseido/pdf/chikujou.pdf)，平成26年，15頁。
　「個人番号」は，①住民票を有する国民全員に付番する「悉皆性」，②重複することなく付番される「唯一無二性」，③本人（民）→事業者等（民）→行政機関等（官）（たとえば，税務分野では，給与所得者（民）→会社（民）→税務署（官）というように，民・民・官の間の流通過程において利用可能な見える番号である「視

認性」および④最新の「基本4情報」（氏名，住所，生年月日および性別）と関連付けられて，付番される（青木　丈，前掲稿，98頁）。

6)　青木　丈，前掲稿，100頁。

7)　首藤重幸「キャピタル・ゲイン課税を巡る諸問題」水野正一編著『資産課税の理論と課題』税務経理協会，平成7年，137頁。

　　　金子　宏，前掲書，196～197頁。

8)　内閣府大臣官房番号制度担当室，前掲書，34頁。

9)　同上書，55頁および29頁。

10)　同上書，125頁。

11)　同上書，133頁。

12)　小森園浩人＝石井梨紗子「納税者番号制度とプライバシー保護－米国及びオーストラリアの事例からの考察－」『税経通信』第61巻第4号，平成18年，15頁。

　　　わが国の「番号法」（第42条～第43条）では，「情報委員会」の委員長または委員の罷免が規定されるに止まっている。

13)　石村耕治『先進諸国の納税者権利憲章－わが国税務行政手続の課題』中央経済社，平成5年，278頁。

《主要参考文献》

【和文文献】

青木　丈「マイナンバー制度－これまでの経緯と税理士業務への影響－」『税
　　経通信』第69巻第13号，平成26年。

浅川雅嗣「BEPSプロジェクトの軌跡と展望」『国際税務』第36巻第1号，
　　2016年。

アーサーアンダーセン編著『ヨーロッパ各国の税制（1992／93年版）』中央経
　　済社，平成4年。

安部　忠『所得税廃止論　税制改革の読み方』光文社，1994年。

飯野靖四「スウェーデン」石　弘光編『環境税－実態と仕組み－』東洋経済新
　　報社，1993年。

池田篤彦編『図説　日本の税制　平成12年度版』財経詳報社，2000年。

池田義典「国際課税の最近の動向」『TKC会報2016年9月特別号』第52号，
　　2016年。

石　弘光「地球環境問題と環境税に注目しよう」『経理情報』No. 645，1992年。

石　弘光『現代税制改革史　終戦からバブル崩壊まで』東洋経済新報社，2008
　　年。

石倉文雄「富裕税創設の是非と効果」水野正一編著『資産課税の理論と課題』
　　税務経理協会，平成7年。

石村耕治『納税者番号制とプライバシー』中央経済社，平成2年。

石村耕治『先進諸国の納税者権利憲章－わが国税務行政手続の課題』中央経済
　　社，平成5年。

一河秀洋「主要諸国の税制改革の動向－とくに日本とカナダの比較－」『経済
　　学論纂』第29巻第5・6合併号，1988年。

稲垣冨士男＝菊谷正人『国際取引企業の会計』中央経済社，平成元年。

井上康男『西ドイツ法人税会計論』白桃書房，昭和63年。

猪木正道『軍国日本の興亡』中央公論新社，1995年。

居波邦泰『国際的な課税権の確保と税源浸食への対応－国際的二重非課税に係る国際課税原則の再考－』中央経済社，2014年。

井堀利宏『要説：日本の財政・税制〔改訂版〕』税務経理協会，平成15年。

岩崎政明「相続税を巡る諸問題」水野正一編著『資産課税の理論と課題』税務経理協会，平成7年。

内山　昭『大型間接税の経済学－付加価値税の批判的研究－』大月書店，1986年。

大蔵省財政金融研究所財政史室『大蔵省史－明治・大正・昭和－第3巻』大蔵財務協会，平成10年。

大蔵省昭和財政史編集室編『昭和財政史　第5巻－租税－』東洋経済新報社，1957年。

大蔵省大臣官房調査課編『図説　日本の財政（昭和30年度版）』東洋経済新報社，昭和30年。

大田弘子「女性の変化と税制－課税単位をめぐって－」野口悠紀雄編『税制改革の新設計』日本経済新聞社，1994年。

大村大次郎『脱税　元国税調査官は見た』祥伝社，2005年。

大村大次郎『パナマ文書の正体』ビジネス社，2016年。

緒方健太郎「BEPSプロジェクト等における租税回避否認を巡る議論」『フィナンシャル・レビュー』第126号，2016年。

尾崎　護『消費税法詳解〔改訂版〕』税務経理協会，1991年。

落合博美『徴税権力　国税庁の研究』文藝春秋，2006年。

小野塚久枝「相続税の役割と相続に対する人々の考え方－大日本帝国憲法下において」『飯山論叢』第11巻第2号，1994年。

小原　昇＝佐々木　浩「平成18年度改正（法人税法関係）について－会社法制定に伴う整備等を中心に－」『租税研究』第677号，2006年。

金子　宏『租税法』弘文堂，昭和51年。

金子　宏『租税法〔第三版〕』弘文堂，平成2年。

主要参考文献.

金子　宏『租税法〔第四版〕』弘文堂，平成6年。

金子　宏『課税単位及び譲渡所得の研究』有斐閣，平成8年。

金子　宏『所得課税の法と政策』有斐閣，1996年。

金子　宏「所得税の理論と課題」金子　宏編著『所得税の理論と課題』税務経
　　理協会，平成8年。

金子　宏『租税法〔第八版〕』弘文堂，平成13年。

金子　宏『租税法〔第八版増補版〕』弘文堂，平成14年。

金子　宏『租税法〔第十版〕』弘文堂，平成17年。

金子　宏『租税法〔第十二版〕』弘文堂，平成19年。

金子　宏『租税法〔第16版〕』弘文堂，平成23年。

金子　宏『租税法〔第21版〕』弘文堂，2016年。

上斗米　明「文書回答手続の見直しについて－グローバルスタンダードな納税
　　者ガイダンスの整備に向けて－」『税研』第19巻第6号，2004年。

上林敬次郎『所得税法講義』松江税務調査會，明治34年。

賀屋興宣監修・今村武雄著『昭和大蔵省外史　下巻』昭和大蔵省外史刊行会
　　（財経詳報社内），昭和43年。

河内正和『銀行業界』かんき出版，1997年。

川田　剛「居住者・非居住者と住所－武富士事件との関連で－」『国際税務』
　　第31巻第3号，2011年。

川田　剛『国外財産調書制度の実務』大蔵財務協会，平成25年。

環境省編『平成13年度版環境白書　地球と共生する「環の国」日本を目指し
　　て』平成13年。

環境庁企画調整局企画調整課調査企画室監修『環境政策と税制「環境に係る
　　税・課徴金等の経済的手法研究会」第1次報告』ぎょうせい，平成9年。

菊地裕子＝小野塚久枝『租税論』税務経理協会，平成12年。

菊谷正人『英国会計基準の研究』同文舘，昭和63年。

菊谷正人『企業実体維持会計論－ドイツ実体維持会計学説およびその影響－』
　　同文舘，平成3年。

347

菊谷正人「環境破壊と会計・租税制度」『會計』第143巻第5号，1993年。

菊谷正人『国際会計の研究』創成社，1994年。

菊谷正人「環境保護規制と環境保護税制」山上達人＝菊谷正人編著『環境会計の現状と課題』同文舘，平成7年。

菊谷正人「環境会計の課題」『社会関連会計研究』第8号，1996年。

菊谷正人「環境報告書」『経理研究』，第41号，1997年。

菊谷正人『多国籍企業会計論』創成社，1997年。

菊谷正人「『減価償却』の対象資産」『税務会計研究』第9号，平成10年。

菊谷正人「土地再評価法管見」『JICAPジャーナル』第517号，1998年。

菊谷正人「土地再評価法の抜本的改正－再評価差額金の資本計上と自己株式の取得・消却－」『税経通信』第54巻第10号，1999年。

菊谷正人「税制のグリーン化－環境保護税制の構築－」『政経論叢』第120号，平成14年。

菊谷正人『法人税法要説－税務計算例でわかる法人税法－』同文舘出版，平成15年。

菊谷正人「外形標準課税の課題」『政経論叢』第127号，平成16年。

菊谷正人「会計基準の国際化と課税所得」『税務会計研究』第22号，平成23年。

菊谷正人『国際会計の展開と展望－多国籍企業会計とIFRS－』創成社，2016年。

菊谷正人＝石山　宏「法人税法における資本概念の新展開－会社法制定による影響－」『税経通信』第61巻第9号，2006年。

菊谷正人＝内野正昭「税務相談制度・事前照会制度の現状と課題－納税者サービスと租税回避防止指導の改善に向けて－」『税経通信』第62巻第11号，平成19年。

菊谷正人＝依田俊伸『所得税法要説－税務計算例でわかる所得税法－』同文舘出版，平成17年。

菊谷正人＝依田俊伸＝副島正雄「税理士制度の課題（下）」『税経通信』第63巻第1号，平成20年。

主要参考文献.

菊谷正人＝酒井翔子「英国税法における減価償却制度の特徴－減価償却制度の
　　日英比較－」『経営志林』第48巻第３号，2011年。

北野弘久編『現代税法講義（３訂版）』法律文化社，1999年。

小石侑子「イギリスにおける夫婦への課税－夫掃合算課税から個人単位課税
　　へ－」人見康子＝木村弘之亮編『家族と税制』弘文堂，平成10年。

小室直樹『消費税の呪い　日本のデモクラシーが危ない』光文社，1989年。

小森園浩人＝石井梨紗子「納税者番号制度とプライバシー保護－米国及びオー
　　ストラリアの事例からの考察－」『税経通信』第61巻第４号，平成18年。

櫻井四郎『相続税法の解説』中央経済社，昭和28年。

佐藤和男『土地と課税　歴史的変遷からみた今日的課題』日本評論社，2005年。

佐藤慎一編『図説　日本の税制（平成16年度版）』財経詳報社，平成16年。

佐藤　進『付加価値税論』税務経理協会，1973年。

佐藤　進＝宮島　洋『戦後税制史〔増補版〕』税務経理協会，昭和57年。

佐藤　進＝宮島　洋『戦後税制史〔第二増補版〕』税務経理協会，平成２年。

重田　修「イギリスの租税制度」日本公認会計士協会東京会編『各国の租税制
　　度の解説－主要10カ国の税制の実態－』中央経済社，昭和57年。

品川芳宣「国外財産を贈与した場合における受贈者の『住所』の認定－武富士
　　事件－」『税研』第159号，2011年。

首藤重幸「キャピタル・ゲイン課税を巡る諸問題」水野正一編著『資産課税の
　　理論と課題』税務経理協会，平成７年。

柴田徳衛＝鈴木正俊訳『Ｋ.Ｗ.カップ　環境破壊と社会的費用』岩波書店，
　　1975年。

柴田弘文＝柴田愛子訳『シャウプの証言－シャウプ使節団の教訓－』税務経理
　　協会，1988年。

杉浦達也「諸外国における税制の動き～イタリアの『奇策』～」『税制メール
　　マガジン』第37号，平成19年。

税理士法人トーマツ編『欧州主要国の税法（第２版）』中央経済社，2008年。

財部誠一『資産再評価』講談社，1993年。

武田昌輔『立法趣旨　法人税法の解釈〔五訂版〕』財経詳報社，平成5年。

武田昌輔『東西税金ばなし　続　税金千一夜物語』清文社，平成9年。

武田隆二『所得会計の理論』同文舘，昭和45年。

武田隆二『法人税法精説』森山書店，1982年。

田近栄治＝油井雄二「法人税と課税の中立性」野口悠紀雄編『税制改革の新設計』日本経済新聞社，1994年。

多田雄司「EU型インボイス方式と日本への導入上の問題点」『税理』第39巻第15号，1996年。

田辺栄治「税制改革－支出税の視点－」宮島　洋編著『改訂版　消費課税の理論と課題』税務経理協会，平成12年。

知念　裕「ヨーロッパ諸国における付加価値税の歴史」『岡山商大論叢』第30巻第2号，1994年。

知念　裕「カナダの付加価値税」『経済研究』第40巻第2号，1995年。

知念　裕『付加価値税の理論と実際』税務経理協会，平成7年。

東京都主税局『ガイドブック都税2001』2001年。

富岡幸雄「課税所得の本質」『税務会計研究』第8号，平成9年。

富岡幸雄『税務会計学原理』中央大学出版部，2003年。

中島孝一「消費税の中小事業者に対する特例措置の改正と対策」『税経通信』第58巻第3号，平成15年。

中村英雄『西ドイツ付加価値税の研究』千倉書房，1973年。

南雲芳幸「レジ袋の検討について」『環境研究』第121号，2001年。

並木俊守『土地再評価法と新自株取得の実務』中央経済社，平成10年。

成道秀雄『税務会計－法人税の理論と応用－』第一法規，2015年。

日本経済団体連合会編『平成26年度の税制改正に関する提言』2013年。

日本税理士会連合会編『税理士法逐条解説（新訂版)』日本税理士会連合会，平成3年。

日本税理士会連合会編『新税理士法　改訂版』税務経理協会，平成15年。

野口悠紀雄『税制改革のビジョン』日本経済新聞社，1994年。

主要参考文献.

野口悠紀雄『「超」納税法』新潮社，2003年。

野口悠紀雄『「超」税金学』新潮社，2003年。

橋本恭之「イギリスの税制の現状について」『租税研究』第618号，2001年。

橋本恭之「消費税の税率構造」宮島　洋編著『改訂版　消費課税の理論と課題』税務経理協会，平成12年。

橋本恭之『税制改革シミュレーション入門』税務経理協会，平成13年。

橋本守次「『武富士事件』に係る最高裁平成23年2月18日第2小法廷判決について（下）」『税務弘報』第59巻第7号，2011年。

畑山　紀「環境問題と所得課税－環境政策としての所得課税制度の見直し－」日本租税理論学会編『環境問題と租税』法律文化社，2001年。

羽深成樹編『図説　日本の税制（平成17年度）』財経詳報社，平成17年。

林　伴子＝為藤里英子「フランス，スウェーデンと日本の出生率－何が明暗を分けているのか－」『国民生活白書－子育て世代の意識と生活－』（社）経済企画協会，2005年8月号（400号），2005年。

原木規江「最新税務判例」『税と経営』No.1592，平成18年。

藤村　通監修・松方峰雄＝大久保達正＝加藤瑛子＝西江錦史郎＝前川邦生編集『松方正義関係文書　第三巻』大東文化大学東洋研究所，昭和56年。

星野次彦編著『図説　日本の税制（平成19年度版）』財経詳報社，平成19年。

本庄　資「オフショア事業・投資拠点とオフショア・タックス・ヘイブンとの間に介在する『導管国（a conduit country)』をめぐる国際課税」『税大ジャーナル』第17号，2011年。

本庄　資「国際租税法総論」本庄　資＝田井良夫＝関口博久共著『国際租税法－概論－〔第2版〕』大蔵財務協会，平成28年。

前川邦生＝菊谷正人編著『租税法全説』同文舘，平成13年。

宮島　洋「環境税（炭素税）の租税論的検討」石　弘光編『環境税－実態と仕組み－』東洋経済新報社，1993年。

宮島　洋「消費課税の理論と課題」宮島洋編著『改訂版　消費課税の理論と課題』税務経理協会，平成12年。

351

水野忠恒『消費税の制度と理論』弘文堂，1989年。

水野　勝「わが国における一般的な消費課税の展開」碓井光明＝小早川光郎＝
水野忠恒＝中里　実編『公法学の法と政策（上）』有斐閣，2000年。

森信茂樹「消費課税の理論と展望」『租税研究』第614巻，2000年。

森信茂樹『日本の消費税』納税協会連合会，2000年。

森信茂樹「消費課税の理論と展望」『租税研究』第614号，2000年。

山里　崇「日本版ISA（少額投資非課税制度）の拡充」『税務弘報』第61巻第
6号，2013年。

山田有人「タックス・プラニングにおける『暗黙の税』と『非課税コスト』の
重要性－英国におけるスターバックスの事例研究－」『税経通信』第70巻
第10号，2015年。

山田美枝子「家族の多様化とフランス個人所得税－家族除数制度を中心として
－」人見康子＝木村弘之亮編『家族と税制』弘文堂，平成10年。

山本守之『租税法要論〔改訂版〕』税務経理協会，平成7年。

山本守之『租税法要論〔3訂版〕』税務経理協会，1998年。

山本守之「簡易課税の業種区分と租税法律主義」『税経通信』第61巻第4号，
2006年。

山本守之「国際課税とOECD租税委員会」『税経通信』第69巻第1号，2014年。

吉野維一郎編著『図説　日本の税制（平成29年度版）』財務詳報社，平成29年。

米原淳七郎＝矢野秀利『直接税対間接税』有斐閣，1989年。

歴史ミステリー研究学会『終戦直後の日本』彩図社，平成27年

渡部昇一『歴史の鉄則－税金が国家の盛衰を決める』PHP研究所，1993年。

【欧文文献】

Aaron, Henry J., "Inflation and the Income Tax : An Introduction," in:Henry
J.Aaron (ed.), *Inflation and the Income Tax*, The Brookings Institution,
1976.

Barber, Hoyt L., *Tax Havens : How to Bank, Invest,and Do Business-Offshore and Tax Free,* McGraw-Hill, 1993.

Antczak, Gina and Walton, Kevin, *Tolley's Corpolation Tax 2006/2007,* Lexis Nexis Butterworths, 2006.

Bertram, David and Edwards,Stephen, *Comprehensive Aspects of Taxation 35th Edition Part I ,* Holt,Rinehart and Winston, 1983.

Balladur, Jean P. and Coutire,Antoine, "France" in : Henry J. Aaron（ed.）, *VAT : Experiences of Some European Countries,* Kluwer Law and Taxation Publishers, 1982.

Butterworths, *Simon's Taxes : Income Tax, Corporation Tax, Capital Gains Tax Third Edition,* Butterworths & Co.（Publishers）Ltd., 1994.

Cave, Rebecca and Wunechnann-Lyall, Iris, *Capital Gains Tax 2013/14,* Bloomsbury Professional, 2013.

CCH, *German Tax & Business Law Guide,* CCH, 1999.

CCH, *Canadian Master Tax Guide 56th Edition,* CCH, 2001.

Chidell, Ray, *Capital Allowances 2006/2007,* Wolters Kluwer（UK） Limited, 2006.

Collison, David and Tiley, John, *Tiley & Collison UK Tax Guide 2006-07 24th edition,* Lexis Nexis Butterworths, 2006.

Cooke, T. E. and Kikuya, M, *Financial Reporting in Japan:Regulation, Practice and Environment,* Blackwell, 1992.

Coope, J. M., *Business Taxation Policy & Practice,* Van Nostrand Reinhold （UK）Co. Ltd., 1987.

Emmmerich, Gerhard, *Bilanzierung, Gewinnausschüttung und Substanzer-haltung,* Verlag Otto Schwartz & Co., 1976.

Ervine, Cowan, *Core Statutes on Company Law,* Palgrave Macmillan, 2012.

EU, *The Eco-Tax Database of Forum for the Future : A Database of Envi-ronmental Taxes and Charges SWEDEN 2000,* 2000.（環境政策における 経済的手法活用検討会『環境政策における経済的手法活用検討会報告書』

環境庁企画調整局企画調整課調査企画室，平成12年。）

EU, *The Eco-Tax Database of Forumfor the Future : A Database of Envi-ronmental Taxes and Charges UNITED KINGDOM 2000*, 2000.（環境政策における経済的手法活用検討会『環境政策における経済的手法活用検討会報告書』環境庁企画調整局企画調整課調査企画室，平成12年。）

Fairpo, Anne, *Taxation of Intellectual Property*, Tolley, 2002.

Feuerbaum, Ernst, "Zur Überprüfung der Einkommensbesteuerung bei Geldentwertung durch das Bunderverfassungsgericht", *Der Betrieb*, 1977.

Genders, David, *The Daily Telegraph Tax Guide 2013*, Kogan Page, 2013.

Gordon, Keith M., and Manzano, Ximena Montes (eds.), *Tiley & Collison's UK Tax Guide 2013-14 31st edition*, Tolley, 2013.

Gynther, R.S., *Accounting for Price-Level Changes : Theory and Procedures*, Pergamon Press, 1966.

Hancock, Dora, *Taxation Policy and Practice*, Thomson Business Press, 1997.

Hankte, Hans, *Handels-und steuerrechtlicher Jahresabschluß*, Carl Hanser Verlag, 1982.

Hird, John A., *Superfund:The Political Economy of Environmental Risk*, The Johns Hopking University Press, 1994.

Irwin J. and Lamble, H, *The Mathews Report:Inflation and Taxation*, 1975.

Jacobs, Otto H., *Das Bilanzierungsproblem in der Ertragsteuerbilanz*, Stuttgart, 1971.

James, Simon and Nobes,Christopher, *The Economics of Taxation Second Edition*, Philip Allan, 1983.

James, Simon and Nobes, Christopher, *The Economics of Taxation Fourth edition*, Prentice Hall, 1992.

James, Simon and Nobes, Christopher, *The Economics of Taxation Principles, Policy and Practices Seventh Edition*, Prentice Hall, 2006.

Jones, Tony, *Taxation Simplified 2011/2012,* Management Books 2000 Ltd, 2011.

Kay, J. A. and King, M. A., *The British Tax System Second Edition,* Oxford University Press, 1980.

Kay, J. A. and King, M. A., *The British Tax System Third Edition,* Oxford University Press, 1983.

Kay, J. A. and King, M. A., *The British Tax System Fourth Edition,* Oxford University Press, 1986.

Laing, Sara, *Core Tax Annuals Income Tax 2013/14,* Bloomsbury Professional, 2013.

Lewis, Mervyn K., *British Tax Law – Income Tax : Corporation Tax : Capital Gain Tax,* MacDald and Evans, 1977.

McRae, Thomas W., *Internationnal Business Finance : A Concise Introduction,* John Wiley and Sons, 1996.

Mayson, Stephen W. and Blake, Susan, *Revenue Law Tenth Edition,* Blackstone Press Limited, 1989.

Melville, Alan, *Taxation : Finace Act 2002 Eight edition,* Prentice Hall, 2003.

Melville, Alan, *Taxation : Finance Act 2008 Fourteenth edition,* Prentice Hall, 2007.

Melville, Alan, *Taxation Finance Act 2008 Fourteenth edition,* Pearson Education Limited, 2009.

Melville, Alan, *Taxation Finance Act 2010 Sixteenth edition,* Prentice Hall, 2010.

Melville, Alan, *Taxation Finance Act 2012 Eighteenth edition,* Pearson Education Limited, 2013.

Melville, Alan, *Taxation Finance Act 2013 Nineteenth edition,* Pearson Education Limited, 2014.

Muscheid, Werner, *Schmalenbachs Dynamische Bilanz : Darstellung, Kritik*

355

und Antikritik, Westdeutscher Verlag・Köln und Opladen, 1957.

Mutze, Otto, "Nominalwertprinzip und Substanzerhaltung in Recht und Wirtschaft," *Die Aktiengesellschaft,* 1975.

OECD, *Economic Instruments for Environmental Protection,* 1989.

OECD, *Environmental Taxes and Green Tax Reform,* 1997.（技術経済研究所監訳『OECD環境税とグリーン税制改革』技術経済研究所, 1998年。）

OECD, *Consumption Tax Trends : VAT/GST, Excise and Environmental Taxes,* 2001.

OECD, *OECD/G 20 Base Erosion and Profit Shifting Project, Limiting Base Erosion Involving Interest Deductions and Other Financial Paymets, Action 4 : 2015 Final Report,* 2015.

OECD, *OECD/G 20 Base Erosion and Profit Shifting Project, Mandatory Disclosure Rules, Action 12- 2015 Final Report,* 2015.

Petit, Léon, *Le Bilan dans les Entreprises 4 édition,* Presses Universitaires de France, 1961.

Petit, Léon, *Le Bilan dans les Entreprises 6 édition,* Presses Universitaires de France, 1970.

Pritchard, Bill, *Taxation Includes Finance Acts 1986 8th Edition,* Pitman Publishing, 1987.

Pritchard, Bill, *Income Tax Includes Finance Acts 1987 16th Edition,* Pitman Publishing, 1987.

Pritchard, Bill, *Taxation 1989 - 1990 Includes Finance Act 1989,* Pitman Publishing, 1989.

Schildbach, Thomas, "Reale Gewinne als Besteuerungsgrundlage?," *Schmalenbachs Zeitschrift für betriebswirischaftliche Forschung,* 1981.

Schmalenbach, E., *Grundlagen dynamischer Bilanzlehre Dritte Auflage,* Leipzig, 1925.

Schmalenbach, Eugen, *Dynamische Bilanz, 7 Aufl.,* Leipzig, 1938.（土岐政蔵

訳『動的貸借對照表論』森山書店，昭和25年。)

Schmidt, Fritz, *Die organische Tageswertbilanz*, 1929, 3 Aufl., (Neudruck 1951), Betriebswirtschaftlicher Verlag Dr. Th. Gabler. Wiesbaden.

Schneider,Dieter, "Gewinnbesteuerung und Unternehmenserhaltung," *Schmalenbachs Zeitschrift für betriebswirtschaftliche Forschung*, 1971.

Schneider, Dieter, *Steuerbilanzen : Rechnungslegung als Messung steuerlicher Leistungsfähighkeit*, Betriebswirtschaftlicher Verlag Dr. Th. Gabler, 1978.

Seely, Antony, *Briefing Paper No. 2683 : European law on VAT rates*, House of Commons Library, 2016.

Sinclair, Walter with Barry Lipkin, *Tax Guide 2013-2014*, Palgrave Macmillan, 2013.

Smails, David, *Tolley's Income Tax 2009-10 94th edition*, Lexis, 2009.

Swan, P., "CCA and Taxation", in : G. Dean and M.Wells (eds.), *Current Cost Accounting Identifying the Issues 2nd Edition*, 1979.

Tiley, John, and Loutzenhiser, Glen, *Revenue Law Introduction to UK Tax Law ; Income Tax ; Capital Gains Tax ; Inheritace Tax*, Hart Publishing Ltd, 2012.

Tiley, John, and Loutzenhiser, Glen, *Advanced Topics in Revenue Law Corporation Tax ; Internationnal and European Tax ; Savings ; Charities*, Hart Publishing Ltd, 2013.

Timbrell, David Y.,"The Impact of Inflation on Taxation," in : Warren Chippindale and Philip L. Defliese (eds.), *Current Value Accounting : A Practical Guide for Business*, Coopers & Lybrand. 1977.

Wagner, Ekkehard, *Unternehmenserhaltung und Gewinnbegriff : Die Problematik des Nominalwertprinzips in handels-und steuerrechtlicher Sicht*, Gabler, 1981.

Wagner, Franz W., *Kapitalerhaltung, Geldentwertung und Gewinnbesteuerung*, Springer-Verlag, 1978.

Williams, D. W., *Taxation : A Guide to Theory and Practice in the UK*, Hodder and Stoughton, 1992.

World Commission of Environment and Development, *Our Common Future*, Oxford University Press, 1987.（大来佐武郎監修・環境と開発に関する世界委員会訳『地球の未来を守るために』福武書店，1987年。）

〈付　記〉

　本書は，基本的に，下記論稿を中核にして，大幅な加筆・修正を行って作成されたものである。

1. 「相続所得税論」『税経通信』第60巻第12号，平成17年10月，226〜232頁。

2. 「金融資産税加税論」『税経通信』第60巻第13号，平成17年11月，217〜233頁。

3. 「少子化と所得税減税－家族構成と所得税」『税経通信』第60巻第15号，平成17年12月，187〜194頁。

4. 「消費税の益税解消策および逆進性緩和策」『税経通信』第61巻第1号，平成18年1月，205〜213頁。

5. 「消費税法における問題点」『経営志林』第43巻第1号，2006年4月,39〜55頁。

6. 「法人課税の新展開」『税経通信』第61巻第7号，平成18年6月，225〜232頁。

7. 「消費税簡易課税制度における事業区分の判定－歯科技工業に関する判決を素材として－」（依田俊伸共著）『税経通信』第62巻第3号，平成19年2月，225〜232頁。

8. 「環境保護税制の新展開」『税経通信』第62巻第6号，平成19年5月，177〜184頁。

9. 「英国における中小法人課税の特徴－中小法人課税の日英比較－」『租税実務研究』創刊号（第1号），平成25年10月，1〜22頁。

10. 「英国の『個人貯蓄口座』（ISA）に対する非課税制度の特徴－日本版ISA

主要参考文献.

（NISA：少額投資非課税制度）との比較分析－」『租税実務研究』第2号，平成26年4月，1～15頁。

11. 「『資産再評価法』再導入論」『租税実務研究』第3号，平成26年11月，1～26頁。

12. 「『番号法』創設に伴う税務処理の課題」『租税実務研究』第4号，平成27年3月，1～21頁。

13. 「特別償却と税額控除の現状と課題」『税研』第31巻第3号，2015年9月，45～52頁。

14. 「『富裕税法』再導入論」『経営志林』第53巻第2号，2016年7月，23～40頁。

15. 「『パナマ文書』と国外財産調査制度の強化」『税経通信』第71巻11号，平成28年10月，154～162頁。

359

索　引

あ

青色申告制度 ······················· 22,65
粗利益課税法 ·························· 170
アカウント方式 ······················· 138

い

遺産税 ································· 3,7
遺産取得税 ···························· 3,8
一般財産税 ·························· 3,198
一般消費税 ·························· 2,130
一般消費税（仮称） ···················· 138
移転価格 ······························ 279
移転価格に係る文書化 ·················· 292
移転価格税制 ··············· 279,281,294
インボイス ···························· 141
インボイス方式 ····· 134,139,155,167,168
ISA ···························· 47,48,57

う

売上税 ······················· 131,139,165
売上税額 ······························ 153
売上税法案 ···························· 155
売上原価評価修正 ······················ 82
売上収入税 ····························· 77
売上高規準 ··············· 109,117,122,125
運用益 ······························· 144

え

益金 ································ 73,76
益税 ··············· 142,143,151,152,182
EBITDA ····························· 294
N分N乗方式 ··························· 35

お

汚染者負担の原則 ····················· 255
応益負担の原則 ······················ 11,77
応能負担の原則 ···················· 11,30,39
卸売売上税 ···························· 130

か

架空利益 ······························· 75
架空利益課税 ··························· 91
会社法 ································ 70
各種所得 ······························ 25
各事業年度の所得の金額 ················· 72
加算税 ······························· 314
貸倒引当金 ···························· 118
課税繰延 ······················· 82,89,261
課税単位 ······························ 33
課税標準 ·························· 25,30,72
課税物件 ······························ 25
課税の公平 ·························· 11,15
課税の産業間不平等 ····················· 76
課税の中立性 ······················ 158,188
家族除数制度 ··························· 37
家族単位課税 ························· 36,37
過少資本対策税制 ··············· 280,281,293
過大支払利子対策税制 ·········· 280,281,293
株主資本間の計数の変動 ······· 71,104,125
簡易課税制度
　　　·············· 141,147,148,153,172,183
環境売上税 ···························· 270
環境税 ····························· 257,258
環境租税特別措置 ······················ 258
環境破壊 ························· 253,274
環境負荷係数 ·························· 269
環境負荷税 ························ 270,273
環境保護税国際機構 ···················· 273
環境保護税制 ··············· 254,258,272
環境保全準備金 ························ 263
間接消費税 ························· 2,130
還付 ································· 266
外国子会社配当益金不算入制度 ········· 292
概算額による控除 ····················· 153

	き	
期中平均時価法		80,81,83
給与所得		28
居住者		299
金銭納付		213
金属鉱業等鉱害防止準備金		262
金融資産税		189,190,191
金融資産税申告制度		191
逆進性		11,144,158
業種別税率		78
キャッシュ・フロー法人税		86,89
キャピタル・アローワンス		87,89,111,262
キャピタル・ゲイン税		53,59

	く	
クロヨン		312

	け	
軽課税国等指定制度		297
軽課税国等租税負担割合基準		297
軽減税率		69,119,149,159,167
経済的・実質的所得		249
軽自動車税		186
継続的専門研修		318
欠損金の繰越控除		119,122
欠損金の繰戻し		119,123
研究開発税額控除		113
減価償却		92
減価償却修正		80
減価償却評価修正		82
原価配分法		73
現金主義		83,87
原子力発電施設解体準備金		263
源泉分離課税		27
源泉徴収		17,29,43

	こ	
小売売上税		131
固定資産税		186,189
公益法人等		68
高額所得者の資産申告制度		230

鉱区税		186
鉱産税		186
広告宣伝費		267
交際費課税		65
交際費等		118,122,267
公害補償費		267
公正処理基準		65
控除対象扶養親族		40
個人単位課税		36
個人番号		327,329,337,342
個人番号関係事務		335
個人番号利用事務		334
個人番号利用事務等実施者		337
個別財産税		3
個別消費税		2,130
国際的租税回避		277,279,288,295,301
国際的二重課税		277
国際的二重非課税		277,289
国外財産		298,299
国外財産調書制度		229,298,301
国外送金調書制度		298
国税		25
国税庁		22
国民福祉税（仮称）		145
国民負担率		33
国家戦略特別区域		94,101
5分5乗方式		27
合計特殊出生率		33
コンドーノ		313,323

	さ	
再評価		238,245
再評価額		238
再評価差額		240,241,246
再評価差額金		242,246
再評価税		240,241,249
再評価積立金		240
再評価特別積立金		249
再評価倍数		239
債務確定主義		83,87

362

索　引

歳入中立性の原則 ……………… 15,45,227
産業別複数税率化 …………………… 78
山林所得 ……………………………… 26
財産 ………………………………… 299
財産税 …………………… 3,11,185,197
財産税の課税価格 ……………… 206,213
財産税の税率 ………………………… 208
財産税法 ………………… 197,202,203
財産評価諮問委員会 ……………… 228
財産評価基本通達 ………………… 194
財閥解体 …………………………… 231

し

仕入税額 …………………………… 141
仕入税額控除 ………… 141,153,156,168
資産課税 …………………… 5,185,190
資産額規準 …………… 109,117,122,125
資産再評価の対象資産 ……………… 236
資産再評価の対象者 ……………… 237
資産再評価法 ………………… 235,244
支出基準 …………………………… 73
支出税 ……………………………… 164
支払税 ……………………………… 132
紙上利益 …………………………… 75
資本金規準 …………… 121,122,124,125
資本金等の額規準 ………………… 125
資本充実法 …………… 236,237,238
資本等取引 ………………………… 70
使途秘匿金課税 …………………… 67
四半期分割前納 …………………… 116
私用済核燃料再処理準備金 ……… 263
取得原価主義 …………………… 74,83
取得法 ……………………………… 84
収益税 …………………………… 2,73,76
収得税 ………………… 2,11,73,185
修正価格主義 ……………………… 209
修正原価以下主義 ……………… 239
初年度償却 ……………… 87,111,124
初年度特別償却 …………………… 97
消費税 ……………… 2,11,129,140,185

消費税の運用益・未納 ……………… 162
消費税法 ………………… 23,65,141,155
所得源泉説 …………………… 9,17,25
所得控除 …………………… 29,39,40
所得税 ……………………………… 2,17
所得税法 ………… 8,44,63,65,231
所得税法之義 ……………………… 44
所得税補完税 ……………………… 8
所得相応性基準 …………………… 294
所得の再分配効果 ……………… 12,41
小会社 ……………………………… 109
小会社控除 ………………………… 114
小会社税率 ………………………… 113
小規模事業者 ………………… 112,141
少額貯蓄非課税制度 ……………… 58
少額投資非課税制度 ……………… 47
少額利益控除 ……………………… 115
商品取引印紙税 ………… 131,132,136
申告納税制度 ……… 21,21,64,211,223
時価 ………… 194,210,220,245,299
時価減価償却費 ………… 79,82,83,249
事業者免税点制度 ……………… 150,152
事業所税 …………………………… 186
持続的維持準備金 ………………… 263
持続的発展 ………………………… 275
自転車税 …………………………… 188
自動車税 ………………… 186,187,188
自動車税制のグリーン化 ………… 265
自動車取得税 …………… 186,187,188
自動車重量税 …………………… 186,187
児童税額控除 ……………………… 40
実額による控除 …………………… 153
実効税率 …………………………… 67
実質的・経済的所得 ………… 76,81,83
若年ISA …………………………… 50,53
重加算税 …………………………… 314
従業員数規準 ………… 109,117,122,125
住民基本台帳方式 ………………… 333
純財産増加説 ……………………… 9,25

363

人的控除 ……………………… 39
人的非課税 …………………… 189
シーボーン事件 ……………… 46
シャウプ勧告
　…… 22,36,39,64,97,137,197,214,234
シャウプ使節団 ……………… 22,214
ジュニアNISA ………………… 55,57
CPE …………………………… 318,319
GST控除制度 ………………… 161
JISA …………………………… 60

す

垂直的公平 ………… 11,30,107,137,147
ストック・リリーフ ………… 82
スリースター貼付制 ………… 161

せ

生産税 ………………………… 132
制限的所得 …………………… 17
製造業者売上税 ……………… 130
成年ISA ……………………… 50,53
税額控除 ……… 31,40,100,103,104,121
税源 …………………………… 2,73
税源浸食と利益移転 ………… 285
税制 …………………………… 322
税制改革法 …………………… 140
税制のグリーン化 …………… 257,258
税務限定番号方式 …………… 333
税務限定の番号制度 ………… 333
税務相談 ……………………… 317
税務代理 ……………………… 316
税理士業務の無償独占制度 ………… 316
税率 …………………………… 29
ゼロ税率 ……………… 159,161,167
前段階税額控除法 …………… 134,153

そ

租税 …………………………… 2,303
租税応益説 …………………… 11
租税応能説 …………………… 11
租税教育 ……………………… 319,320
租税警察 ……………………… 313,314

租税公平主義 ………………… 107
租税制度 ……………………… 322
租税特別措置法 ……………… 231
租税平等主義 ………………… 107
租税法律主義 ………………… 288,303
租税捕捉率 …………………… 312
租税の転嫁 …………………… 129,150
総合課税 ……………………… 26
総合所得税制 ………………… 20
総所得金額 …………………… 27
相続所得 ……………… 10,26,29
相続税 ………………………… 6,8
相続税法 ……………………… 6
損金 …………………………… 73,76
損金不算入 …………………… 266
損税 …………………………… 151
贈与税 ………………………… 59

た

武富士事件 …………………… 287
多国籍企業 …………………… 278,283
多段階消費税 ………………… 130
退職所得 ……………………… 27
棚卸資産増加修正 …………… 82
担税者 ………………………… 150
担税力 ………………………… 9,25
単純累進税率 ………………… 18,30
単段階消費税 ………………… 130
第一種所得 …………………… 63
第一次課税 …………………… 13
第二次課税 …………………… 13
大規模法人 …………………… 118
大法人 ………………………… 69
脱税行為 ……………………… 314
タックス・シェルター ……… 282
タックス・パラダイス ……… 282
タックス・プランニング ……… 277,294
タックス・ヘイブン
　…… 278,279,282,283,286,295,296,298
タックス・ヘイブン対策税制 …… 295,297

索　引

タックス・ホリデー	282
タックス・リゾート	282
ダブルアイリッシュ・ウィズ・ダッチサンドウィッチ	284,285

ち

地価税	185
地価税法	191,227
地方環境税	271
地方消費税	146,163
中間申告納付制度	147
中小企業者	118
中小企業者等	4,101,118,120,121,123,260
中小規模企業	113
中小規模事業者	110,112,117,337
中小法人	69,71,117,121
中小法人等	117
超過累進税率	19,20,25,30,41,42,63,208
調整所得金額	293
帳簿・請求書等保存方式	146,156
帳簿方式	138,141,146,152,155
直接税	25
直接消費税	2,130

つ

追加課税	267
つまみ申告	189

て

定額税率	30

と

都市計画税	186
土地譲渡益重課制度	65
土地単一税主義	16
土地の再評価に関する法律（土地再評価法）	242
投資税額控除	103
登録免許税	186
特定個人情報ファイル	338
特定扶養親族	40

特別償却	93,94,120,124,261
特別土地保有税	186
富の再分配	199,226,301
富の再分配効果	12,220
取替法	84
取引価格法	195
取引税	135
取引高税	131,136
取引高税法	136
トーゴーサン	312
トーゴーサンピン	312

に

2分2乗方式	35,37
2分の1課税,	27
NISA（ニーサ）	47,55,57

ね

年次投資控除	112,124
年末調整	28

の

納税者オンブズマン	309
納税者番号	333
納税者番号制度	192,310,343

は

廃棄法	84
発生主義	83
半発生主義	83
罰則行為	340
番号法	192,301,311,325,327
パナマ文書	278,286,296

ひ

非永住者以外の居住者	299
非課税	143,188,259
非課税財産	205,217
非課税取引	158
非課税投資額	53,56,59
非居住無制限納税義務者	288
比例税率	30,41
引当処理	73
評価の両刃性効果	79,89,94

365

ピット内閣 ……………………… 17
ピール経済改革 ………………… 18
BEPS …………………………… 285
BEPS行動計画 …………… 289,290
BIS規制 ………………………… 241

ふ

賦課課税制度 ……………… 21,45,211
付加価値税 ……………… 131,132,137
普通税 …………………………… 187
不動産取得税 ………………… 186,189
不動産所得 ……………………… 189
複数税率制 …………………… 161,167
富裕税 ……………… 3,23,197,215
富裕税法 …………………… 198,202,215
富裕層 ……………… 278,286,302
夫婦合算課税 …………………… 36
扶養家族控除 …………………… 39
扶養親族 ………………………… 40
扶養控除 ………………………… 39
扶養税額控除 …………………… 41
物納 ……………………………… 213
物価指数連動方式 …………… 53,59
物的非課税 ……………………… 188
物品税 …………………………… 135
物品特別税 ……………………… 135
文書回答手続 …………………… 311
文理解釈 ………………………… 174
分離課税 ………………………… 26
分類所得税制 …………… 7,20,43

ほ

包括的所得 …………………… 9,18,25
包括的否認規定 ………………… 296
法人 ……………………………… 68
法人擬制説 …………………… 63,64,72
法人実在説 …………………… 64,72
法人税 …………………………… 20,64

法人税の外形標準課税 ……………… 78
法人税法 …………… 20,64,65,236
法人番号 …………… 327,331,332
法的安定性 ……………………… 321

ま

マイナンバー制度 ……… 311,324,328,341

み

みなし仕入率
　………… 141,145,147,148,153,172,182

む

無利息融資効果 ……………… 82,89,262

め

免税事業者 ……………………… 141
免税点制度 ……………………… 141
免税取引 ………………………… 158

も

目的税 …………………………… 187
目的論的解釈 …………………… 174

ゆ

優遇税率 ………………………… 264

よ

予測可能性 ……………………… 320

り

利益税 …………………………… 2,73
利子所得 ………………………… 27
利払前・税引前・減価償却前利益 …… 294
流通税 …………………………… 3,185
リバースチャージ方式 ……………… 291

る

累進税率 ………………………… 30

れ

暦年課税 ………………………… 25

わ

割引キャッシュ・フロー法 …………… 294
割増償却 ……………………… 96,97
割増税率 ………………………… 161

【著者紹介】

菊谷　正人 （きくや　まさと）

　昭和23年　長崎県に生まれる。
　昭和51年　明治大学大学院商学研究科博士課程修了。
　現　　在　法政大学大学院経営学研究科教授。会計学博士。
　　　　　　グローバル会計学会会長，租税実務研究学会会長，財務会計研究学会理事
　　　　　　（元会長），日本会計研究学会理事，日本租税理論学会理事。
　　　　　　公認会計士試験第二次試験試験委員（平成10年度～平成12年度）。

〈主要著書〉（初版のみの記載）

『英国会計基準の研究』（同文舘，昭和63年）
『企業実体維持会計論－ドイツ実体維持会計学説およびその影響－』（同文舘，平成３年）
『ゼミナール財務諸表論』（中央経済社，平成４年）
『国際会計の研究』（創成社，平成６年）
『精説　法人税法』（テイハン，平成８年）
『多国籍企業会計論』（創成社，平成９年）
『国際的会計概念フレームワークの構築－英国会計の概念フレームワークを中心として
　－』（同文舘出版，平成14年）
『法人税法要説－税務計算例でわかる法人税法－』（同文舘出版，平成15年）
『「企業会計基準」の解明』（税務経理協会，平成20年）
『税制革命』（税務経理協会，平成20年）
『新会計基準（財務諸表論）』（税務経理協会，平成22年）
『国際会計の展開と展望－多国籍企業会計とIFRS－』（創成社，平成28年）

〈主な共著書〉（初版のみの記載）

『精選簿記演習』（稲垣冨士男共著，税務経理協会，昭和59年）
『国際取引企業の会計』（稲垣冨士男共著，中央経済社，平成元年）
『初級学習簿記』（稲垣冨士男共著，同文舘，平成２年）
『上級学習簿記』（稲垣冨士男共著，同文舘，平成２年）
『税法入門』（前川邦生共著，同文舘，平成２年）
Accounting in Japan : An International Perspective（T.E.Cooke 共著，テイハン，1991年）
Financial Reporting in Japan : Regulation,Practice and Environment（T. E. Cooke 共著，
　　Blackwell，1992年）
『英・日・仏・独会計用語辞典』（林　裕二＝松井泰則共著，同文舘，平成６年）
『新会計基準の読み方－仕訳と設例で学ぶ新会計基準－』（石山　宏共著，税務経理協会，
　　平成13年）
『金融資産・負債と持分の会計処理』（岡村勝義＝神谷健司共著，中央経済社，平成14年）

『所得税法要説－税務計算例でわかる所得税法－』（依田俊伸共著，同文舘出版，平成17年）

『法人税法要説（新版）』（依田俊伸共著，同文舘出版，平成20年）

『連結財務諸表要説』（吉田智也共著，同文舘出版，平成21年）

『簿記論　重点整理Ⅰ－個別問題編－』（井上行忠共著，税務経理協会，平成22年）

『簿記論　重点整理Ⅱ－総合問題編－』（井上行忠共著，税務経理協会，平成23年）

『コンパクト　上級商業簿記／テキスト』（井上行忠共著，税務経理協会，平成23年）

『コンパクト　上級商業簿記／トレーニング』（井上行忠共著，税務経理協会，平成23年）

『租税法入門』（依田俊伸＝井上行忠＝酒井翔子共著，同文舘出版，平成28年）

『財務会計論の基礎と応用』（依田俊伸共著，中央経済社，平成30年）

〈**主な編著書**〉（初版のみの記載）

『精説会計学』（同文舘，平成5年）

『会計学基礎論』（前川邦生＝林裕二共編著，中央経済社，平成5年）

『環境会計の現状と課題』（山上達人共編著，同文舘出版，平成7年）

『租税法全説』（前川邦生共編著，同文舘出版，平成13年）

『財務会計の入門講義』（岡村勝義共編著，中央経済社，平成16年）

『財務会計学通論』（税務経理協会，平成21年）

『IFRS・ISA徹底解説－計算例と仕訳例でわかる国際会計基準－』（税務経理協会，平成21年）

『IFRSにおける資産会計の総合的検討』（税務経理協会，平成26年）

その他，和・英論文等多数。

著者との契約により検印省略

| 平成20年4月5日　初版第1刷発行 |
| 平成30年7月10日　改訂版第1刷発行 |

税　制　革　命
〔改 訂 版〕

著　　者	菊　谷　正　人
発 行 者	大　坪　克　行
印 刷 所	税 経 印 刷 株 式 会 社
製 本 所	牧 製 本 印 刷 株 式 会 社

発 行 所　〒161-0033 東京都新宿区
　　　　　下落合2丁目5番13号

株式
会社　税務経理協会

振　替 00190-2-187408　　電話 (03)3953-3301 (編集部)
ＦＡＸ (03)3565-3391　　　　　 (03)3953-3325 (営業部)

URL　http://www.zeikei.co.jp/

乱丁・落丁の場合は，お取替えいたします。

Ⓒ　菊谷正人　2018　　　　　　　　　　Printed in Japan

本書の無断複写は著作権法上での例外を除き禁じられています。複写される
場合は，そのつど事前に，(社)出版者著作権管理機構（電話 03-3513-6969,
FAX 03-3513-6979, e-mail：info@jcopy.or.jp）の許諾を得てください。

JCOPY ＜(社)出版者著作権管理機構 委託出版物＞

ISBN978-4-419-06542-3　C3032